Welt in Bewegung

AF124803

GUTE BÜCHER

FALTER
VERLAG

KULTUR FÜR GENIESSER

VERLOCKENDE OASEN
Semper | Schwarz

Eine Entdeckungsreise zu den
schönsten öffentlich zugänglichen
Grünanlagen Wiens.

272 Seiten, € 29,90

FASZINIERENDE WEGE
Hasmann | Schwarz

Auf neuen Wegen durch die Stadt, über legendäre Stiegen, stille Stege und verbindende Brücken.

248 Seiten, € 29,90

GEHEIME PFADE
Hasmann | Schwarz

Verborgene Durchhäuser, romantische Innenhöfe und stille Gassln, durch die man entspannt schlendern kann.

248 Seiten, € 29,90

LITERATURFÜHRER WIEN
Viola Rosa Semper

Von den Anfängen im Mittelalter über die Kaffeehausliteratur bis zur jungen Poetry-Slam-Szene.

256 Seiten, € 29,90

KULTUR FÜR GENIESSER

WILDBADEPLÄTZE
M. Großschädl | N. Großschädl

60 frei zugängliche Badestellen in
Wien, Niederösterreich, der
Steiermark und dem Burgenland.

256 Seiten, € 29,90

WANDERN IM WALDVIERTEL
Hiess | Singer | Bliem

33 abwechslungsreiche Touren zu
versteckten Kleinoden der intakten Natur-
und Kulturlandschaft vor der Haustür Wien.

304 Seiten, € 29,90

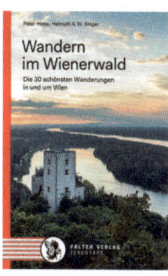

WANDERN IM WIENERWALD
Hiess | Singer

30 Wanderungen in und um Wien. Mit Routen-
beschreibungen, Attraktionen und Tipps zu
Anfahrt sowie Einkehrmöglichkeiten.

256 Seiten, € 22,90

WANDERN IN
OSTÖSTERREICH - BAND 3
Bernd Orfer

35 Touren vom Mariazeller Land bis ins
Weinviertels, vom Hochkar und der Rax bis
in die Donauauen und in das Burgenland.

200 Seiten, € 19,90

KULTUR FÜR GENIESSER

HOTEL PARADISO
Matthias Dusini

Ein Reiseführer zu 13 außer-
gewöhnlichen Orten in Mitteleuropa,
die mit der Bahn erreichbar sind.

256 Seiten, € 29,90

GRENZENLOS RADELN
Julia Köstenberger

Die schönsten Touren zwischen Österreich und Tschechien. Auf 710 Kilometern neue Orte entdecken und Geschichte erfahren.

352 Seiten, € 29,90

GRENZENLOS RADELN 2
Julia Köstenberger

Entschleunigtes Reisen per Fahrrad durch die reizvolle österreichisch-slowakische Grenzregion.

256 Seiten, € 24,90

NATIONALPARK DONAUAUEN
Christina Rademacher

Der Nationalpark zwischen Wien und Bratislava ist eines der arten- und abwechslungsreichste Erholungsgebiet Österreichs.

176 Seiten, € 19,90

CITY WALKS

VIENNA BIKING
Irene Hanappi

Fünf Touren führen nach dem Hop-on-
Hop-off-Prinzip vom Herzen Wiens zu
neuen Vierteln der Stadt.

136 Seiten, € 14,90

LJUBLJANA
Simon Ošlak-Gerasimov

Fünf Spaziergänge durch die malerische Altstadt, zu quirligen Hotspots, Parks und Grünräumen sowie besuchenswerten Restaurants und Cafés.

136 Seiten, € 12,90

BELGRAD
Ida Salamon

Sechs Routen zu den wichtigsten Sehenswürdigkeiten, kulturellen Highlights, idyllischen Stadtvierteln, ruhigen Grünoasen sowie Restaurants und Cafés.

136 Seiten, € 12,90

BRATISLAVA
Irene Hanappi

Anleitung für Kultur-, Ess-, Vergnügungs- und Erkundungstouren in der Hauptstadt der Slowakei.
(Auch in englischer Sprache erhältlich.)

136 Seiten, € 12,90

SCHLAUE

KLEINE

ALLE KINDER, FERTIG, LOS!

Bolzano | Winkler

33 illustrierte Ideen für spannende Bewegungs-
möglichkeiten: für Kinderzimmer, Wohnung, Balkon
und draußen an der frischen Luft.

192 Seiten, € 18,50

WIEN WIE ES ISST

Über 4000 Lokale für
den kleinen wie den großen
Hunger und Durst.

784 Seiten, € 18,50

KIND IN WIEN

1000 Tipps zu Kultur- und Freizeit-
aktivitäten für Kinder in Wien mit
Ausflugszielen rund um die Stadt.

576 Seiten, € 16,50

SACH

BUCH

DIE RUSSEN IN WIEN
Erich Klein (Hg.)

Zahlreiche Fotos von Jewgeni
Chaldej sowie Augenzeugen-
berichte dokumentieren die
Befreiung Wiens und Österreichs
von der NS-Herrschaft.

248 Seiten, € 29,90

MID-CENTURY VIENNA
Koch | Doleschal

Die sichtbaren Spuren der 50er- und
60er-Jahre an Architektur, Design
und Interieurs innerhalb Wiens.

dt./engl., 240 Seiten, € 29,90

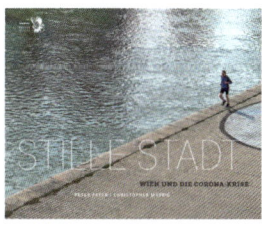

STILLE STADT
Payer | Mavrič

Ausbruch und Verlauf der Krise
im Jahr 2020 werden in Wort und
Bild festgehalten.

160 Seiten, € 29,90

GHOSTLETTERS VIENNA
Tom Koch

Viele demontierte Schriftzüge hinterlassen ihre Spuren als typografische
DNA der Stadt Wien.

dt./engl., 168 Seiten, € 29,90

SACH

BUCH

EIN ENGEL IN DER HÖLLE VON AUSCHWITZ
Harald Walser

Eine Biografie der Krankenschwester Maria Stromberger, die im KZ Auschwitz aktiv Widerstand geleistet hat.

256 Seiten, € 24,90

DIE WELT DANACH
Bernd Marin

Antworten auf häufige Fragen zur Corona-Krise, Zahlen und Fakten sowie Reflexionen über Europas mögliche Zukunft.

140 Seiten, € 12,-

INSIDE FRIDAYS FOR FUTURE
Benedikt Narodoslawsky

Die Geschichte der Klimabewegung hilft die Klimakrise im Allgemeinen und politische Dynamik darum besser zu verstehen.

240 Seiten, € 24,90

MUT ZUM RECHT!
Oliver Scheiber

Ein leidenschaftliches Plädoyer für eine Justiz, die ihren Anspruch nicht aufgeben darf, moderner und menschengerechter zu werden.

232 Seiten, € 19,90

SACH

BUCH

AUF EIGENE GEFAHR
P. Melichar | A. Rudigier (Hg.)

Was macht uns Angst? Wer oder was
beschützt uns? Und warum sinkt das
Sicherheitsgefühl immer mehr?

280 Seiten, € 34,90

FALTER *VERLAG*

1011 Wien, Marc-Aurel-Straße 9
01/536 60-928 | faltershop.at
Sämtliche Bücher sind auch in
Ihrer Buchhandlung erhältlich.

Stand: Jänner 2022

PEFC/06-39-256

RAIMUND LÖW

WELT IN BEWEGUNG

WARUM DAS 21. JAHRHUNDERT
SO GEFÄHRLICH GEWORDEN IST

FALTER *VERLAG*

ISBN 978-3-85439-706-9

© 2022 Falter Verlagsgesellschaft m.b.H.
1011 Wien, Marc-Aurel-Straße 9
T: +43/1/536 60-0
E: bv@falter.at, service@falter.at
W: faltershop.at
Alle Rechte vorbehalten.

Autor: Raimund Löw
Korrektur: Regina Danek
Umschlagdesign: Dirk Merbach
Grafik und Layout: Marion Großschädl
Druck: Florjančič tisk d.o.o., SL 2000 Maribor

Wir haben bei diesem Buch im Sinne der Umwelt
auf die Verpackung mit Plastikfolie verzichtet.

Inhalt

KAPITEL 6 –
ERKUNDUNGEN IM NAHEN OSTEN,
IN NORDKOREA UND MAROKKO 185

Einleitung

Die internationalen Machtverhältnisse verschieben sich in dramatischer Weise. Russland will die Uhren zurückdrehen und zerstört die Ukraine. Ein europäischer Krieg erschüttert die Welt. Europa stagniert, die USA schwanken und China zeigt überbordendes Selbstbewusstsein. Emanzipatorische Bewegungen der Zivilgesellschaft lassen sich nicht unterkriegen. Rechte Populisten bleiben in unheimlicher Weise populär. Die großen Linien der Entwicklung sind erkennbar, wohin sie führen schon weniger.

Am Ende des 20. Jahrhunderts schien die Lage klarer. Die USA und ihre Verbündeten hatten den Kalten Krieg gewonnen. Die Sowjetunion war als Gegenpol verschwunden. In Folge der demokratischen Revolutionen von 1989 entwickelten sich neue liberale Demokratien. Der Euro als Symbol eines gestärkten Europas hatte das Potenzial, sich zu einer internationalen Leitwährung zu entwickeln.

Dann kam Sand ins Getriebe. Die Anschläge des 11. September 2001 zeigten die Gefahren der dschihadistischen Radikalisierung in der islamischen Welt. Die Überreaktion der USA im sogenannten Antiterrorkrieg führte die Supermacht in die Sackgasse. Die Europäer konnten die Gefahren der globalen Finanzkrise abwehren, zum großen Sprung nach vorne in der Integration fehlte ihnen Kraft und Wille. Die Massenproteste des Arabischen Frühlings sind gescheitert. In den Führungsetagen des Kreml baut sich die Wut über den verlorenen Einfluss in der Welt auf.

Einen Blick auf die Welt, zu der wir gehören, habe ich während mehr als 20 Jahren alle 14 Tage in der Wiener Wochenzeitung *Falter* versucht. Die internationalen Kolumnen sollten helfen, die Aktualität nicht nur zu beleuchten, sondern auch zu verstehen. Geschrieben wurden sie aus unterschiedlichen Blickwinkeln, die mir mein beruflicher Einsatz als ORF-Auslandskorrespondent in Moskau, Wien, Brüssel, Peking und Washington, D. C. ermöglichte.

Für dieses Bändchen wurden Kolumnen ausgewählt, die zum Zeitpunkt ihres Erscheinens auf Weichenstellungen aufmerksam gemacht haben oder die an längst vergessene Ereignisse erinnern. Es sind Momentaufnahmen aus den letzten zwei Jahrzehnten. Gekürzt und redigiert wurden sie kaum. Zum Verständnis aus heutiger Sicht habe ich jede Kolumne in den Rahmen der Zeit gestellt, in der sie geschrieben wurde, und in wenigen Sätzen skizziert, was danach geschah.

Die Kapitel dieses Buches sind thematisch zu Russland, Europa, Amerika, China und (Gegen)Revolutionen unterteilt, zudem gibt es einen Abschnitt mit Reportagen zu Nahost und Nordkorea. Innerhalb der Themenbereiche sind die Artikel in der Regel chronologisch geordnet.

Der Titel dieses Büchleins, „Welt in Bewegung", stammt von der außenpolitischen Kolumne der *Arbeiter-Zeitung,* des bis 1991 erschienenen Sprachrohrs der österreichischen Sozialdemokratie. Georg Hoffmann-Ostenhof hat diese Kolumne jahrelang geschrieben. In seinen täglichen Kommentaren spiegelten sich die turbulenten Umwälzungen vor und während der demokratischen Revolutionen von 1989 wider.

Wien, im April 2022

Raimund Löw

Am Anfang stand der grandiose Sieg der Demokratie

Als Raimund Löw mich fragte, ob ich etwas dagegen hätte, wenn er „Welt in Bewegung" als Titel für sein neues Buch verwendete, war klar, dass nicht ich mein Einverständnis geben musste: Ich hatte zwar als Außenpolitik-Redakteur des SP-Zentralorgans *Arbeiter-Zeitung/AZ* von 1979 bis 1991 regelmäßig – oft fünf Mal die Woche – eine Kolumne, die so hieß, geschrieben, aber das Copyright für diesen wunderbaren Titel besitze ich nicht. Schon in den frühen 70er-Jahren hatte meine Vorgängerin bei der *AZ*, Barbara Coudenhove-Kalergi, wie sie mir bestätigte, unter diesem Signum Kommentare verfasst. Und auch sie fand die „Welt in Bewegung" als Format bereits vor.

Die Welt ist immer in Bewegung, zuweilen langsamer, zuweilen schneller. Zu dem Zeitpunkt, als ich Redakteur der *Arbeiter-Zeitung* wurde, befanden wir uns gerade in einer überaus schnellen Phase. Die Weltpolitik konnte turbulenter nicht sein:

Im Iran verjagte 1979 eine Revolution, später Khomeini-Revolution genannt, den vom Westen unterstützten und diktatorisch herrschenden Schah von seinem Thron.

Nicht zuletzt die unglückliche Politik der amerikanischen Regierung vis à vis den Ereignissen in Teheran brachte dem demokratisch-progressiven US-Präsidenten Jimmy Carter eine schwere Niederlage und schließlich den ehemaligen Hollywoodschauspieler und charismatischen Rechtspolitiker Ronald Reagan ins Weiße Haus.

Ebenfalls 1979 marschierten Sowjettruppen in Afghanistan ein, um die in Kabul regierenden Kommunisten vor ihrem Sturz zu retten.

Dagegen machten sich die polnischen Arbeiter mit ihrer neu gegründeten, unabhängigen Gewerkschaft Solidarność 1980 daran, sich von der Herrschaft des Politbüros in Warschau zu befreien.

Diese weltpolitischen Verschiebungen und Umwälzungen an der Wende vom achten zum neunten Jahrzehnt des 20. Jahrhunderts journalistisch in den Griff zu bekommen, erwies sich in Österreich als besonders schwer. Die Medien waren nur sehr mangelhaft gerüstet. Insbesondere auch die *Arbeiter-Zeitung*.

Wir waren da zwei Außenpolitik-Redakteure, die täglich eine Seite (nur in Ausnahmefällen mehr) zu füllen hatten. Aus dem Ausland berichteten fallweise einst vor den Nazis geflüchtete Emigranten. Von einem echten Korrespondentennetz keine Spur. Bloß der alte Résistance-Kämpfer Georg Scheuer berichtete in verlässlicher Regelmäßigkeit aus Paris. Und fallweise konnten wir auf Recherchereise gehen.

Man kann sich heute, überwältigt von der Informationsflut im Internet, kaum mehr vorstellen, auf wie wenig Informationen ein Außenpolitik-Redakteur in diesen Jahren zugreifen konnte. Internationale Tageszeitungen kamen zumeist mit Verspätung an. Die Austria Presse Agentur, die Meldungen ausländischer Nachrichtenagenturen zusammenfasste, war unsere Hauptquelle für die internationale Berichterstattung. Fernsehnachrichten über internationale Ereignisse gab es nur via ORF. Ausländische Sender waren hierzulande nicht zu empfangen. Und das Archiv der *AZ* befand sich in einem geradezu desolaten Zustand.

Dieser Armut an journalistischem Rüstzeug stand bei der *Arbeiter-Zeitung* freilich ein Reichtum an Geschichte gegenüber. Wenn der Redakteur sein Tagwerk begann, dann wusste er, dass er auf dem Weg in den ersten Stock des Vorwärts-Gebäudes an der Rechten Wienzeile auf dieselben Stufen trat wie seinerzeit Viktor Adler, Otto Bauer und die anderen historischen Figuren der Sozialdemokratie, die da lange Zeit als Parteivorstand residierten; dass er dieselbe Treppe hochstieg wie seinerzeit Lenin, Trotzki, Gramsci und viele andere damalige Emigranten, die vor dem Ersten Weltkrieg den Führern der österreichischen Arbeiterbewegung ihre Aufwartung machten.

Wir arbeiteten in den Räumen mit den schönen schwarzen Möbeln aus dem Jahr 1907, als das Vorwärts-Gebäude feierlich eröffnet wurde. Das Gebäude und die Einrichtung waren alt und teilweise auch im buchstäblichen Sinn verstaubt. Diese atmeten aber gleichzeitig in ihrer Klarheit und Eleganz den

Aufbruch in die Moderne zu Beginn des Jahrhunderts – eine Moderne, die in den dunklen Jahren der Faschismen und der darauffolgenden dumpfen Nachkriegszeit untergegangen zu sein schien.

Aber sie lebte dann doch fort. Nicht zuletzt in Bruno Kreisky, dem Bundeskanzler, Parteivorsitzenden und damit auch dem obersten Chef des SP-Zentralorgans, in dem ich „meine" Kolumne „Welt in Bewegung" schrieb.

Neben der Armut der journalistischen Infrastruktur bestand das Hauptproblem der außenpolitischen Berichterstattung im allgemeinen Provinzialismus. Das Land, das von der Geschichte der ersten Hälfte des 20. Jahrhunderts so gebeutelt worden war, hatte sich quasi von der Weltgeschichte verabschiedet und sich in der Neutralität „gemütlich" eingerichtet. Auf dieser „Insel der Seligen", wie ein Papstwort von Anfang der 70er-Jahre lautete, wollte man von der Welt da draußen nicht viel wissen. Das Interesse an internationalen Angelegenheiten hielt sich in engen Grenzen.

Mit Kreisky als Kanzler am Ballhausplatz hatte sich das zu ändern begonnen. Allein seine umstrittene Nahostpolitik, in deren Rahmen er auf die Rechte der Palästinenser pochte und die Freundschaft mit deren Führer Jassir Arafat pflegte, provozierte Diskussionen und rückte so die Aufmerksamkeit der österreichischen Öffentlichkeit auf weltpolitisches Geschehen. Kreisky machte aus der Not Österreichs, keiner Allianz anzugehören, eine Tugend, die allgemein als „aktive Neutralitätspolitik" bezeichnet wird. Dass er gegen den erbitterten Widerstand der Konservativen des Landes mehrere Organisationen der Vereinten Nationen nach Wien holte und die Uno-City jenseits der Donau bauen ließ, war direkter Ausdruck dieser Politik.

Ungeachtet des objektiv geringen internationalen Gewichts des kleinen Österreichs zeigte sich Kreisky als aktiver Mitspieler auf dem weltpolitischen Parkett. Nicht zuletzt auch als Teil des sozialdemokratischen Trios, das er mit Deutschlands Willy Brandt und dem Schweden Olof Palme bildete. Mit ihrer pragmatisch-aufgeklärten Entspannungspolitik gegenüber dem Osten lagen diese Politiker quer zum Kurs der amerikanischen

Kalten Krieger – vor allem in der Reagan-Ära. Auch die Sympathie des Trios für die Entwicklungsländer – mit ihrer Betonung des „Nord-Süd-Problems" und der Idee eines „Marshallplans für die Dritte Welt" – lag nicht im Mainstream der Politik des US-dominierten Westens.

Für uns AZ-„Außenpolitiker" war der Internationalist am Ballhausplatz ein Segen. Er nahm fast immer auf seine vielen Reisen eine große Zahl von Journalisten mit, denen er vor Ort erstaunlich offen über die Gespräche mit seinem jeweiligen Gegenüber berichtete. Legendär wurden Kreiskys Abendsessions: Nach einem langen und anstrengenden Tag einer Staatsvisite, eines Arbeitsbesuches oder einer Fact Finding Mission rief der Kanzler die ihn begleitenden Journalisten zusammen, um ihnen in der Hotellobby seine Sicht der Dinge, seine Analyse der politischen Konstellation der Region, in der man sich gerade befand, darzulegen. Oder sie gar auf eine Tour d'Horizon durch die gesamte Weltpolitik mitzunehmen. Das konnte schon mal bis weit nach Mitternacht dauern. Nicht selten hatte man den Eindruck, dem monologisierenden Kanzler beim Denken zuzuhören.

Kreisky hatte eine Bresche in den selbstgefälligen, borinerten Provinzialismus des Landes geschlagen.

Für die europäische 68er-Bewegung, auch für ihren kleinen Ableger in Österreich, war der Iran von Anfang an eines jener Länder, das im Zentrum ihrer internationalen Solidarität stand. Gemeinsam mit den meist linken oder liberalen persischen Studenten ging man Ende der 60er-, Anfang der 70er-Jahre zu Tausenden auf die Straße, um gegen den Schah, den vom Westen einst inthronisierten und bis zuletzt unterstützten Monarchen, und dessen mörderische Geheimpolizei Savak zu protestieren. Als nun Anfang 1979 das Regime durch eine gewaltige Volkserhebung gestürzt wurde, war die Freude groß. Die Hoffnung auf Demokratie ließ viele der in Europa lebenden Iraner, die einst als Regimegegner ihre Heimat verlassen hatten, ihre Sachen packen und den nächsten Flug nach Teheran buchen. Beim Aufbau eines neuen freien Iran wollte man nicht abseitsstehen.

Die Enttäuschung war dann groß. Sehr schnell usurpierten Ajatollah Khomeini, der aus dem Pariser Exil zurückgekehrte, charismatische schiitische Führer, und seine islamistische Partei die ganze Macht. Die Phase der Freiheit hatte nur kurz gedauert. Die linken, liberalen, die laizistischen Parteien und Gruppen, die an der Revolution mitgewirkt hatten, waren bald verboten und unterdrückt. Khomeini begann zügig, seine brutale islamische Theokratie zu errichten.

Aber selbst noch am ersten Jahrestag der Revolution, im Februar 1980, als bereits die Islamische Republik Iran ausgerufen war und Hinrichtungen an der Tagesordnung standen, versicherte mir ein in England ausgebildeter Ökonom und hoher persischer Beamter, mit dem ich mich in Teheran angefreundet hatte: „Trotz aller Scheußlichkeiten, die wir jetzt erleben – der Iran ist derzeit noch immer freier als je zuvor in seiner Geschichte." Wenige Wochen später freilich konnte sein Chef, der damalige Nationalbankpräsident Ali Reza Nobari, nur noch durch Flucht in die Türkei dem sicheren Tod entgehen. Mein Freund selbst wurde gefoltert und blieb jahrelang im berüchtigten Evin-Gefängnis inhaftiert.

Zweifellos hatten viele Khomeinis Stärke und die tiefe Verankerung der schiitischen Geistlichkeit in der iranischen Gesellschaft unterschätzt. Aber dies passierte beileibe nicht allein den Linken und Liberalen, die den Fall des Schahs bejubelt hatten. Was der „Khomeinismus" generell bedeutet, wurde weithin nicht verstanden. So schrieb Zbigniew Brzeziński, der Sicherheitsberater des amerikanischen Präsidenten Jimmy Carter: „Wir sollten mit Verallgemeinerungen der Vorgänge im Iran vorsichtig sein. Islamische Erneuerungsbewegungen werden den Nahen Osten nicht mitreißen und es ist sehr unwahrscheinlich, dass sie zu einer Welle in der Zukunft anwachsen werden."

Genau das, was der prominente US-Stratege für „sehr unwahrscheinlich" hielt, traf ein: Die iranische Revolution wurde zur Inspiration für den politischen Islam. Er betrat mit Khomeini die weltpolitische Bühne und sollte von da an seinen spektakulären Aufstieg erleben. Nicht nur im Nahen Osten und Zentralasien.

Die eklatante Fehleinschätzung Brzezińskis hatte freilich System. Während die USA zwar bald in Khomeini einen ihrer Hauptfeinde entdeckte, unterstützte die amerikanische Regierung, allen voran über den Geheimdienst CIA, die Islamisten Afghanistans, die Mudschaheddin, die sich zur Aufgabe gestellt hatten, die Sowjets, die 1979 einmarschiert waren, vom Hindukusch zu vertreiben – was ihnen auch zehn Jahre danach gelang. Ohne die Dollars aus den USA und ohne die amerikanischen Waffen hätten die untereinander zerstrittenen Mudschaheddin niemals die Russen zum Abzug zwingen können. Als diese weg waren, versank das Land im Bürgerkrieg.

Das Afghanistan der 80er-Jahre erwies sich als formidables Trainingsgelände für viele jener dschihadistischen Terroristen, die in den Jahren und Jahrzehnten danach die Welt das Fürchten lehren sollten.

In diesen Jahren ging es Schlag auf Schlag. Im August 1980 erlebte die Welt eine weitere große Volkserhebung: jene in Polen. Was als Streik der Arbeiter auf der Danziger Lenin-Werft um bessere Löhne begann, entwickelte sich in nur wenigen Tagen zum landesweiten Generalstreik und zu einer politischen Bewegung für Demokratie, die schließlich die Kommunisten an der Macht dazu zwang, Solidarność als unabhängige Gewerkschaft anzuerkennen und die Zensur abzuschaffen.

Was sich dem Beobachter vor Ort – wie mir – als eine Arbeiterrevolution par excellence darbot, wie sie in sozialistischen Lehrbüchern nicht besser beschrieben werden könnte, fand bei der westlichen Linken (und wohl auch bei vielen Lesern der *Arbeiter-Zeitung*) nur wenig Verständnis. Wie konnte man Sympathie mit einer Arbeiterbewegung haben, die das Bild der Mutter Gottes vor sich hertrug, statt unter roten Fahnen zu marschieren, die Kirchenlieder sang und nicht die Internationale? Das fragten sich viele. Und hatte die Solidarność nicht den reaktionären Papst Karol Wojtyła als großen Mentor (ohne dessen Ermunterung der Generalstreik tatsächlich nicht zustande gekommen wäre)? Das war den meisten Linken höchst suspekt.

Bei den Sozialdemokraten kam noch hinzu, dass sie prinzipiell auf graduelle Änderungen setzten. An einen Systemwechsel im Osten glaubten sie nicht. In ihrem Fahrplan der Geschichte waren revolutionäre Brüche, wie sie sie da in Polen erlebten, nicht wirklich vorgesehen. Und so konnte nicht verwundern, dass etwa der ÖGB im Frühling 1981 auf einer Reise nach Warschau der offiziellen, von den regierenden Kommunisten beherrschten polnischen Gewerkschaft und nicht der unabhängigen Solidarność einen Besuch abstattete.

Lang war den Polen die Freiheit nicht vergönnt. Am Abend des 13. Dezember rief der Premier General Wojciech Jaruzelski das Kriegsrecht aus, setzte eine Militärregierung ein und begann die Führung der Solidarność und Tausende von deren Aktivisten zu internieren.

Als ich am Morgen des nächsten Tages in die Redaktion der *Arbeiter-Zeitung* kam, lag bereits eine Stellungnahme Kreiskys zu den Ereignissen vor. Er begrüßte darin den Schritt Jaruzelskis und betonte, der polnische Regierungschef sei damit einer militärischen Intervention der Sowjets zuvorgekommen und hätte damit das Ärgste verhindert. Ähnlich auch sein sozialdemokratischer Kanzlerkollege Helmut Schmidt. Während Washington und London die Verhängung des Kriegsrechts scharf verurteilten, sah der deutsche Regierungschef darin einen „Beitrag zur Stabilisierung Polens und Wiederherstellung des Gleichgewichts der Blöcke in Europa".

Als ich Kreiskys Statement las, nahm ich, der kleine *AZ*-Redakteur, all meinen Mut zusammen und rief ihn an (jedermann in Österreich konnte ihn telefonisch erreichen): Wie, bitte schön, könne er gutheißen, dass eine der großen Arbeiterbewegungen wie die polnische niedergeschlagen wird, fragte ich ihn. Er ließ sich auf eine Diskussion mit mir ein und malte ein Bild der Sowjetpanzer, die durch die Straßen Warschaus gefahren wären und ein Blutbad angerichtet hätten, wäre von Jaruzelski nicht die Reißleine gezogen worden.

Ich fühlte mich geehrt, als Kreisky in dieser Woche noch zweimal in der *Arbeiter-Zeitung* anrief, um mich von seiner Position vis à vis den polnischen Ereignissen zu überzeugen. Er intervenierte jedoch nie, wenn ich in den folgenden Jahren in dieser Frage von seiner Linie abweichend kommentierte.

Bis zu seinem Tod rechtfertigte Jaruzelski selbst die Verhängung des Kriegsrechts mit einer damals drohenden sowjetischen Militäraktion. Er sei sicher gewesen, dass ohne Ausrufung des Kriegsrechts der Kreml seine Truppen geschickt hätte. Das versicherte er auch mir in einem Interview, das ich in den späten 90er-Jahren mit ihm führen konnte.

Aber waren die Sowjets damals wirklich bereit, in Polen einzumarschieren? Nein, dies sei in der obersten Sowjetführung nie ernsthaft erwogen worden, versicherte mir der Politologe und einstige außenpolitische Berater des Kremls, Georgi Arkadjewitsch Arbatow, Jahre nach dem Ende der Sowjetunion. Er war bei den entscheidenden Sitzungen der obersten Gremien in Moskau mit dabei. Im Jahr 1995 veröffentlichte Protokolle der sowjetischen und der polnischen Politbüros belegen auch klar, dass nie eine Invasion gedroht hatte.

Die Solidarność war 1981 in den Untergrund gedrängt worden, aus dem sie, auch nach Aufhebung des Kriegsrechts 1983, agieren musste. Aber ihre Strukturen blieben intakt. Zudem hatte der Generationswechsel im Kreml – von Leonid Breschnew, Juri Andropow und Konstantin Tschernenko zu Michail Gorbatschow – einiges verändert. Gorbatschows Perestroika und Glasnost schafften nicht nur in der Sowjetunion neue Bewegungsfreiheiten.

Und so übernahm Polen nicht nur Anfang der 80er-Jahre, sondern auch am Ende dieser Dekade die Rolle der Avantgarde. Es war nicht nur das erste Land im kommunistischen Block, in dem – wenn auch nur kurz – sich die Arbeitnehmer in freien, unabhängigen Gewerkschaften organisieren konnten. Polen erlebte auch als erstes Land im Ostblock (teilweise) freie Wahlen. Im Juni 1989 stimmte eine überwältigende Mehrheit für die Partei der Solidarność.

Dann gab es kein Halten mehr. Die demokratischen Revolutionen von 1989 veränderten die Realitäten des Kontinents. Die Welt traute ihren Augen nicht, als sie sah, wie sich ein osteuropäisches Land nach dem anderen der kommunistischen Diktatur entledigte. Die Politbüros und Zentralkomitees, die Jahrzehnte lang die jeweilige Gesellschaft im Namen des Sozialismus kujoniert hatten, gaben, ohne sich groß zu wehren, die Macht ab. Nur in Rumänien gestaltete sich die demokratische Revolution nicht friedlich.

Die *AZ*-Außenpolitik-Redakteure – inzwischen auf vier angewachsen – berichteten und kommentierten ausführlich und mit Begeisterung über den Umsturz in Prag, den Fall der Berliner Mauer, das blutige Ende des Diktators Ceaușescu und den Zerfall der Sowjetunion.

Deren endgültige Auflösung, die Boris Jelzin im Dezember 1991 verkündete, erlebte die *Arbeiter-Zeitung* – inzwischen zu einer parteiunabhängigen linksliberalen Zeitung mit Computern mutiert – nicht mehr. Sie hatte im Oktober Insolvenz angemeldet. Bruno Kreisky war kurz davor gestorben.

Hätte die Welt die Ereignisse in Polen der Jahre 1980/81 nicht bloß als geschichtlichen Ausreißer, als Störung des Gleichgewichts der Blöcke, wie Helmut Schmidt meinte, gesehen, sondern als Generalprobe für ein noch aufzuführendes großes Stück, sie wäre nicht so total vom so schnellen Ende des Kommunismus in Osteuropa und der Sowjetunion überrascht worden. Tatsächlich hatte niemand auch nur im Ansatz diese große welthistorische Wende vorausgesehen.

Im Rückblick kann man die 80er-Jahre als Dekade des triumphierenden Kapitalismus bezeichnen. Margaret Thatcher residierte seit 1979 in 10 Downing Street, Ronald Reagan seit 1980 im Weißen Haus. Und die beiden repräsentierten jenen wirtschaftspolitischen Paradigmenwechsel hin zu einem Kapitalismus, in dem die Märkte alles sein sollten, der Staat laut Reagan aber „not the solution for our problems, but the problem itself" sei.

Diese Neoliberalismus genannte Doktrin sollte über drei Jahrzehnte vorherrschen. Gleichzeitig signalisierte der Anfang der 80er-Jahre den Beginn einer langen Phase der forcierten Globalisierung, die erst in diesen Jahren zu Ende zu gehen scheint.

Nicht zu vergessen: Auch China, angeführt von Deng Xiao Bing, einem alten Kampfgefährten Maos, begann 1980 den kapitalistischen Weg zu beschreiten. In diesen Jahren war das noch nicht zu erahnen: Aber Chinas Kapitalismus kommunistischer Prägung sollte in den folgenden Jahrzehnten das bitterarme rückständige Riesenreich in die Liga der wirtschaftlichen Supermächte katapultieren, wo es den USA die Nummer eins streitig machen will.

Der Untergang des Kommunismus in Osteuropa und Russland bedeutete aber nicht nur die Ausweitung der kapitalistischen Märkte. Das war vor allem ein grandioser Sieg der Demokratie.

Auch anderswo wehte der Zeitgeist demokratisch: In Lateinamerika schien die Zeit der Militärjuntas und Putschgeneräle vorbei zu sein. Auch in Asien etablierten Länder wie Südkorea und Taiwan – erstaunlich stabile – Demokratien. Selbst in Afrika begannen immer mehr Länder ihre Regierungen zu wählen.

Tatsächlich hatte es noch nie in der Weltgeschichte so wenige Diktaturen gegeben wie in den 90er-Jahren des vergangenen Jahrhunderts. Der Gang der Geschichte schien Optimismus zu rechtfertigen. Und so schrieb Francis Fukuyama, der an Hegel geschulte amerikanische Politikwissenschaftler, sein berühmtes Buch vom „Ende der Geschichte", in dem er mit dem Untergang der Sowjetunion den unwiderruflichen Sieg des Modells der marktwirtschaftlichen und liberalen Demokratie gekommen sah – ein Modell, dem keine Systemkonkurrenz mehr erwachsen könne.

Die These Fukuyamas erschien in den 90er-Jahren, in denen die USA als einzig verbliebene Supermacht agieren konnte, sich alles in Richtung liberale Demokratie zu entwickeln schien und keine Alternative zu dieser Art des Kapitalismus sichtbar wurde, überaus plausibel.

Aber nicht für lange: Bald begann die soziale Ungleichheit global immer unerträglicher zu werden; der Dschihadismus versetzte die Welt in Schrecken; die weithin vertretene Ansicht, Liberalisierung der Wirtschaft führe notgedrungen und unausweichlich auch zu Demokratisierung der Politik, wurde – zumindest vorläufig – durch China widerlegt; die liberale Demokratie erweist sich selbst in den reichsten und ältesten Demokratien nicht so unumstößlich wie angenommen. Und die Klimakrise führt überhaupt in ein völlig neues politisches Gelände.

Offenbar hat die Geschichte keine Endpunkte. Sie ist ein offener Prozess.

Und die Welt bleibt in Bewegung.

Georg Hoffmann-Ostenhof

KAPITEL 1
RUSSLANDS
PHANTOMSCHMERZ

Unter Vladimir Putin präsentiert sich Russland als
revanchistische und kriegerische Macht. Der versuchte
Aufbruch zu einem demokratischen Sozialismus in
der Zeit von Michail Gorbatschow liegt weit zurück.
Aber die russische Geschichte gehört zu Europa.

Leistung und Verbrechen der Sowjetunion

Am 5.3.1953 starb Josef Stalin. Ein Rückblick auf das erstaunliche untergegangene sowjetische Imperium.

Falter 10/2003 vom 4.3.2003

Als Josef Stalin vor 50 Jahren starb, weinten Millionen. Darunter viele der klügsten und heldenhaftesten Männer und Frauen des vergangenen Jahrhunderts, für die der blutrünstige Moskauer Tyrann das Symbol des Widerstands gegen die Hitler-Tyrannei gewesen war. Der spätere tschechische Reformkommunist Zdeněk Mlynář lebte in Moskau im selben Studentenheim wie Michail Gorbatschow. Gorbatschow war der Einzige, der nicht in Tränen aufgelöst war, erzählte Mlynář später. „Es lebe Stalin!" Tausende und Abertausende sind mit diesem Ruf auf den Lippen in den Tod gegangen. In den Schluchten des Balkans ebenso wie im französischen Hinterland, im verwüsteten Russland ebenso wie im rebellischen Italien. Ohne den Glauben an Stalin wäre der Widerstand gegen Hitler unmöglich gewesen, davon waren auch Jahrzehnte später, als die Verbrechen des Stalinismus längst bekannt waren, ehemalige Kommunisten, Widerstandskämpfer und Überlebende der Konzentrationslager überzeugt. Der Sowjetunion ersparte der Tod Stalins wahrscheinlich eine neue Welle politischer Verfolgungen und Terrors. Nikita Chruschtschow öffnete den Archipel Gulag, und Millionen kehrten aus den Lagern zurück ins normale Leben. Zumeist blieben sie gezeichnet für ihr ganzes Leben. Selbst nach dem Untergang des Kommunismus hat sich die russische Gesellschaft nicht völlig von der großen Angst befreit, der Staat könnte wieder zum Instrument des Terrors werden. Ein halbes Jahrhundert nach dem Tod des Tyrannen implodierte das sowjetische Imperium beim verspäteten Versuch seiner Führung, dem von Stalin geerbten System den Weg für demokratische Reformen und wirtschaftliche Modernisierung zu weisen. Es war ein in der Geschichte höchst seltenes Ereignis: Das zweitmächtigste Weltreich der Erde brach innerhalb kürzester Zeit zusammen, weil niemand mehr an die Dogmen des sogenannten real existierenden Sozialismus und damit an die Legitimität der kommunistischen Herrschaft glauben konnte. 15 Jahre nach dem Ende der Sowjetunion erscheinen die ehernen Sprüche des „Marxismus-Leninismus", die das Leben von Millionen bestimmt hatten, wie skurrile Versatzstücke aus dem Katechismus einer weltfremden Sekte.

Und doch muss beim Rückblick auf die stalinistische Tragödie, in der so viele Menschenleben zerstört und die emanzipatorischen Ideen des Sozialismus dauerhaft beschädigt wurden, auch ein anderer Aspekt beurteilt werden. War das sowjetische System doch gleichzeitig mit einigen der erstaunlichsten Leistungen des 20. Jahrhunderts verbunden. Russen und Ukrainer, Kasachen und Usbeken, Kirgisen und Armenier erreichten eine zwar bescheidene, aber für viele seither nicht wieder erreichte materielle Sicherheit. Mit elementarer gesundheitlicher Versorgung, Bildung für alle und wissenschaftlich-technischen Höchstleistungen dort, wo der Staat dies wollte. Gleichzeitig betrieb das sowjetische Politbüro das denkbar aufwendigste Rüstungsprogramm, das unter Leonid Breschnew schließlich zur ersehnten nuklearen Parität mit dem reichen Amerika führte. Trotz einer verzweifelten Ausgangsposition nach den Verwüstungen des Zweiten Weltkrieges, den zerstörerischen Folgen von Säuberungen und Repressionen für die sowjetische Gesellschaft und den kaum verheilten Wunden der nachrevolutionären Bürgerkriege und Hungersnöte. Mit sowjetischer Hilfe wurde Fidel Castros Kuba ernährt, Millionenwerte flossen an Entwicklungshilfe und Rüstungsgüter nach Äthiopien und Angola, Somalia und Vietnam, Syrien, Ägypten und in den Irak. Der riesige Moloch der sowjetischen Rüstungsindustrie brachte schließlich die gesamte wirtschaftliche Entwicklung zum Erliegen. Dass die Nachfolger Stalins während Jahrzehnten die halbe Welt bewaffnet und ernährt hatten, trug entscheidend zu ihrem Untergang bei.

Die Kraft zu dieser beispiellosen Expansion war jedoch aus dem revolutionären Erbe der Sowjetunion entstanden, nicht aus dem des Stalinismus. Ganz wie der kurzfristige Triumph Napoleons über das Alte Europa am Beginn des 19. Jahrhunderts durch die allgemein-menschlichen Ziele der Französischen Revolution legitimiert schien, konnten sich vietnamesische Nationalisten und kubanische Revolutionäre, Anti-Apartheidkämpfer im Südlichen Afrika und tschechische Kommunisten in den egalitären Kategorien der bolschewistischen Revolution wiederfinden. Die Ausdehnung des sowjetischen Imperiums diente nicht einfach der Eroberung zwecks materieller Ausbeutung, wie etwa der europäische Kolonialismus des 19. Jahrhunderts. Fast zwanghaft folgten auf die sowjetischen Militärberater und Soldaten die Wirtschaftsplaner und Ideologen. Dass große Teile der Linken weltweit die Verbrechen des Stalinismus beschönigt oder verdrängt haben, hat die aus dem 19. Jahrhundert kommende emanzipatorische Grundidee des Sozialismus in den Grundfesten erschüttert. Bei aller Kritik an Neoliberalismus und Finanzkapital, die heutzutage aus den Reihen der modernen Globalisierungsgegner zu hören ist, ist die Vorstellung verschwunden, ein grundsätzlich anderes System als jenes von Marktwirtschaft und westlicher Demokratie sei sinnvoll oder möglich. Ob das dem Kapitalismus guttut, ist fraglich, hat doch die Systemkonkurrenz mit dem real existierenden Sozialismus vor allem in Westeuropa zu einem Sozialsystem geführt, das die sozialen Unterschiede ausglich wie nie zuvor. Auch für die USA als Führungsmacht der freien Welt war manches leichter, solange die übersichtliche Teilung der Welt in zwei einander feindlich gegenüberstehende Lager intakt war. In der Position der alleinigen Weltherrschaft besinnen sich jetzt ausgerechnet die regierenden amerikanischen Konservativen der revolutionären Wurzeln ihres eigenen Systems. Demokratieexport in den Irak mittels Cruise Missiles und Smart Bombs soll die Lösung für die brennenden Probleme des Nahen Ostens bringen. Wenn es dazu kommt, dann wird das letzte Erbe der unter Stalin geschaffenen internationalen Machtverhältnisse auf der Strecke bleiben: die Autorität des Sicherheitsrats der Vereinten Nationen, der seit dem Zweiten Weltkrieg als beruhigendes Sicherheitskorsett der Weltpolitik fungiert.

Ende 2021 löst das russische Höchstgericht die Menschenrechts-organisation Memorial auf, die seit den Anfängen der Glasnost die Erinnerung an die Opfer des Stalinismus hochgehalten hat. An die Stelle einer ehrlichen Auseinandersetzung mit der Vergangenheit will der Kreml patriotische Propaganda rund um den sowjetischen Sieg im Zweiten Weltkrieg setzen. Zensur der Geschichte und Kontrolle über die Vergangenheit ist Teil des autoritären Projekts von Vladimir Putin.

Der gescheiterte Reformer Michail Gorbatschow

Als Generalsekretär der Kommunistischen Partei der Sowjetunion wollte Michail Gorbatschow den real existierenden Sozialismus de-mokratisieren. In der Realität leitete er den Zerfall der Sowjetunion ein. Die persönliche Rolle des Reformers, der seinen Bürgern die Angst vor dem Staat genommen hat, wird nach wie vor unterschätzt.

Falter 24/1999 vom 16.6.1999

Man weiß um die geringe Popularität Gorbatschows in Russ land und mokiert sich rückblickend über seinen Traum der demokratischen Reform von Kommunismus und Planwirt-schaft. Tatsache ist, dass es der unbedankte Erfinder von Glas-nost und Perestroika allein war, der den Völkern der Sowjet-union die im Stalinismus wurzelnde allgegenwärtige Angst vor Partei, Staat und Polizei genommen hat. Als im Kreml der erste Volkskongress mit aus echten Wahlen hervorgegangenen Abgeordneten tagte, da schleuderte Andrej Sacharow, der Frie-densnobelpreisträger und Dissident, mit seinen Freunden ohne jede Zensur ihre Anklagen gegen KGB und Partei, Stalinismus und Diktatur in den Raum. Gebannt verfolgten die Menschen während mehrerer Wochen die stundenlangen Live-Übertra-gungen im Fernsehen. Wir westliche Korrespondenten beobachteten das Schauspiel von der Tribüne. Erst diese von Gorbatschow durchgesetzte Öffnung hat den Befreiungsprozess in Warschau, Berlin und Prag ermöglicht.

Die Vorstellung, die plötzliche Implosion des Kommunismus sei unvermeidlich gewesen, ist lächerlich. Wie lange selbst innerlich ausgehöhlte autoritäre Systeme überleben können, zeigen Kuba, Vietnam und China oder auch Algerien, Libyen oder der Irak. Wäre nicht ein Reformer wie Gorbatschow an der Spitze der Sowjetunion gestanden, sondern ein unnachgiebiger Apparatschik wie der Hardliner des Politbüros Jegor Ligatschow oder Regierungschef Nikolai Ryschkow, niemand weiß, ob nicht ein russisches Tiananmen-Massaker dem Völkerfrühling ein jähes Ende bereitet hätte. Erst Gorbatschows Signale von oben ließen 1989 in Osteuropa die Massen zu den eigentlichen Akteuren der Geschichte werden.

Für Osteuropa wurde 1989 zum Ausgangspunkt einer spektakulären Erfolgsstory. Wirtschaftlich relativ erfolgreich, demokratisch stabilisiert und in das westeuropäische System eingebunden, wie zahlreiche ehemalige Oststaaten heute dastehen, hätte sich diese Region vor zehn Jahren niemand vorstellen können. Einzig auf dem Balkan haben die zerstörerischen Tendenzen von Nationalismus, Autoritarismus und Gewalt die Oberhand behalten.

Radikal anders als in Osteuropa verlief die Entwicklung in Russland: Das tiefe Loch, in das der Zerfall der Sowjetunion die russische Gesellschaft gestürzt hat, ist auch heute noch nicht überwunden. Wirtschaftlicher Niedergang und gesellschaftlicher Verfall bedrohen mehr denn je die brüchigen Ansätze einer demokratischen Kultur. Boris Jelzins Tage als russischer Präsident sind gezählt. Eine offene politische Krise nach seinem Abgang ist durchaus möglich. Damit würde die Entwicklung Russlands zur größten Herausforderung für die Zukunft Europas schlechthin werden. Krisenmanagement auf dem alten Kontinent ist ohne die Einbindung Russlands unmöglich.

In seinem geistreichen Deutungsversuch der jüngsten Geschichte („Das Jahrhundert verstehen", Luchterhand 1999) zeichnet der israelisch-deutsche Historiker Dan Diner den Kalten

Krieg als eine Art Weltbürgerkrieg, in dem sich verdrängte geopolitische Interessenkonflikte mit dem von der Französischen Revolution tradierten Gegensatz der Prinzipien von Freiheit und Gleichheit vermischt haben. Mit dem Ende des Kommunismus kommen laut Diner die geopolitischen Tiefenströmungen in der europäischen Politik wieder viel stärker an die Oberfläche.

Was das ausgehende 20. vom beginnenden 21. Jahrhundert unterscheidet, ist laut Dan Diner die „atlantische Revolution", die den Kontinent in schockartigen Wellen vom Westen her transformiert hat. Die angelsächsisch-amerikanischen Werte von individuellen Bürgerrechten in einem parlamentarischen System des Interessenausgleichs seien jetzt auch in Osteuropa dabei, dem völkisch-kollektivistischen Denken den Garaus zu machen. Fraglich bleibt, ob dieser jüngste Amerikanisierungsschub auch den Balkan erobern kann. Wahrscheinlich ist, dass er vorläufig vor den Toren Russlands haltmachen wird.

Demokratische Modelle sind Russland von außen nicht aufzuzwingen: Dazu ist das Land zu riesig, und dazu gehen seine Traditionen zu tief. Umgekehrt aber könnte eine demokratische Stabilisierung in Russland sehr wohl durch eine andauernde Polarisierung gegen den Westen zunichte gemacht werden. Die westliche Politik ist daher gut beraten, so zu agieren, dass der Raum für antidemokratischen Revanchismus auf dem Moskauer Parkett möglichst eng bleibt. Rücksicht auf russische Interessen und Emotionen kann helfen, jene demokratischen Traditionen in Russland am Leben zu halten, die 1989 den Kontinent verändert haben.

Die Übergangsphase nach dem Zerfall der Sowjetunion endet mit der Machtübergabe von Boris Jelzin an Vladimir Putin Ende 1999. Nach einem chaotischen Jahrzehnt sehnen sich die Bürger Russlands nach Stabilität, die der ehemalige KGB-Offizier an der Staatsspitze vorerst auch liefert. Den Krieg gegen die abtrünnige Teilrepublik Tschetschenien beendet er mit der Zerstörung der Hauptstadt Grosny. Welche Rolle das durch die Selbständigkeit der Sowjetrepubliken geschwächte Russland in der Welt spielen soll, bleibt die ungelöste Frage, die zum Boden des russischen Revanchismus wird.

Der Fall des Steuerprüfers Sergej Magnitski – Folter, Tod, Freispruch

Der gewaltsame Tod eines Vorkämpfers gegen Korruption in Russland 2009 führt zu amerikanischen und europäischen Sanktionen, die sich gezielt gegen verantwortliche Funktionsträger richten und nicht mehr gegen ganze Wirtschaftszweige.

Falter 50/2012 vom 12.12.2012

Schritt für Schritt entwickelt sich einer der Skandale der Ära Putin zur Belastung für die Stellung Russlands in der Welt. Vorgeprescht waren die USA. Der Senat in Washington hat eine schwarze Liste von 60 russischen Spitzenbeamten erstellt, die mit Einreiseverbot belegt wurden, weil sie aus amerikanischer Sicht 2009 in den Prügeltod des russischen Korruptionsaufdeckers Sergej Magnitski im Moskauer Untersuchungsgefängnis Butyrka verwickelt waren.

Eine Maßnahme wie in der Zeit des Kalten Krieges. Beim gemeinsamen Auftritt in Brüssel musste sich Putin auch von EU-Ratspräsident Herman Van Rompuy anhören, wie ernst der Fall Magnitski genommen wird. Russland revanchierte sich für die US-Blockade mit einem Einreiseverbot für amerikanische Guantánamo-Verantwortliche und dem Adoptionsverbot russischer Kinder durch amerikanische Familien.

Dass das traurige Schicksal Sergej Magnitskis die Weltpolitik beschäftigt, ist auf das Engagement des US-Investors Bill Browder zurückzuführen. Mit seiner in Russland tätigen Firma Hermitage Capital Management war Browder in das Schussfeld des Kreml geraten. Das Interesse des Geschäftsmannes an Russland entsprach einer familiären Tradition. Browders Großvater war in den USA lange Zeit das bekannteste Gesicht des Kommunismus. Bis 1945 leitete Earl Browder als Generalsekretär die Kommunistische Partei der USA. Enkel Bill Browder nützte das familiäre Know-how im Umgang mit Moskau und stieg mit westlichem Kapital in den postsowjetischen Privatisierungsboom ein.

Als Vladimir Putin gegen unbotmäßige Finanzoligarchen zu Felde zog, verlor seine Firma Hermitage Capital den Segen des Kremlherrn. Es war die Zeit, in der Putin den aufmüpfigen Multimilliardär Michail Chodorkowski verhaften ließ. Während sich andere Investoren der staatlichen Gewalt beugten, wehrte sich Browders US-Unternehmen. Browders russischer Anwalt Sergej Magnitski deckte Korruptionsfälle in höchsten Moskauer Regierungskreisen über 230 Millionen Dollar auf und bezahlte mit seinem Leben. Seither sucht der Millionär, durch weltweites Lobbying eine Bestrafung der Verantwortlichen zu erzwingen.

Der jüngste Freispruch des stellvertretenden Gefängnisdirektors, der bisher als Einziger im Zusammenhang mit dem Tod Magnitskis vor Gericht stand, bestätigt die westlichen Kritiker an der gelenkten russischen Justiz. In Großbritannien, den Niederlanden und Schweden verlangen Abgeordnete ein Visumverbot für die russischen Peiniger Magnitskis. Die *Financial Times* fordert ein Einreiseverbot im Schengenraum, ähnlich wie für Vertreter des diktatorischen Regimes in Belarus. Der Fall Magnitski war kein symbolträchtiger Wendepunkt wie die Ermordung der Aufdeckungsjournalistin Anna Politkowskaja, die 2006 in Moskau nach Artikeln über die Repression in Tschetschenien erschossen wurde. Selbst die Feministinnen der regierungskritischen Punkband Pussy Riot können in Russland auf mehr Sympathien zählen als der Anwalt eines ausländischen Millionärs.

Trotzdem ist die Forderung nach postumer Gerechtigkeit für Magnitski legitim. Er war unter folterähnlichen Bedingungen inhaftiert, ärztliche Hilfe wurde ihm trotz einer schweren Entzündung verweigert. Wahrscheinlich wurde er zu Tode geprügelt, offiziell starb er an Herzversagen. Drahtzieher hinter seinem Martyrium waren jene Kreise des Moskauer Innenministeriums, gegen die sich seine Korruptionsvorwürfe gerichtet haben. Es geht um Unabhängigkeit und Fairness der Justiz in einem autoritären System mit mafiaähnlichen Strukturen.

Die amerikanische schwarze Liste der Magnitski-Peiniger ist trotzdem der falsche Weg, denn sie ist eine einseitige Maßnahme bar jeder völkerrechtlichen Basis. Die Europäer sollten diesen

Weg nicht gehen. So wie im Kalten Krieg stärkt jeder martialische Schritt des Westens nur den autoritären Chauvinismus in Moskau. Das absurdeste Beispiel: die Einstimmigkeit, mit der die Duma russische Waisenkinder durch das neue US-Adoptionsverbot bestraft, nur um gegenüber Amerika zu punkten.

Der Meinungsstreit um Rechtsstaatlichkeit in Russland muss geführt werden. Auch auf internationaler Ebene. Dass sich europäische Abgeordnete oder US-Senatoren zum Fall Magnitski zu Wort melden, ist richtig. Ein zwischenstaatlicher Konfrontationskurs mit der ehemals verfeindeten Supermacht stärkt dagegen nur die Hardliner in Moskau. Abschottung nach außen bringt Verhärtung nach innen. Je mehr Fäden Russland mit dem westlichen Ausland verbinden, desto besser. Diese Erfahrungen der Tauwetterphasen des Kalten Krieges gelten auch für die Ära Putin.

Mit dem Fall Magnitski haben sich weltweit die Parameter der Sanktionspolitik verändert. Die Europäische Union und die USA antworten nicht nur in Russland, sondern auch in China und anderen Staaten bei Streitfällen um die Menschenrechte mit Strafmaßnahmen gegen konkrete Personen und nicht mehr gegen ganze Wirtschaftszweige. Die betroffenen Staaten revanchieren sich in ähnlicher Weise. Sanktionen sind besser als Kriegshandlungen. Ein Ersatz für Diplomatie in Krisenzeiten sind sie nicht.

Putins Plan für eine neue Sowjetunion ohne Sozialismus

Im Februar 2014 reagiert Russland auf die proeuropäische Revolution des Euromaidan in der Ukraine mit dem Einmarsch auf der Krim. Die völkerrechtswidrige Annexion der Halbinsel löst eine Eiszeit in den russisch-europäischen Beziehungen aus. Russland bewaffnet und unterstützt prorussische Rebellen in der Ostukraine. Die großrussische Ideologie, mit der Putin sein Vorgehen begründet, schockiert die Nachbarstaaten mit russischsprachigen Minderheiten. Der Boden für neue Aggressionen ist gelegt.

Falter 7/2014 vom 12.2.2014

Die ukrainische Revolution ist zur Weltkrise geworden. In atemberaubendem Tempo hat Russland auf den Umsturz in Kiew mit Militärmanövern, Truppenbewegungen und schließlich dem Einmarsch auf der Krim reagiert. Im Zeitraffer wiederholt sich das Szenario des Kaukasuskrieges 2008, der zur Abtrennung der abchasischen und südossetischen Provinzen Georgiens führte. Der damalige georgische Präsident Michail Saakaschwili hatte keine Geste ausgelassen, den großen Bruder zu provozieren. In der Ukraine wartete der Kreml für seinen Feldzug nicht einmal auf einen Vorwand.

Vladimir Putins Aktionsplan geht über die Krim weit hinaus. Er will die gesamte Ukraine in den russischen Einflussbereich zurückholen. Für dieses Ziel riskiert er einen Bürgerkrieg und die Eiszeit mit dem Westen. Alle in der Ukraine lebenden ethnischen Russen werden für die revanchistischen Absichten des Kreml instrumentalisiert.

Demonstranten, die in Odessa, Charkow oder Donezk die russische Fahne hissen, genügen, damit sich der Kreml berechtigt fühlt zu intervenieren.

Die Existenz der Ukraine als souveräner Staat steht auf dem Spiel. Auch Moldau, Georgien und die anderen ehemaligen Sowjetrepubliken haben sich nach Putins Plan der Eurasischen Union anzuschließen, gedacht als lose Sowjetunion ohne Sozialismus. Ein knappes Vierteljahrhundert nach dem Zerfall der Sowjetunion stellt der russische Präsident die damals gezogenen Grenzen infrage.

Der Aufschrei der neuen ukrainischen Führung, der Europäer und der Amerikaner erfolgt zu Recht. Nach dem Völkerrecht wäre die Ukraine zur militärischen Selbstverteidigung berechtigt. Aber die Regierung in Kiew ist hilflos, die ukrainischen Streitkräfte sind desorganisiert. In stundenlangen Telefonaten drängen Obama und Merkel Putin zur Zurückhaltung.

Das Kräfteverhältnis ist für Russland günstig. Die USA wollen sich aus internationalen Verpflichtungen zurückziehen. Die EU hat zu wenig Machtmittel, um auf internationale Krisen rasch zu reagieren. Mit Krieg an den östlichen Grenzen und der Kernschmelze eines ganzen Staates ist die EU-Außenpolitik überfordert. Aber die Idee von einer konstruktiven Partnerschaft mit Putin ist tot. Eine Eiszeit im Verhältnis zu Russland ist unvermeidlich. Die USA drohen mit Wirtschaftssanktionen, denen sich Europa anschließen könnte. Frankreich und Großbritannien sind dafür, Deutschland zögert noch. Hoffentlich nicht allzu lange, denn ein gespaltenes Europa sollte es in einer derart zentralen Frage nicht geben.

Wenn Einreiseverbote für die Machtelite um Putin drohen und die russischen Superreichen ein Einfrieren ihrer Gelder im Westen befürchten müssen, wird die Begeisterung für den expansiven Kurs rasch zurückgehen. Wenn Putin seine Streitkräfte nicht bremst, wird sich Europa gegenüber seinem Regime so ähnlich verhalten wie gegenüber der Sowjetunion im Kalten Krieg.

Ein langfristiges Angebot, wie die feindseligen Machtblöcke ihre Einflussgebiete abstecken, wird es trotzdem geben müssen. Der Außenpolitikexperte Zbigniew Brzeziński, einst Sicherheitsberater unter Jimmy Carter, schlägt einen an das neutrale Finnland angelehnten Status für die Ukraine vor.

Russland hätte die staatliche Souveränität zu respektieren, wie das auch bei Finnland oder dem neutralen Österreich der Fall war. Für die Krim ließe sich ein Sonderstatus aushandeln.

Im Augenblick der Konfrontation ist ein geopolitischer Kompromiss in weite Ferne gerückt. Aber gerade in Krisensituationen braucht Diplomatie auch Visionen. Während des Kaukasuskrieges 2008 hat Frankreichs Nicolas Sarkozy, der damals EU-Ratspräsident war, in einer Pendelmission zwischen Moskau und Tiflis einen Waffenstillstand ausgehandelt, der bis heute hält. Hunderte EU-Beobachter überwachen die Grenzlinien zwischen russischen und georgischen Streitkräften.

Die russische Herausforderung zwingt die Europäer zu einer gemeinsamen Konfliktstrategie.

Das letzte mit der Ukraine-Krise vergleichbare Desaster hat der Kontinent vor 20 Jahren erlebt, als Jugoslawien zerfiel. Erst das Eingreifen der Nato hat die serbische Aggression beendet und eine Wende gebracht. Amerikanische Schützenhilfe wird es diesmal nicht geben. Für die richtige Dosierung von Härte und Kompromissbereitschaft gegenüber Moskau werden die Europäer alleine zuständig sein.

Die Ehre Russlands retten in diesen Tagen die Antikriegsdemonstranten vor dem Verteidigungsministerium in Moskau. Sie erinnern an die Dissidenten, die im August 1968 am Roten Platz gegen den Einmarsch in die Tschechoslowakei demonstrierten. Jahrzehnte später ist der Prager Frühling mit Glasnost und Perestroika nach Moskau gekommen. Gelingt es der Ukraine, den Weg eines pluralistischen Rechtsstaates zu gehen, dann kann das demokratische Virus auch auf den russischen Nachbarn übergreifen. Schneller, als dies die Clique um Putin für möglich hält.

Die Ukraine hat als demokratischer Staat ungeachtet aller Störmanöver Tritt gefasst. Korruption belastet das Land. Der von Kiew gewünschte Beitritt zur Nato wird von Deutschland und Frankreich verhindert, weil man das Verhältnis zu Russland nicht zusätzlich belasten will. Aber der Kreml findet kein tragbares Verhältnis zur ukrainischen Souveränität. Der Konflikt um die von prorussischen Milizen besetzten Teile der Ostukraine wird aus Moskau gezielt geschürt.

Feindschaft zwischen Russland und Amerika

Vladimir Putin hilft dem syrischen Diktator Assad, den Bürgerkrieg zu gewinnen. Am Ende einer zweijährigen Belagerung sind die syrischen Regierungstruppen 2016 dabei, die zweitgrößte Stadt des Landes, Aleppo, zu erobern. Die Spannungen Russlands mit Europa und den USA nehmen zu.

Falter 41/2016 vom 12.10.2016

Als Vladimir Putin 1999 von Boris Jelzin zum Premierminister gemacht wurde, hatte der ehemalige KGB-Mann ein klares Ziel: Er rüstete zum zweiten Tschetschenienkrieg. Die schmähliche Niederlage der russischen Streitkräfte in der ersten Schlacht um Grosny sollte wettgemacht werden.

Die Kaukasusrepublik hatte sich unter einer chaotischen islamistischen Führung vom Kreml losgesagt. Mysteriöse Bombenanschläge gegen Wohnhäuser in Moskau, bei denen Hunderte ums Leben kamen, waren der offizielle Anlass für den neuen Feldzug. Dem Bombenhagel auf ihre Hauptstadt hatten die tschetschenischen Freischärler nichts entgegenzusetzen. Unter dem lokalen Machthaber Ramsan Achmatowitsch Kadyrow entstand ein moskaufreundliches Regime. Der Zerfall der Russischen Föderation war gestoppt.

Der Sieg in Grosny hat Putin zum starken Mann Russlands gemacht. Im syrischen Aleppo wiederholt er die Strategie des Tschetschenienkriegs. Bereits in der sowjetischen Zeit war Syrien ein enger Verbündeter Moskaus. Hafiz al-Assad, der Vater des amtierenden Präsidenten, hatte seine Herrschaft 1982 durch ein Blutbad gegen sunnitische Aufständische in der Stadt Hama gerettet. Jetzt zerstört Baschar al-Assad, der Sohn, die Stadt Aleppo. Der Sieg der syrischen Regierungstruppen soll den Sohn nach russischen Vorstellungen zu einer Art Kadyrow des Nahen Ostens machen, nach dem Modell des prorussischen Machthabers in Tschetschenien. Unter Putins Führung müsste Russland endgültig wieder als Weltmacht ersten Ranges anerkannt werden.

Die Bomben auf die syrische Stadt Aleppo sind ein Wendepunkt in der Weltpolitik. Aus Europa und den USA kommt die Forderung, die Bombardierung der zweitgrößten Stadt des Landes als Kriegsverbrechen zu ahnden. Die Obama-Administration hatte ein amerikanisches Eingreifen in den Syrienkrieg abgelehnt, obwohl Assad Giftgas einsetzt. Die USA halten eine Verständigung mit Moskau für möglich. Jetzt fühlt sich Washington durch die hinhaltenden Waffenstillstandsverhandlungen hintergangen, die in Wirklichkeit nur der Aufrüstung des Assad-Lagers gedient haben. Auch Europa ist alarmiert. In Deutschland, das traditionell auf Dialog mit Moskau setzt, hat eine Diskussion über die Notwendigkeit neuer Russland-Sanktionen eingesetzt. Seit dem sowjetischen Eingreifen in Afghanistan 1979 waren die Gräben nie so tief.

Der Vergleich mit dem Kalten Krieg, der manchmal für die gefährliche Lage gezogen wird, passt nur beschränkt. Aber Putin setzt ganz bewusst auf Zeichen, die an die alte Rivalität der Supermächte erinnern. Das Verteidigungsministerium denkt an Militärbasen in Kuba und Vietnam, heißt es in Moskau. Per Dekret setzt Putin einen Vertrag über die Entsorgung von Plutonium aus dem Atomwaffenarsenal außer Kraft. Militärexperten geben dem Schritt vor allem symbolische Bedeutung. Der russische Präsident gießt politisch Öl ins Feuer. Auch während der Krimkrise hat Putin gezielt das eigene Atomwaffenpotenzial ins Spiel gebracht. Russland mag die Wirtschaftskraft eines europäischen Kleinstaates haben, die russische Atomstreitmacht hat ihr Bedrohungspotenzial trotzdem nicht verloren, lautet die Botschaft.

Die Rückkehr zu einer bipolaren Welt, in der die Rivalität zweier Supermächte alles überschattet, wird es nicht geben. Dazu sind auf der internationalen Bühne zu viele Akteure aktiv, die weder von Washington noch von Moskau kontrolliert werden. Aber eine Erniedrigung durch Russland, wie sie Barack Obama in den letzten Monaten seiner Amtszeit erlebt, werden die USA nicht hinnehmen.

In Syrien selbst bleiben die Optionen Amerikas beschränkt. Eine Flugverbotszone für Aleppo, die Luftangriffe des Regimes auf die Zivilbevölkerung verhindern soll, ist ausgeschlossen. US-Flugzeuge, die syrische Bombenangriffe verhindern müssten, würden zum Ziel des russischen Militärs. Moskau warnt, dass russische Boden-Luft-Raketen präsent sind. Die USA könnten versucht sein, den Druck auf Russland in Europa zu erhöhen. Der französische Außenpolitikexperte Bernard Guetta erwartet einen Anlauf der USA, die Ukraine vielleicht doch in die Nato aufzunehmen. Deutschland und Frankreich haben einen solchen Schritt, der in Moskau als feindlicher Akt aufgenommen würde, bisher verhindert. Aber die Karten werden neu gemischt. Die Argumente, dass Europa auf Russland Rücksicht nehmen muss, werden durch Putins Vorstöße auf der Krim und in Syrien entwertet.

Europa hat im Kalten Krieg zu einer Stabilität gefunden, die sich manche heute zurückwünschen. Die Rückkehr der alten Feindschaften, die zur Tragödie von Aleppo geführt hat, wird ein Vierteljahrhundert später das globale Chaos aber weiter verstärken.

Das Assad-Regime hat 2021 die größten Teile Syriens zurückerobert. Die verbliebenen Rebellen haben sich in eine Enklave um die Stadt Idlib geflüchtet. Weite Teile des Landes sind zerstört. Die Mehrheit der Syrer ist innerhalb oder außerhalb der Grenzen des Landes zu Flüchtlingen geworden. Die Unterstützung Russlands und besonders der russischen Luftwaffe war für den Sieg Assads entscheidend. Der Expedition zur Rettung Assads war von amerikanischen Strategen ein schmähliches Scheitern vorausgesagt worden. Das Gegenteil ist passiert. Die russischen Streitkräfte haben sich modernisiert. Die erfolgreiche Intervention in Syrien bringt Kampferfahrungen. Russland ist auch in Afrika aktiv. Die mit dem Militärgeheimdienst verbundene paramilitärische Gruppe Wagner, die von dem mit Putin verbündeten Oligarchen Jewgeni Prigoschin gegründet wurde, engagiert sich in Mali und in der Zentralafrikanischen Republik als Gegengewicht zu Friedenstruppen aus Frankreich. Präsident Putin hat im Militär ein Instrument geschaffen, um die Machtansprüche Russlands weltweit geltend zu machen.

Putins Angriffskrieg

*Am 24. Februar 2022 beginnt Russland seinen Angriffskrieg
gegen die Ukraine. Die Bemühungen der Amerikaner und
Europäer, Präsident Putin von seinem Vorhaben abzubringen, sind
gescheitert. In Genf waren einander russische und amerikanische
Regierungsvertreter gegenübergesessen, um mögliche
Abrüstungsschritte auszuloten. In Brüssel hatte erstmals seit
langem wieder der Russland-Nato-Rat getagt, und in Wien war die
Organisation für Sicherheit und Zusammenarbeit aktiv geworden.
Vergeblich. Präsident Putin hatte seinen einsamen Beschluss zum
Krieg längst gefällt, obwohl die russische Diplomatie bis zum
letzten Moment glauben machen wollte, dass es keinen Angriff
geben werde.*

Falter 8/2022 vom 23.2.2022

Russlands Präsident Putin hat seinen Angriffskrieg gegen die
Ukraine begonnen. Vor den Augen der Welt und ohne jegliche
Bedrohung durch das Nachbarland. In einer düsteren Kriegs-
rede im russischen Fernsehen hatte Putin dem Nachbarland das
Existenzrecht als souveräner Staat abgesprochen. Wenn diese
Zeilen erscheinen, ist möglicherweise klarer, wo und wann die
russischen Panzer in einer ersten Phase haltmachen werden.
Die extreme Unsicherheit ist Teil der Strategie des Kreml. Die
Erpressung mit einem Angriffskrieg, den die Charta der Ver-
einten Nationen ausdrücklich verbietet, zerstört den Glauben
an Friede und Stabilität in Europa.

Putin hat gegenüber dem deutschen Kanzler Olaf Scholz
von einem ukrainischen Völkermord an der russischsprachigen Bevölkerung gesprochen. Offene Lügen und gezielte Pro-
vokationen gehören bei Kriegsvorbereitungen dazu. In den russisch kontrollierten Separatistengebieten Luhansk und Donezk,
die Moskau jetzt als eigene Volksrepubliken anerkennt, gehen
Bomben hoch, deren Ursprung unklar bleiben soll.

Die russischen Beschwerden über die Nato-Erweiterung in
Richtung Osten nach dem Sieg des Westens im Kalten Krieg
sind ernst zu nehmen. Der Umgang der Ukraine mit der rus-

sischsprachigen Minderheit ist problematisch. Eine Rechtfertigung zum Einmarsch ergibt sich daraus nicht. Die Russische Föderation bedroht die Ukraine durch ihre sogenannten Manöver im Osten, aus Belarus im Norden und vom Schwarzen Meer im Süden.

Der letzte derartige Aufmarsch kam von den USA beim Überfall auf den Irak unter George W. Bush. Die politischen Dimensionen waren andere, weil Saddam Hussein ein blutiger Tyrann war. Aber monatelang konnte die Welt beobachten, wie amerikanische Soldaten in den Nahen Osten gebracht wurden. Bis zuletzt versuchten Inspektoren der Vereinten Nationen den Kriegsausbruch zu verhindern. Die Lüge von den angeblichen Massenvernichtungsmitteln hat der CIA erst später zugegeben. Am Beschluss George W. Bushs, das Regime in Bagdad zu stürzen, hatte 2003 die Kritik Frankreichs, Deutschlands und Russlands nichts geändert.

2022 ist es Joe Biden, der unermüdlich vor den russischen Militärbewegungen warnt. Nach US-Geheimdiensterkenntnissen soll die Entscheidung im Kreml für die Eroberung der Hauptstadt Kiew längst gefallen sein. Die russische Regierung versucht, den Spieß umzudrehen, und beschuldigt umgekehrt die USA, die Spannungen durch kriegerische Töne zu erhöhen. Die Apologeten Putins in Deutschland und Österreich greifen diese Behauptungen auf, die in Wirklichkeit Teil der psychologischen Kriegsführung des Kreml sind. Die Nato hat ausgeschlossen, dass sie der Ukraine im Kriegsfall zur Seite stehen wird. Panzerabwehrraketen aus Großbritannien oder Stinger Luftabwehrgeschoße aus den USA haben angesichts der russischen Streitmacht rein symbolischen Charakter. Die drastischen Warnungen aus Washington helfen, die westliche Allianz zusammenzuhalten. Die Gegenschläge aus den USA und Europa, auf die sich Russland einstellen muss, sind nicht militärischer Natur, sondern die geplanten Wirtschaftssanktionen.

Der Zerfall des sowjetischen Imperiums ist friedlich verlaufen, dank Michail Gorbatschow. Putin setzt militärische Gewalt ein, um die historische Entwicklung der demokratischen Revolutionen von 1989 rückgängig zu machen. Dazu gehört die

Bereitschaft, militärisch gegen die damals entstandenen Staaten vorzugehen. Durch Kriege werden Grenzen immer wieder verschoben, auch wenn das Völkerrecht dagegensteht. Auf dem Balkan war das unabhängige Kosovo das Resultat eines Luftkrieges der Nato. Israel hat den Golan und Ost-Jerusalem erobert. Russland annektierte im Kaukasus die georgischen Regionen Abchasien und Südossetien. Während die Sowjetunion im Kalten Krieg die Unverletzlichkeit der Staatsgrenzen in Europa festgeschrieben haben wollte, nützt Russland unter Putin im Gegensatz dazu die Verletzlichkeit militärisch schwacher Nachbarn aus.

Die Ukraine hat 1994 die auf ihrem Territorium stationierten Atomwaffen freiwillig aufgegeben. Im Gegenzug garantierten Russland und die anderen Großmächte im Budapester Memorandum die Unverletzlichkeit der ukrainischen Grenzen. Mit dem Einmarsch auf der Krim und der Aufrüstung der prorussische Separatisten 2014 hat Russland dieses Versprechen gebrochen.

Für die rechtsextremen Parteien von Le Pen in Frankreich bis zur heimischen FPÖ ist Putins autoritärer Nationalismus ein Vorbild. Verständnis kommt aus Teilen der SPD und von prorussischen Lobbyisten in den österreichischen Eliten. Die Russland-Versteher unterschätzen, dass Putin in den letzten Jahren den Charakter seiner Herrschaft verändert hat. Der russische Präsident ist zum Alleinherrscher geworden. Im Inneren zwingt er erbarmungslos Menschenrechtsorganisationen nieder, nach außen hasardiert er mit militärischen Abenteuern im afrikanischen Mali, in Syrien und jetzt in Europa.

Die Wandlung der Atommacht Russland zu einem revanchistischen Nachbarn, der ein Rollback der neuen Souveränitäten erzwingen will, verschiebt grundlegend die Sicherheitssituation des Kontinents.

Das koreanische Szenario

In den Wochen nach dem Einmarsch sind Millionen Menschen auf der Flucht. Ukrainische Städte werden von den russischen Streitkräften zerschossen. Zu einer Kapitulation ist die ukrainische Führung unter Präsident Wolodymyr Selenskyi nicht bereit. Der Angriff auf die Ukraine führt zu einem neuen Kalten Krieg. Ein völkisch begründetes autoritäres Führungssystem steht einer multikulturellen und pluralistischen Demokratie gegenüber, die sich angeblich im Niedergang befindet.

Falter 10/22 vom 9.3.2022

Der Ukrainekrieg legt offen, dass eine neue Zeit der Konfrontation zwischen den Machtblöcken der Welt begonnen hat. Das Schlachtfeld ist seit dem 24. Februar wieder Europa, wie im vergangenen Jahrhundert. Unter Wladimir Putin ist Russlands neuer Imperialismus die treibende Kraft einer Auseinandersetzung, die in ihrer Bedeutung über den Alten Kontinent hinausreicht. Aufmerksam verfolgt Chinas Alleinherrscher Xi Jinping die Stärken und Schwächen der Kriegsparteien, um Schlüsse für die eigenen globalen Ambitionen zu ziehen. Indien hält sich heraus. Südkorea, das vor 70 Jahren selbst einen vom Norden provozierten Zerstörungskrieg durchgemacht hat, erlebt die 30.000 US-Soldaten im Land als ultimative Sicherheitsgarantie.

Es ist ein riesiges Glück, dass in der Extremsituation der Präsident der Vereinigten Staaten Joe Biden heißt. Die USA hatten eindringlich vor dem russischen Angriff gewarnt. Anders als vor dem Irakkrieg vor 20 Jahren sagte die CIA die Wahrheit. Die Strategie sollte abschreckend wirken. Die USA sind die erste Wirtschaftsmacht des Globus und nach den unsicheren Trump-Jahren wieder Führungsmacht des Westens.

Die verheerenden Auswirkungen des Angriffskriegs für die russische Wirtschaft sind ein Resultat amerikanisch-europäischer Zusammenarbeit. Putins Überfall verhindern konnte die Supermacht nicht. Ein Eingreifen der USA an der Seite der ukrainischen Verteidiger, wie das einige republikanische Kongressabgeordnete verlangen, schließt das Weiße Haus aus. Das

Gleichgewicht des Schreckens aus der Zeit des Kalten Krieges verbietet eine direkte Konfrontation zwischen russischen und amerikanischen Soldaten.

Die Besonnenheit Amerikas hat ihren Preis. Der verzweifelte Aufruf des ukrainischen Präsidenten Wolodymyr Selenskyj, dass die Nato die Ukraine zur Flugverbotszone erklären soll, geht ins Leere. Für ihren Freiheitskampf erhält die Ukraine aus dem Westen allerdings Kriegsgüter. Aus dem Budget der Europäischen Union werden hunderte Millionen Euro für den ukrainischen Kampf zur Verfügung gestellt. Ein einmaliger Vorgang. Die in den 1930er-Jahren um ihr Überleben gegen die Faschisten kämpfende Spanische Republik war von den Demokratien völlig alleingelassen worden. Diese Schande wiederholt sich nicht. Aber was spät gelieferte europäische Panzerabwehrraketen und andere Waffen ausrichten können, ist unklar. Die Ukraine bleibt die unterlegene Partei. Militärisch wird die Übermacht Russlands nicht zu brechen sein.

Es ist eine großrussische Lüge Putins, dass die Ukrainer keine Nation sind. Als die Völker der Sowjetrepubliken 1989 erwachten, hat sich die ukrainische Volksfront mit dem Namen Ruch in die Freiheitsbewegungen der Balten, Armenier, Georgier und damals auch der Weißrussen eingereiht. Kiew war wie Jerewan, Tiflis oder Tallinn ein bunter Ort des Protests gegen die UdSSR. Die Erinnerung an den Holodomor, die von Stalin erzwungene Hungersnot mit Millionen Toten, wurde wach.

Es folgten die Orange Revolution gegen Wahlfälschungen 2004 und der Euromaidan 2014, als Russland die Bindung an Europa verhindern wollte. In der Geschichte war die ukrainische Staatlichkeit nur ein kurzlebiges Zwischenspiel. Die moderne Ukraine hat die eigene russische Volksgruppe viel zu wenig in die Staatsbildung eingebunden. Das hat jetzt Wladimir Putin geschafft. Die russischen Bomben auf die Städte der Ukraine besiegeln endgültig die Trennung vom großen Bruder. Die Stadt Charkiw könnte bald aussehen wie Grosny, wo nach dem Tschetschenienkrieg kein einziges Haus mehr unversehrt war. Spätestens jetzt sind die russischsprachigen Bewohner patriotische Ukrainer geworden. Präsident Selenskyj ist die

Symbolfigur der neuen Nation, ein ukrainischer Präsident jüdischer Abstammung mit russischer Muttersprache, der im belagerten Kiew den Beitritt in die Europäische Union verlangt.

Die EU hat gegen den russischen Angriffskrieg mehr Substanz gezeigt, als das Skeptiker erwartet hatten. In der Eurokrise 2010 hatten die Europäer die Angriffe auf den Euro durch Schutzschirme und Rettungsfonds abgewehrt. In der Pandemie wurden 2021 hunderte Milliarden aufgenommen, um einen wirtschaftlichen Zerfall in Nord und Süd zu vermeiden. Die von einem Außenfeind Putin ausgehende Gefahr verschränkt 2022 die Sicherheitspolitik der Europäischen Union und die Nato.

Ob die EU zur Militärunion mit einer europäischen Armee wird, bleibt offen. Aber die Solidarität mit dem Verteidigungskampf der Ukraine gegen Putins Aggression lässt die Europäer zusammenrücken. Schlagartig sind die Differenzen mit Polen und Ungarn in der Flüchtlingspolitik und der Rechtsstaatlichkeit in den Hintergrund getreten.

Russland war international noch nie so isoliert. In der Uno-Generalversammlung hielten Moskau nur Nordkorea, Syrien, Eritrea und Belarus die Stange. Kuba, Venezuela und sogar Kasachstan, wo erst vor wenigen Wochen russische Spezialeinheiten den lokalen Diktator Qassym-Schomart Toqajew vor einem Volksaufstand gerettet haben, enthielten sich verschämt der Stimme. Besonders schmerzlich ist für den Kreml die Zurückhaltung Chinas. In den Vereinten Nationen enthalten sich die chinesischen Vertreter der Stimme. Vor den Olympischen Spielen besiegelten die Präsidenten Putin und Xi Jinping einen Freundschaftspakt für ewige Zeiten, um die vom Westen geprägte Weltordnung herauszufordern. Die Tinte war noch nicht trocken, da musste Peking Distanz zum ersten Zug des Partners im Kampf um die Vorherrschaft signalisieren. China will seine Macht vor allem durch wirtschaftliche Eroberungen ausweiten. Handelskriege und Finanzkrisen, wie sie jetzt unvermeidlich sind, sind dem chinesischen Politbüro ein Horror. Die verlogene Diktion des Bündnispartners von einer militärischen Spezialoperation, die kein Krieg sei, wird in Peking allerdings übernommen.

Zur Isolation Russlands in der Welt kommt die Isolation Wladimir Putins im Kreml. Der Präsident entscheidet allein, das signalisieren die Inszenierungen mit Militärs, Geheimdienstleuten und Sicherheitsberatern auf meterlanger Distanz. Es sind Putins Tote, die der Kreml jetzt zugeben muss. Es sind Putins Ruinen in Charkiw, Mariupol und Kiew, die die Welt sieht. Die Situation ist anders als beim Einmarsch der Staaten des Warschauer Paktes in Ungarn 1956 und in der ČSSR 1968. Die verhängnisvollen Entscheidungen fällte damals das Kollektivorgan Politbüro der Kommunistischen Partei. Eine vergleichbare Institution fehlt heute in der Russischen Föderation. Putin ist Alleinherrscher.

Seine Radikalisierung gegen den Westen und gegen die Ukraine ist in der von der Pandemie verschärften Einsamkeit des Präsidenten geschehen. Ideologisch bewegt er sich in den großrussischen Mythen der Vergangenheit. Daher die scharfe Distanzierung von Lenin, der mit großrussischen Vorurteilen in der jungen Sowjetunion haderte. Weder die russischen Eliten noch die Bürger haben diese politische Entwicklung Putins mitgemacht. Daher sitzt der Schock über den grundlos vom Zaun gebrochenen Krieg in der russischen Gesellschaft so tief. In Putins großrussischer Ideenwelt haben die Ukrainer immer zu Russland gehört. Dass man sie jetzt in die Bruderschaft bombardiert, ist eine Erzählung, die auch mit den Lügen von der angeblich nötigen Entnazifizierung nicht zu begründen ist.

Die Isolation Russlands in der Welt und die Einsamkeit Putins im Kreml drohen die Eskalation zu verschärfen. Immer wieder verweist der Präsident auf die 6000 Atomwaffen seines Landes. Außenminister Sergej Lawrow schlägt in die gleiche Kerbe. Die erhöhte Alarmbereitschaft der strategischen Atomwaffen ist noch immer in Kraft. Für die Molotowcocktails einer ukrainischen Stadtguerilla sind Atomwaffen ungeeignet, nicht jedoch, um die benachbarten Nato-Staaten zu terrorisieren. Es ist kein Zufall, dass russische Streitkräfte in Saporischschja auf das größte Kernkraftwerk Europas geschossen haben. Die russische Führung lässt sich alle Optionen offen, um auf Rückschläge im Feld mit weiteren Eskalationsschritten zu reagieren.

Putin befolgt die Madman Theory, wonach ein Staatsführer, der so tut, als wäre er verrückt, vom Gegner Konzessionen erzwingen kann. Egal, in welchem Ausmaß er den Kontakt zur Realität verloren hat. Im Indochinakrieg hat Richard Nixon geglaubt, dass er die Nordvietnamesen zum Nachgeben bewegen kann, indem er irrational auftritt und Hanoi mit Atomkrieg droht. Donald Trump verfolgte die Taktik im Raketenstreit mit Nordkorea, bevor er Kim Jong-un zum großen Freund erklärte. Wozu der isolierte Putin fähig ist, dem der erhoffte rasche Sieg entgleitet, wagt im Ukrainekrieg niemand zu spekulieren.

Der russische Präsident könnte natürlich einen Waffenstillstand aus humanitären Gründen verkünden. Sein eigenes Land würde aufatmen. Aber die ukrainischen Widerstandskräfte könnten sich sammeln. Ein Waffenstillstand, bei dem der Unterlegene überlebt und nicht kapituliert, ist für die überlegene Kriegspartei eine zweischneidige Angelegenheit. Israel erlebt diesen Mechanismus nach jedem Bombenhagel auf Gaza, bei dem sich die Palästinenser trotz aller Zerstörungen in ihrer Stadt als Sieger präsentieren. Der Kreml fordert die totale Unterwerfung. Aber es ist schwer vorstellbar, wie eine Marionettenregierung samt Besatzung für ein Riesenland mit 44 Millionen Einwohnern funktionieren soll.

Die Bürger, die in Russland Nein zum Krieg sagen, sind die Hoffnungsträger der ganzen Welt. Aus dem Gefängnis ruft Alexej Nawalny zu Protesten auf. Der russische Antikorruptionskämpfer und der ukrainische Präsident sind Symbole der Menschenwürde in der Katastrophe. Bei allen Sanktionen, die der Westen verhängt, soll nicht die russische Gesellschaft der Feind sein, so heißt es. Russenhass wäre eine verhängnisvolle Fehlentwicklung.

Palastrevolutionen mitten in einem Krieg, der noch nicht verloren ist, sind in der Geschichte selten. Gibt es im Kreml keinen Coup gegen Putin, wird die Russische Föderation zu einer Art großes Nordkorea. Mit Kriegsrecht, ohne Kontakte zum Ausland, mit einer Zivilgesellschaft im Gefängnis, Außenhandel ausschließlich in Richtung China und Internetzensur nach chinesischem Vorbild. Der Weltpolitik bringt die Abschottung einen neuen Kalten Krieg, in dem Russland versucht, mit China gegen die USA und Europa zu mobilisieren.

Die weitverbreitete Vorstellung, wonach der alte Kalte Krieg durchgehend Stabilität gebracht habe, ist falsch. An der Peripherie tobten furchtbare Kriege. In Griechenland kämpften bis 1949 kommunistische Partisanen gegen proamerikanische Konservative und Monarchisten. Den Vietnamkrieg begründeten die USA mit der globalen Auseinandersetzung mit dem Kommunismus. Der Koreakrieg führte zu einem Blutzoll, der an die Dimensionen des Zweiten Weltkrieges heranreichte. US-Präsident Harry S. Truman musste seinen Oberbefehlshaber Douglas MacArthur daran hindern, Atomwaffen gegen China einzusetzen. Der Ukrainekrieg macht Osteuropa zum heißen Schlachtfeld des neuen Kalten Krieges. Wenn es nach dem Szenario des Koreakrieges geht, werden Putins Truppen an einer Demarkationslinie zwischen der Westukraine und der Ostukraine am Dnepr haltmachen oder direkt an den Außengrenzen der Europäischen Union.

Erinnern wir uns: Auch nach der Unterzeichnung des koreanischen Waffenstillstands von Panmunjom 1953 war die Grenze zwischen den beiden Koreas alles andere als stabil. Selbst wenn es auch in der Ukraine zu einer Demarkationslinie kommt, kann der Konflikt weitergehen.

Jahrelang ließ Kim Il-sung Saboteure und Angreifer in den Süden schleusen. Die nordkoreanischen Tunnels reichten bis in die Außenbezirke von Seoul. Scharmützel kosteten hunderten Menschen das Leben.

Putin versucht die russischen Minderheiten in den baltischen Staaten als fünfte Kolonne zu mobilisieren. Seinem Weltbild nach hat Russland Zugriff auf alle Regionen, in denen russisch gesprochen und gedacht wird. Hybride Angriffe auf Nato-Staaten mit russischen Minderheiten hat es bereits gegeben. Nach Millionen Toten war die Grenzlinie zwischen Nordkorea und Südkorea genau dort geblieben, wo sie zu Beginn gewesen war: am 38. Breitegrad, wo sie auch heute noch liegt.

30.000 amerikanische Soldaten in Südkorea und ein bis auf die Zähne bewaffnetes Nordkorea stehen einander gegenüber. Das Grenzregime in Osteuropa könnte ähnlich aussehen.

Der neue Kalte Krieg wird unter ideologisch veränderten Parametern laufen. Das sowjetische Imperium war mit sozialistischen Zielsetzungen garniert. Im Systemkonflikt profitierte die Arbeiterschaft des Westens vom Kommunismus des Ostens. Der Sozialstaat in Italien, Frankreich und Westdeutschland war eine Antwort auf den sogenannten real existierenden Sozialismus. Putins autoritärer Nationalismus ist dagegen ein Vorbild für Rechtsextreme von Donald Trump bis Marine Le Pen.

Die Aufrüstung des neuen Kalten Krieges wird den Wohlfahrtsstaat belasten, soziale Spannungen werden die Folge sein. Die prorussischen Rechtsaußenparteien befinden sich im Erklärungsnotstand gegenüber dem Angriff ihres Vorbilds. Man soll sich aber keine Illusionen machen; wenn sich einmal neue Grenzen festigen, wird der Ideologieexport wieder einsetzen. Der Antiamerikanismus ist höchst lebendig. Wer den mörderischen russischen Revanchismus heute mit der von den Osteuropäern heiß ersehnten Nato-Erweiterung vor einem Vierteljahrhundert gleichsetzt, bei der tatsächlich wenig Rücksicht auf Moskau genommen wurde, tappt in diese Falle.

Die Erzählung von der Überlegenheit eines ethnisch reinen und autoritären Führersystems gegenüber der multikulturellen und pluralistischen Demokratie, die sich angeblich im Niedergang befindet, wird wieder lauter werden. Die Putin-Versteher an den linken und rechten Rändern des politischen Spektrums in Europa und den USA werden nicht verschwinden.

Die EU-Regierungen glauben, dass sie durch das Verbot von Russia Today dem Einfluss des Kreml auf die Köpfe einen Riegel vorschieben können. Die Ausschaltung feindlicher Ideen ist im alten Kalten Krieg danebengegangen. In der BRD glaubte der Staat, er muss mit Berufsverboten gegen eine kommunistische Unterwanderung vorgehen. Der Attraktivität kryptostalinistischer Ideen in Teilen der Studentenbewegung 1968 hat der offizielle Antikommunismus keinen Abbruch getan.

Den Putin'schen Medien heute glauben nicht einmal die Sympathisanten seines Regimes. Es wäre klüger, der Propaganda mit Fakten und freiem Denken entgegenzutreten statt mit Verboten.

Der deutsche Politikwissenschaftler Wolfgang Streeck zitiert zum Ukrainekrieg die Bemerkung des italienischen Philosophen Antonio Gramsci, wonach es zu den morbiden Symptomen einer Zeit des Interregnums gehört, dass mächtige Staaten ihre Zukunft den Unsicherheiten der Schlachtfelder überantworten.

Das Interregnum ist eine Situation, in der das Alte stirbt und das Neue noch nicht auf der Welt ist. Gramsci saß in Mussolinis Gefängnissen und vertraute auf die Perspektive eines humanistischen Kommunismus. Die Utopie hat im 20. Jahrhundert in die Irre geführt. Geburtsstunde einer neuen Welt ist keine in Sicht. Die liberalen Demokratien sind in der Defensive. Putin begründet die Panzer und Raketen, die die Ukraine zerstören, mit den Zielen eines Rollback der demokratischen Errungenschaften von 1989.

Der aktuelle militärische Widerstand gegen Putins Angriff muss sich mit dem politischen Programm der Weiterentwicklung der europäischen Demokratie verbinden, in dem sich auch Russen und Ukrainer wiederfinden können, um eine Chance auf Erfolg zu haben.

KAPITEL 2
EUROPAS RESILIENZ

Der Kontinent hat Kriege an den Rändern, die Finanzkrise und tiefe soziale Spannungen überstanden. Der russische Ukrainekrieg macht eine neue Vision erforderlich, wofür die Europäische Union steht.

Nach der Schlacht um Jugoslawien

Am 10. Juni 1999 endeten die Luftangriffe des Westens gegen Jugoslawien zur Befreiung Kosovos mit einem Sieg der Nato. Es war der letzte Krieg nach dem Zerfall des alten Jugoslawiens seit 1991. Das militärische Eingreifen der USA und ihrer Verbündeten hatte die blutige Auseinandersetzung gestoppt. Vom Westen forcierte Friedensverhandlungen im Pariser Vorort Rambouillet waren zuvor gescheitert. In Jugoslawien regiert der serbische Kriegsherr Slobodan Milošević.

Falter 24/1999 vom 16.6.1999

Militärisch ist das Resultat eindeutig: Im Luftkrieg gegen Jugoslawien hat die Nato erreicht, was sie wollte. Entgegen allen Zweifeln militärischer Experten und ungeachtet aller Einwände politischer Kritiker hat der Einsatz von Cruise Missiles und Kampfflugzeugen mit ihren satellitengesteuerten High-Tech-Waffen gereicht, um die Belgrader Führung zur Kapitulation zu zwingen. Am 24. März hatte das wütende Nein des serbischen Machthabers Slobodan Milošević zum Friedensvertrag von Rambouillet den Nato-Angriff ausgelöst. Tausende Tote später und in einem nachhaltig zerstörten Land akzeptiert Belgrad nun einen Großteil jener Bestimmungen, die man damals zurückgewiesen hat.

Amerikaner und Europäer sind zu gleichen Teilen die Sieger dieses ungewöhnlichen Waffenganges. Der Westen hat keinen einzigen im Kampf gefallenen Soldaten zu beklagen. Wie nie zuvor haben die amerikanischen Streitkräfte eine technologische Überlegenheit ausgespielt, der auf Jahre hinaus weder Freund noch Feind gewachsen sein werden. Bill Clinton, der als Jugendlicher gegen den Vietnamkrieg protestiert hat, behielt mit seiner Weigerung, Bodentruppen einzusetzen, recht. Er rettet damit die letzten eineinhalb Jahre seiner Präsidentschaft.

Auch das rot-grüne Europa kann aufatmen: Das gefürchtete Szenario eines sich über Monate hinziehenden Bodenkrieges hätte wohl gleich mehrere europäische Regierungskoalitionen gesprengt. Jetzt bejubelt *Le Monde* das Jahr 1999 als eigentliches Geburtsjahr eines Vereinten Europas: Der gewonnene Krieg komme einem „europäischen Wunder" gleich. Der britische Premier Tony Blair hat sich mit seinem missionarischen Kriegskurs als sicherheitspolitische Leitfigur des Kontinents positioniert. Es waren jedoch die besonneneren deutschen Kollegen, Kanzler Gerhard Schröder und Außenminister Joschka Fischer, die das diplomatische Endspiel eingeleitet haben.

Die Verlierer sind die leidgeprüften Kosovo-Albaner ebenso wie alle anderen Bürger Jugoslawiens. Der Krieg hat im Kosovo die Spirale von Massaker und Vertreibungen ins Unerträgliche gesteigert. Hunderttausende sind auf Zügen in die Nachbarrepubliken geflüchtet. Wie viele der Vertriebenen demnächst zurückkehren können, bleibt fraglich. Ohne einen erkennbaren Weg zur Selbstbestimmung wäre ihre Zukunft unsicher. Es war nicht möglich, die albanische Bevölkerung vom Terror nationalistischer serbischer Mörderbanden zu schützen. Daran werden die westlichen Regierungen noch einige Zeit erinnert werden.

Die Serben wiederum sind nicht nur materiell am Ende. Ob Slobodan Milošević die Niederlage politisch überlebt und das eigene Volk in Geiselhaft nimmt, kann zurzeit niemand sagen. In Jugoslawien gibt es eine zivile Gesellschaft, die sich auch während des Krieges in heroischen Antikriegsaktionen sowie im hartnäckigen Widerstand Montenegros manifestierte. Aber die demokratische Opposition Serbiens ist gespalten. Die eigenständigen Generäle sind entmachtet. Ganz auszuschließen ist es nicht, dass Slobodan Milošević noch einmal seinen Hals aus der Schlinge zieht.

Der Krieg als Mittel der Politik hat sich scheinbar bewährt in Europa: dass daraus die Versuchung zu weiteren sogenannten „Out of area"-Einsätzen der Nato wachsen könnte, bereitet der politischen Klasse nicht nur in Moskau und Peking Kopfzerbrechen. Vor allem in den rot-grünen Kreisen in Bonn weist man darauf hin, dass es nicht nur die tödliche Zerstörungskraft der Nato-Luftwaffe war, die Europa eine weitere furchtbare Eskalation erspart hat. Mindestens ebenso entscheidend war ein Kurswechsel in der Moskauer Führung. Der russische Präsident Boris Jelzin wechselte den eigenen Regierungschef und ließ die langjährigen Belgrader Verbündeten fallen. Ohne die Perspektive auf Hilfe aus Russland konnte Slobodan Milošević keinen langen Krieg mit dem Westen riskieren.

Konfliktlösung in Europa ist ohne Einbindung selbst der militärisch und wirtschaftlich extrem geschwächten einstigen Supermacht unmöglich. Eine Erkenntnis, die im Widerspruch zur Grundidee der langfristig stabilisierenden Wirkung von Einsätzen der Nato steht, die ohne Genehmigung der Vereinten Nationen durchgeführt werden. Russland hatte dem serbischen Machthaber die Unterstützung für seinen Kriegskurs entzogen, Moskau bleibt aber verstört, dass die Nato auf dem Balkan alleine agiert.

Der Kosovo-Krieg der Nato basierte auf der Doktrin der „humanitären Interventionen", wonach kriegerische Mittel zur Abwendung humanitärer Katastrophen vom Völkerrecht gedeckt sind. Dieser These misstrauen nicht nur Moskauer Generäle und chinesische Regierungssprecher: Auch aus Frankreich kommen Warnungen, dass „humanitäre Interventionen" ein Instrument der Großmachtpolitik der USA sind, solange kein Mechanismus gefunden wird, der auch den Kleinen und Schwachen ein Eingreifen gegen die Mächtigen und Starken möglich macht.

Kriege bringen Bewegung dort, wo dies bislang undenkbar schien. Beschleunigt wird nun der Aufbau einer europäischen Sicherheitspolitik und einer EU-Militärmacht in Abstimmung mit der Nato. Schon in wenigen Jahren soll es ein Militärkomitee der EU geben, das sich zu einer Art gesamteuropäischem Generalstab entwickeln könnte. Nach geschlagener Schlacht darf Europa nicht zur politischen Tagesordnung übergehen. Die Idee einer Balkan-Konferenz, die einen Rahmen für politischen Ausgleich der Balkanvölker schaffen sollte, ist nach wie vor aktuell. Auch wenn vorläufig die Waffen schweigen, bleiben mit Serbien und mit Montenegro, Albanien und Mazedonien zu viele Krisenherde bestehen. Ein als Paria gehaltenes Jugoslawien wäre ein sicheres Rezept zur Prolongierung der jüngsten Serie von Balkankriegen. Der Balkan bleibt auch nach Kriegsende der sensibelste Punkt des internationalen Systems:

Das wurde in spektakulärer Weise bestätigt, als russische Frie-denstruppen ohne Zustimmung der Nato in der kosovarischen Hauptstadt Pristina landeten und den Flughafen besetzten.

Der Weg zu dauerhaftem Frieden für den krisengeschüttelten Balkan war nach dem Ende des Kosovokrieges eine der vordring-lichsten Aufgaben für Europa. Slobodan Milošević wurde an das Kriegsverbrechertribunal in Den Haag ausgeliefert, wo er starb. Kosovo ist seit 2008 ein unabhängiger Staat. Zahlreiche Regierungen, darunter Serbien und Russland, verweigern der jungen Republik die Anerkennung. Die vielfältigen Bindungen der Nachfolgestaaten Jugoslawiens an die Europäische Union haben zu einem labilen Gleichgewicht geführt. Die Gräben der Kriege sind nicht beseitigt. Der Konfrontationskurs Russlands gegen den Westen trägt zur Radikalisierung prorussischer serbischer Extremisten bei.

Österreichs schwarz-blaue Zores

In der Volksabstimmung zum Beitritt in die Europäische Union 1994 haben Österreichs Bürger das einzige Mal in der Geschichte des Landes eine freie Entscheidung über die Stellung des Landes in der Welt getroffen. 66,6 Prozent stimmten mit Ja. Der Hader über das Selbstverständnis der Republik ist geblieben. Auf die Bildung der ersten schwarz-blauen Koalition unter Wolfgang Schüssel und Jörg Haider Anfang 2000 reagierten die restlichen 14 EU-Staaten mit einem Boykott bilateraler Kontakte. Es folgte eine patriotische Solidarisierung mit Schwarz-Blau. Zu einem Bruch mit der EU ist es nicht gekommen.

Falter 8/2000 vom 23.2.2000

Der bayrische Ministerpräsident Edmund Stoiber ist ein kluger Mann. Mit Nebensächlichkeiten wie dem Wahrheitsgehalt die-ser oder jener Aussage von oder über Jörg Haider schlägt er sich nicht herum. Die EU-Sanktionen gegen Österreich kritisiert er aus grundsätzlichen Überlegungen: Mit diesem „Quantensprung" sei die Gemeinschaft nämlich auf dem Weg zu einem „Bundesstaat" mit weitreichenden Kompetenzen gegenüber den Mitgliedsländern. Und das lehne die CSU ab.

Spiegelverkehrt ähnlich heißt es in Paris, Berlin und London: Bei dem europäischen Sperrfeuer gegen Schwarz-Blau in Wien gehe es weniger um Österreich als um das Bild des zukünftigen Vereinigten Europa. Der zurückhaltende britische Außenminister Robin Cook sieht die neuen Beitrittsbewerber in Mittel- und Osteuropa als die eigentlichen Adressaten: Ihnen müsse klar gemacht werden, dass EU-feindliche Nationalisten in zukünftigen EU-Regierungen keinen Platz haben.

Mit Jörg Haider als grenzüberschreitendem Bösewicht stehen die Themen Rassismus und Nationalismus plötzlich im Zentrum der politischen Debatte auf dem ganzen Kontinent. Europa führt vor, was es in Österreich trotz aller angeblichen Ausgrenzungspolitik all die Jahre kaum gegeben hat: eine intensive inhaltliche Auseinandersetzung mit Ausländerfeindlichkeit und Nationalismus. So musste sich in Dänemark der sozialdemokratische Ministerpräsident Rasmussen vorwerfen lassen, wegen seiner Vorschläge zu einer Verschärfung der Ausländergesetze schlimmer als Jörg Haider zu sein: „Doppelmoral" lautet die Kritik, schließlich habe Dänemark die Anti-Schwarz-Blau-Aktion der EU unterstützt. Für Belgiens linksliberale Regierung des Ministerpräsidenten Guy Verhofstadt ist der Kreuzzug der EU sowieso ein innenpolitischer Segen: Der gefährliche Vlaams Blok ist nun isolierter denn je, selbst die flämischen Christdemokraten akzeptieren den Cordon sanitaire um die rechtsextreme Protestpartei. Sogar Deutschlands erster EU-Kritiker, Edmund Stoiber, sah sich nach Tagen der Verteidigung von Schwarz-Blau zu einem Trennstrich gegenüber der FPÖ veranlasst. Der Wunsch des CSU-Bundestagsabgeordneten Johannes Singhammer nach einem Dialog mit dem FPÖ-Chef wurde von Stoiber brüsk zurückgewiesen. Frankreichs Jacques Chirac scheint im Streit mit Haider und Schüssel gar zum Multikulti-Fan mutiert zu sein. Auch die ausländerfeindlichen Sprüche aus seinen eigenen Wahlkämpfen wären im

Europa mit den durch die Österreich-Debatte nun geschärften Sensorien einfach nicht mehr möglich.

Trotzdem ist die europäische Öffentlichkeit geteilter Meinung. In allen Mitgliedstaaten gibt es kontroversielle Diskussionen über die Zweckmäßigkeit der Österreich-Quarantäne. Echt gespalten ist nur das konservative Lager. Symbol des tiefen Risses, den Schüssels Pakt mit Haider in der christlichen Polit-Landschaft Europas verursacht hat: die Weigerung des Élysées, eine christdemokratische EU-Parlamentarierdelegation zu empfangen, weil die nicht auf ihre ÖVP-Mitglieder verzichten wollte. Jenseits des christdemokratischen Bruderstreits wird das höchst unkonventionelle Vorgehen der 14 auch mit einigen Wochen Abstand erstaunlich geschlossen durchgehalten. Mag sein, dass Irland oder Dänemark nicht wirklich begeistert mit dabei sind. Verteidigt wird der schwarz-blaue Pakt in Österreich nur dort, wo man sich als Antipode zur westlichen Demokratie empfindet: in Belgrad und Moskau.

Dagegen ist, ausgehend von Frankreich, nun eine längst überfällige, grenzüberschreitende Diskussion um die politische Verfassung der EU eingeleitet worden. Im Kern ist es eine Debatte, aus der sich ein neuer politischer Wertekatalog Europas mit Humanismus, Toleranz und Antirassismus als zentraler Achse entwickelt. Die alte Vorstellung von nationaler Souveränität wird im Europa der EU endgültig zu einem Anachronismus. Den alten gaullistischen Slogan eines „Europa der Vaterländer" hat heute Bayerns Edmund Stoiber übernommen. Der Slogan dient als Motto des Abwehrkampfes gegen den Quantensprung zu einem auch politisch integrierten Europa. Michel Barnier, der EU-Kommissar für Institutionenreform, will die Doktrin vom demokratisch-antirassistischen Wertekatalog zum Schrecken deutscher Konservativer sogar vertraglich verankern: eine politische Willenserklärung zur Abwehr der durch den Rechtspopulismus vertretenen zentrifugalen Kräfte in der Union.

Dass solches überhaupt nötig erscheint, ist ein Zeichen von Schwäche. Zeigt nicht ein Blick auf die Landkarte, dass Separatismus selbst in den reichsten und seit langem historisch gewachsenen Vielvölkerstaaten zur Krise führt? Der Streit um die französisch sprechende Provinz Québec blockiert seit Jahren das politische Leben in Kanada. Umso schwerer tut sich die Europäische Union, in der verschiedene Kulturen, Traditionen und Sprachen erst langsam zur politischen Einheit finden sollen, mit einem „Sprengsatz im Herzen Europas", wie der *Corriere della Sera,* eine italienische Tageszeitung, etwas theatralisch Jörg Haider bezeichnet. Schwarz-blauer Separatismus europaweit könnte, so die französisch-deutsche Sorge, das gesamte Projekt gefährden. Unter diesem Aspekt erscheinen die Boykottmaßnahmen der 14 mehr als gemäßigtes politisches Warnsignal denn als echte Zwangsmaßnahme.

Wenn das Vereinte Europa sich von der hehren Idee in harte Wirklichkeit verwandeln will, dann wird es sich gleichzeitig von einer ganzen Reihe lieb gewordener Regeln verabschieden müssen. So zum Beispiel von der Praxis der Einstimmigkeit bei den meisten EU-Beschlüssen, die ihre Wurzel im überkommenen Primat der nationalen Souveränität hat. Selbst wenn die Kleinstaaten sich wehren: Nur ein Direktorium der Großen wird aus der EU eine politische Union machen.

Mitmachen in Europa bedeutet in zunehmendem Ausmaß auch Relationen zu akzeptieren: sowohl machtpolitische Kräfteverhältnisse als auch politische Grenzen. Insofern kann die aktuelle Österreich-Krise der EU eine nützliche Lektion in europäischer Realpolitik werden.

Nach kurzer Eiszeit wurden die Sanktionen gegen Schwarz-Blau aufgehoben. Die österreichische Politik hat keinen dauerhaften Schaden genommen. Zur Tabuisierung rechtsextremer Regierungsbeteiligungen in der EU ist es nicht gekommen. Im Gegenteil: Der weltweite Aufstieg des nationalistischen Populismus erschwert die politische Integration Europas. 2022 erzeugt die Solidarität mit der Ukraine eine entgegengesetzte Entwicklung. Die EU-Staaten rücken zusammen.

Antiglobalisierungsprotest in Genua

Ende Juni 2001 fand in Genua der G-8-Gipfel führender westlicher Industriestaaten statt. Eingeladen hatte der italienische Ministerpräsident Silvio Berlusconi. Die Polizei ging mit brutaler Gewalt gegen demonstrierende Globalisierungsgegner aus der ganzen Welt vor. Ein Demonstrant wurde erschossen. Die Übergriffe der Polizei beschäftigen noch Jahre die Gerichte.

Falter 30/2001 vom 25.7.2001

Von der Vorstellung, dass Grenzkontrollen und Leibesvisitationen, Polizeisperren und Tränengas, gut dosiert und richtig eingesetzt, geeignet sind, Staats- und Regierungschefs die ersehnten Gipfeltreffen in Ruhe und Würde zu sichern, muss man sich endgültig verabschieden. Wie hat man sich doch vor bald zwei Jahren über den Polizeichef von Seattle lustig gemacht, als der nicht zu verhindern vermochte, dass die Tagung der Internationalen Welthandelsorganisation durch die ersten, damals noch völlig überraschenden Antiglobalisierungsdemonstrationen zum Scheitern gebracht wurde. Die amerikanische Polizei weiß halt nicht, wie man mit Demonstranten umgeht, lauteten die hämischen Kommentare. Jetzt hat ausgerechnet die italienische Polizei, geführt von einer rechten Law-and-Order-Regierung und stolz auf ihr Know-how im Straßenkampf, das allergrößte Waterloo erlebt: Das Niveau der Gewalt in Genua hat alles bisher Erlebte in den Schatten gestellt. Die Todesschüsse der Carabinieri auf den jungen Carlo Giuliani haben der Bewegung der autonomen Globalisierungsgegner ihren ersten Märtyrer gegeben.

Jacques Chirac, als französischer Politiker sensibel gegenüber gesellschaftlichen Tiefenströmungen, fand in Genua die richtigen Worte: Hunderttausende setzen sich nur in Bewegung, wenn es um Themen geht, die Herz und Hirn bewegen, meinte der französische Präsident. Die Frage sei nicht, ob die Demonstranten Recht haben oder nicht: Massenaktionen wie in Genua und Stockholm drücken aus – möglicherweise vage und konfus, aber unüberhörbar –, was Millionen fühlen.

Seit den Chaostagen von Seattle ist in den entwickelten Industriestaaten eine radikalisierte Massenbewegung entstanden, die sich auf breite Teile der Jugend stützt und ganz offensichtlich international und grenzüberschreitend ist. Ihre Symbole erinnern frappant an die Revolte der Sechziger- und Siebzigerjahre: rote Fahnen und Che-Guevara-Bilder, wenn auch die tragenden Organisationen wie „Attac" oder die italienische Gruppe „Tute bianche" Kinder des 21. Jahrhunderts sind. Selbst den „Schwarzen Block" zerstörungssüchtiger Autonomer, die von der Mehrzahl der Aktivisten als Tummelplatz von Polizeiprovokateuren gefürchtet werden, gibt es seit Jahrzehnten. Von einem „weltweiten Mai 68" spricht Bernard Kouchner, französischer Gesundheitsminister und Mitbegründer der Hilfsorganisation „Médecins sans Frontière". Die Stoßrichtung gegen die Welthandelsorganisation oder die Weltbank beinhaltet zwar die Gefahr eines nationalistischen Backlashs gegen die Globalisierung. Aber im Wesentlichen steht die Bewegung unter den Vorzeichen internationalistischer und antikapitalistischer Ideen, so als wäre die epochale Niederlage des Sozialismus von 1989 gar nicht passiert.

Im Gegenteil: Eine Fundamentalopposition gegen den Kapitalismus und seine sichtbarsten Repräsentanten entsteht just im Augenblick des größten weltweiten Triumphs des Kapitals, indem sich selbst im chinesischen Riesenreich die Gesetze der Marktwirtschaft durchsetzen. Der weltweite Vormarsch des globalisierten Kapitalismus, mit seinem Drang zu boomender Innovation und krisenhafter Veränderung, zur Zerstörung bislang geschützter Bereiche und dem Durchbrechen lokaler Grenzen, wird weitergehen. Die neue außerparlamentarische Opposition gegen den globalisierten Kapitalismus ist die Antwort auf das Verschwinden des linken Flügels im Parteienspektrum der Demokratie nach dem Niedergang der kommunistischen Parteien und der pragmatischen Rechtswendung der Sozialdemokraten. Die Energie, die in diesem Engagement zum Ausdruck kommt, ist beträchtlich. Ihr Potenzial in Zeiten grassierender Politikverdrossenheit zu ignorieren, wäre ein gefährlicher Irrtum. Ein breit gefächertes Engagement hunderttausender Jugendlicher in sinnlosen Gewaltorgien des autonomen „Schwarzen Blocks" verpuffen zu lassen, die an bestehenden Ungerechtigkeiten nicht ein Jota ändern, wäre ein schwerer Verlust für jeden Ansatz emanzipatorischer Politik.

Jetzt sind Visionen zur Domestizierung der Macht der Globalisierung gefragt. Die Tobin-Steuer, benannt nach dem amerikanischen Ökonomen James Tobin, der eine Besteuerung internationaler Devisengeschäfte vorgeschlagen hat, ist einer der wenigen konkreten Slogans der Globalisierungsgegner. Die Forderung ist berechtigt. Steht die Macht der internationalen Finanzmärkte nicht in schreiendem Widerspruch zum Fehlen einer internationalen Sozialpolitik, einer internationalen Gesundheitspolitik, einer internationalen Entwicklungspolitik, die diesen Namen verdient?

Klar: Mit einer ultrakonservativen Staatsspitze in der reichen Führungsmacht Amerika klingen die Vorstellungen einer globalen Finanzsteuer utopisch. Schließlich hat George W. Bush doch die USA zum großen Buhmann der politisch bewegten Jugend der ganzen Welt gemacht. Aber andererseits bewies erst kürzlich das Nachgeben der internationalen Pharmakonzerne gegenüber Südafrika in der Frage der Anti-Aids-Präparate in der Dritten Welt, was eine kritische internationale Öffentlichkeit selbst unter ungünstigen Kräfteverhältnissen zustande bringt. Es wäre traurig, wenn Veränderungen beim Ablauf internationaler Gipfeltreffen und straflose Polizeiübergriffe gegen Demonstranten die einzigen merkbaren Folgen dieser neuen Jugendrevolte blieben.

Bei allen internationalen Treffen in Europa und den USA gibt es in den folgenden Jahren Proteste. Die Antiglobalisierungsstimmung bleibt in der Jugend weit verbreitet.

Arnies Triumph

Wer sich in den USA als „Austrian" zu erkennen gab und klarstellte, dass nicht Australia gemeint war, musste sich lange Zeit Fragen nach Kurt Waldheim, Jörg Haider und anderen Österreichern, die mit Adolf Hitler in Verbindung gebracht wurden, anhören. Das Image Österreichs verbesserte sich 2003 schlagartig mit der Wahl von Arnold Schwarzenegger zum Gouverneur Kaliforniens.

Falter 42/2003 vom 15.10.2003

Zwischen ungläubigem Staunen und anhaltender Belustigung schwanken die Reaktionen der amerikanischen Öffentlichkeit auf den Wahlsieg Arnold Schwarzeneggers. Seit dem 7. Oktober vergeht keine Late Night Show, ohne dass die Lachmaschinen auf Kosten des kalifornischen „Governor elect" hochgefahren werden. Im Wahlkampf haben mehrere Frauen den Schauspieler der sexuellen Belästigung beschuldigt. Schwarzenegger sei als Grapscher bekannt. Er selbst gab zu, dass er sich manchmal schlecht benommen hat. Wieder und wieder werden im TV die alten Grapschaussagen des Kandidaten wiederholt. Sogar Jay Leno, der TV-Talkshowkönig, den er zur Siegesfeier ins Century Plaza Hotel in Los Angeles lud, witzelte vor den jubelnden Gästen: Der große Gewinn für Schwarzenegger sei, dass ihn jetzt endlich alle als Schauspieler bezeichnen.

Den zweifelhaften Ruhm des „Grapscher-Gouverneurs" wird Arnold Schwarzenegger wohl nie mehr loswerden. Der politische Schaden hielt sich bisher aber in Grenzen. Jetzt hat die Affäre eine neue Dimension bekommen: Schwarzenegger ist eine jener Persönlichkeiten des öffentlichen Lebens geworden, die eine Sexaffäre überlebt haben. Genauso wie Bill Clinton, mit dessen unersättlichem Drang die Greifmanie des Terminators oft verglichen wird.

Die Frage, ob Arnold Schwarzenegger trotzdem als Gouverneur auch nur halb so erfolgreich sein kann wie an den Urnen, entzweit die politischen Kommentatoren. In sein Übergangsteam, das die Amtsübernahme Ende November vorbereiten soll, hat der zukünftige Gouverneur linke Demokraten und rechte Republikaner ebenso geladen wie Expolitiker mit großem Namen und Spitzenmanager aus Silicon Valley. Politischer Kurs lässt sich daraus ebenso wenig ableiten wie aus den publikumswirksamen Sprüchen des Wahlkampfes. Die versprochene Rücknahme der KfZ-Steuer-Erhöhung, der größte Wahlkampfschlager der Republikaner, wird in die Budgets der Gemeinden ein Vier-Milliarden-Loch reißen. Man erinnert sich an Ronald Reagan, der ebenfalls mit dem Versprechen geringerer Steuern Gouverneur wurde, um dann die Staatskassen mit zahlreichen neuen Abgaben zu füllen.

Aber die kalifornische Wirtschaft ist dabei, sich zu erholen. Nach langen Jahren des Parteienstreits könnte sich das politische Klima verbessern. Schwarzenegger ist zwar als populistischer Rebell gegen das politische Establishment angetreten, eine konservative Revolution gegen den liberalsten und sozialsten Bundesstaat der USA steht aber nicht auf seinem Programm. Nicht ausgeschlossen, dass er schon aufgrund der politischen Realitäten in Kalifornien, wo mit Ausnahme des Gouverneurs so gut wie alle Exekutivfunktionen mit Demokraten besetzt sind, großkoalitionäre Anläufe nehmen wird.

Dem Weißen Haus mit seinem scharfen Rechtskurs ist der neue republikanische Stern nicht ganz geheuer. George W. Bush hat sich während des Wahlkampfes auffällig zurückgehalten. Noch am Vorabend der Wahl ließ er wissen, er werde sicher nicht aufbleiben, um auf das kalifornische Ergebnis zu warten. Schwarzenegger revanchierte sich am Tag danach: Dem dicht gedrängten Pressekorps berichtete er ausführlich über seine Telefonate mit Präsident Bush, bis sich herausstellte, dass Bush senior gemeint war. Zum amtierenden Bush fiel ihm nur ein, von dem brauche er viel Geld, schließlich solle auch der Bund seinen Beitrag zur Sanierung der kalifornischen Finanzen leisten. Was wiederum im Weißen Haus in Washington ungläubiges Staunen auslöste.

Die etwas ironische Zurückhaltung der republikanischen Granden könnte sich ändern, wenn der Wahlkampf für den Kongress näher rückt: Senatoren, Abgeordnete und solche, die es noch werden möchten, brauchen dann vor allem Geld. Ein

Publikumsmagnet wie Schwarzenegger ist eine Fundraising-maschine, das hat er bereits in Kalifornien bewiesen. 20 Millionen Dollar hat sein Wahlkampf gekostet, die Hälfte wurde in Rekordzeit durch Spenden eingebracht, die andere Hälfte hat der Filmstar, dessen Vermögen auf 200 Millionen Dollar geschätzt wird, selbst zugeschossen. Ein Abend mit Schwarzenegger kann Millionen bringen, das weiß jeder wahlkämpfende Politiker. Wenn „Arnie" will, kann er auf diesem Weg das ihm bisher fehlende Netzwerk von Freunden und Unterstützern in der Bundespolitik aufbauen.

Schwarzenegger hat zwar die Wähler überzeugt, aber nicht die Medien. Selbst die *Oakland Tribune,* die einzige Zeitung, die sich in ihrem bei amerikanischen Blättern üblichen Wahlaufruf für Schwarzenegger ausgesprochen hat, zog diese Unterstützung wenige Tage vor der Wahl zurück. Nach wie vor wird Schwarzenegger von einem großen Teil der Bevölkerung abgelehnt, mehr noch wegen seines Machogehabes und der simplen Sprüche als wegen seines politischen Programms. 22 Millionen Bürger gibt es in Kalifornien, die theoretisch berechtigt wären, sich als Wähler registrieren zu lassen. Seinen Sieg hat Schwarzenegger mit nur etwas mehr als 3,7 Millionen Stimmen errungen.

Dagegen, dass der nunmehr berühmteste Gouverneur der USA rasch verglüht wie andere Celebrities in der amerikanischen Politik, sprechen die guten Verbindungen des Filmstars in die Machtzentren von Politik und Wirtschaft Kaliforniens. Ein fähiger Beraterstab kann fehlende Erfahrung wettmachen. Arnold Schwarzenegger ist ein kalifornisches Phänomen, aber er ist auch amerikaweit zum politischen Faktor geworden. So sehr, dass sogar die *Washington Post,* die keineswegs zu seinen Fans gehört, für die Streichung jenes unzeitgemäßen Paragrafen in der amerikanischen Verfassung plädiert, der es nur in den USA geborenen Staatsbürgern möglich macht, Präsident zu werden.

Auf welche Veränderungen im Österreich-Bild der Amerikaner sich Reisende aus Austria gefasst machen müssen? Arnold Schwarzenegger hat die Erinnerung an Kurt Waldheim verdrängt, Jörg Haider ist nicht mehr die erste Assoziation, wenn man sich als Österreicher in ein New Yorker Taxi setzt. Dafür halten jetzt viele Amerikaner Bodybuilding für einen österreichischen Volkssport, und auch fehlendes Unrechtsbewusstsein bei sexueller Belästigung am Arbeitsplatz wird gerne auf alpine Eigenheiten zurückgeführt. Das nennt man wahrscheinlich Fortschritt.

Arnold Schwarzenegger war von 2003 bis 2011 Gouverneur von Kalifornien. Seit dem Ende seiner politischen Karriere engagiert er sich für Klimaschutz. Obwohl Schwarzenegger Republikaner ist, trat er mit heftiger Kritik an Donald Trump an die Öffentlichkeit.

Terror in Europa

Bei islamistischen Terroranschlagen auf Vorortezüge in Madrid im März 2004 wurden 191 Passagiere getötet und Tausende verletzt. Die konservative spanische Regierung wollte das Massaker anfangs den baskischen Separatisten der Eta in die Schuhe schieben. Die Attentäter kamen von einer islamistisch-fundamentalistischen marokkanischen Organisation und wurden gestellt.

Falter 12/2004 vom 17.3.2004

In gewisser Weise wäre es leichter zu verkraften, hätte die alte spanische Regierung mit ihren anfänglichen Behauptungen recht gehabt und das Massaker des 11. März in Madrid wäre tatsächlich auf die baskische Separatistenorganisation Eta zurückzuführen. Zumindest wüsste man dann, wer der Gegner ist. Mit dem Terror einer nationalistischen Untergrundbewegung hat Großbritannien jahrzehntelang gelebt. Heute ist der ehemalige IRA-Mann Martin McGuinness anerkannter Partner im Friedensdialog mit Tony Blair. Vor 20 Jahren war es seiner Organisation in Brighton fast gelungen, das gesamte britische Kabinett mit Margaret Thatcher in die Luft zu sprengen. Auch

Bahnhöfe und Züge waren in Europa bereits Ziel von Mordanschlägen gewesen: Als 1980 rechte Geheimdienstkreise um die mysteriöse Loge P 2 den Bahnhof von Bologna zum Einsturz brachten, starben 84 Menschen. Mit der Degeneration einer lokal begrenzt agierenden radikalen Nationalistenorganisation wie Eta zu einer Gruppe von Massenmördern könnte Europa wahrscheinlich fertig werden.

Allerdings scheinen die meisten Spanier den tagelang gegen die Baskenorganisation vorgebrachten Verdacht mit dem beinhart kalkulierten „Spin" der um ihr Überleben kämpfenden konservativen Regierung in Zusammenhang gebracht zu haben. Noch zwei Tage vor der Wahl ließ das Madrider Außenministerium Botschafter in aller Welt Journalisten anrufen, die unterstreichen mussten, dass nur die Eta infrage komme. Amerikanische Terrorexperten verwiesen dagegen von Anfang an auf Ähnlichkeiten mit islamisch-fundamentalistischen Anschlägen, die zu ähnlichen Massakern geführt haben: In Istanbul sind 2003 Dutzende bei Anschlägen gegen zwei Synagogen und das britische Konsulat umgekommen. 200 Opfer gab es 2002 bei einem dschihadistischen Terroranschlag auf der indonesischen Ferieninsel Bali.

Behalten sie recht, dann wird der 11. März 2004 Europa so verändern, wie der 11. September 2001 Amerika verändert hat. Wenn Madrid ein Ziel islamisch-fundamentalistischen Terrors wurde, dann ist London in höchster Gefahr. Was in voll besetzten Pendlerzügen in Spanien hunderte Tote fordert, kann bei einem Hochgeschwindigkeitszug in Spanien, Frankreich oder Deutschland Tausende in den Tod reißen. In tragischer Weise bestätigt wären jene, die gewarnt haben, der Irakkrieg könnte zu einem Anwachsen der terroristischen Bedrohung führen. Mit der amerikanischen Rhetorik vom „Krieg gegen den Terrorismus" haben sich die Europäer nie anfreunden können. Einen gangbaren Weg zur Überwindung der wachsenden Kluft zwischen der islamischen Welt und dem Westen haben sie trotzdem nicht gefunden.

In den USA hat der 11. September zum massivsten Ausbau der Überwachungsmechanismen des Staates seit Jahrzehnten geführt. Die Maßnahmen des Heimatschutzministeriums mögen oft übertrieben sein oder gar lächerlich erscheinen: Dass Prävention zur Verhinderung neuer Anschläge eine Verpflichtung des Staates ist, erkennen selbst kritische Menschenrechtsorganisationen an. Wenn aufgrund der Sicherheitskontrollen das Fliegen zur Qual wird und falscher Alarm zur Absage von Transatlantikflügen führt, dann ärgert das zwar die Betroffenen. Die breite Öffentlichkeit bringt übertriebener Vorsicht dagegen Verständnis entgegen, wenn die Chance besteht, dadurch die Gefahr neuer Katastrophen zu verringern.

Die Grenze zwischen gerechtfertigter Prävention und Überreaktion des Staates ist angesichts einer direkten terroristischen Bedrohung schwer zu ziehen. Nach dem Anschlag des rechtsradikalen Timothy McVeigh auf das Amtsgebäude von Oklahoma City mit 168 Toten blieben 1995 selbst die rechten Milizen des Midwest unbehelligt. Gesetzt den Fall, es käme auf amerikanischem Boden zu einem zweiten Anschlag vom Typus des 11. September, wäre jetzt die Ausrufung des Ausnahmezustandes nicht mehr auszuschließen.

Mit einer ähnlichen Dynamik staatlicher Antiterrormaßnahmen wird in Zukunft auch Europa konfrontiert sein. Sicherheitskontrollen, wie sie heute auf Flughäfen längst normal sind, könnte es demnächst auf Bahnhöfen oder bei Großveranstaltungen jeder Art geben. Die EU hat nach dem 11. September 2001 den „Europäischen Haftbefehl" eingeführt. Die Zusammenarbeit von Justiz und Polizei wurde verbessert. Eine übergreifende EU-Polizei hat man bisher nicht einmal anzudenken gewagt. Man wird sehen, wie hartnäckig die nationalstaatlichen Widerstände auch nach den 200 Toten von Madrid noch sind.

Im Kampf der kapitalistischen Demokratien des Westens gegen den fundamentalistischen Faschismus reichen Polizeimethoden allein nicht aus. Die neokonservativen Vordenker der Regierung Bush propagierten seit dem 11. September die Modernisierung der arabisch-islamischen Welt als Voraussetzung, dass der fundamentalistische Sumpf ausgetrocknet werden kann. Auf diese Weise wurde der Irakkrieg begründet.

Der Einmarsch in Bagdad sollte zu einer Demokratisierung von oben führen und den Anstoß zum Sturz anderer korrupter und diktatorischer Regime in der Region liefern. Eine Vision, um die es angesichts des blutigen Chaos im Irak der Nachkriegszeit still geworden ist.

Die Attentate von Madrid waren der Beginn einer Welle dschihadistischer Angriffe, die London, Paris, Brüssel und 2020 auch Wien erfasste. Die nahöstlichen Wirren haben zur Entstehung der Terrororganisation Islamischer Staat und anderer Abspaltungen von El Kaida geführt. Mit der dschihadistischen Radikalisierung bleibt Europa unverändert konfrontiert.

1968, die Konstante

40 Jahre nach dem Mai 68 in Paris wird die internationale Jugendrevolte diskreditiert, unterschätzt, zur Freakshow abgewertet. Dabei hat die rebellische Studentenbewegung von 1968 unsere Gesellschaft nachhaltig verändert.

Falter 19/2008 vom 7.5.2008

Am 3. Mai 1968 stürmten Einsatzgruppen der französischen Polizei, die unter dem Kürzel CRS bekannt waren, die besetzte Universität Sorbonne in Paris. Hunderte Studenten wurden verhaftet. Die Polizeiaktion schockierte die Öffentlichkeit, was folgte, erschütterte die Fünfte Republik. Barrikaden im gesamten Quartier Latin, der lange Streik von neun Millionen Arbeitern. General de Gaulle musste sich der Loyalität der französischen Truppen in Deutschland versichern, um politisch zu überleben. Die Pariser Maitage brachten Frankreich haarscharf an den Rand eines politischen Umsturzes. Demonstriert, revoltiert, protestiert wurde in diesem Jahr bekanntlich überall. Aber nirgendwo sonst hat die Studentenrevolte die Macht des Staates so direkt in Frage gestellt wie in Frankreich. Insofern war der Mai 68 in Paris der Höhepunkt der weltweiten Jugend-revolte.

Bei den nun schon Monate dauernden Diskussionen über 1968, egal aus welchem politischen Blickwinkel, fällt auf, wie selten das wahrscheinlich hervorragendste Merkmal der Pro-testbewegung gewürdigt wird: ihre Internationalität. „Les frontières on s'en fout" („Zum Teufel mit den Grenzen") war nicht zufällig einer der beliebtesten Slogans des Mai 68. Tat-sächlich hat es nie zuvor in so vielen Staaten trotz unterschied-licher politischer Verhältnisse gleichzeitig ablaufende Schübe jugendlicher Revolte mit ähnlichen Zielen und einer ähnlichen Dynamik gegeben.

In den USA ist meist von der ganzen Dekade der „Sixties" die Rede. Der Begriff steht für die Aufbruchstimmung der Bür-gerrechtsbewegung, die Blumenkinder von Woodstock und die Turbulenzen des Vietnamkriegs. Die allgemeine Wehrpflicht machte Indochina in jedem amerikanischen Haushalt zum Thema. Männliche Jugendliche wussten, sie können eingezo-gen werden. 1970 erschoss die Nationalgarde vier Studenten bei einem Protest gegen den Krieg an der Universität von Kent. Die Ermordung des Anführers der Bürgerrechtsbewegung Martin Luther King und des demokratischen Präsidentschaftskan-didaten Bobby Kennedy wurden zu den dramatischen Höhe-punkten. Beim Parteitag der Demokraten in Chicago entluden sich die Spannungen zwischen den Aktivisten der Antikriegs-bewegung und dem Parteiestablishment in tagelangen Stra-ßenschlachten. Die Polarisierung dieser Jahre schimmert noch im aktuellen Präsidentschaftswahlkampf durch. Geht es doch um eine Entscheidung zwischen dem Post-68-Aktivisten Barack Obama, dem Vor-68-Militär John McCain und der aus den „Sixties" kommenden Hillary Clinton. Politisiert wurde sie durch die Antikriegsbewegung der amerikanischen Universi-täten. Eine Zeit, über die sie nicht gerne spricht.

Frankreichs Nicolas Sarkozy hat dagegen das Schreckge-spenst des Pariser Mai in seinem Präsidentschaftswahlkampf benützt, um die zögerliche bürgerliche Basis zu mobilisieren. Die Umkehr der Hierarchien, herzloser Individualismus, die

Religion des Geldes, das alles sei in Wirklichkeit auf den roten Mai im Quartier Latin zurückzuführen. Das ideologische Erbe von 1968 zu „liquidieren", darin sehe er seine Mission. Leicht amüsiert nahm die französische Öffentlichkeit diesen Eifer zur Kenntnis. Der Philosoph André Glucksmann, ein ehemaliger Maoist und selbst Fan von Sarkozy, ließ den moralisierenden Präsidenten wissen, dass ein geschiedener Mann aus einer Einwandererfamilie wie Sarkozy ohne den Aufbruch vor 40 Jahren nie eine Chance gehabt hätte, Präsident zu werden.

Die österreichischen Nachbetrachtungen wirken für die breite Öffentlichkeit dagegen ein bisschen wie eine Freakshow. Mit ehemaligen Kommunarden, Aktionskünstlern und Mühl-Exegeten werden wieder und wieder die Happenings von damals durchgekaut. 1968 erscheint als großes künstlerisches Coming-out, mit dem Piss-in im Hörsaal I im NIG der Wiener Universität als zentralem Ereignis. Wobei sich selbst bei den böswilligsten Betrachtern der Schauer von einst nicht mehr so richtig einstellen will.

Geprügelt wie nie zuvor werden die 68er zum 40. Jahrestag in Deutschland. Vom Antiamerikanismus bis zur Moral des Kasinokapitalismus bezichtigt man sie aller denkbaren Sünden. Den Vogel schießt Götz Aly ab, ein ehemaliger Aktivist einer außerparlamentarischen Organisation namens Rote Hilfe, der die linke Studentenbewegung allen Ernstes als Neuauflage der Nazis ansieht. In kruder Anspielung auf Hitler nennt er seinen Rückblick „Unser Kampf". Die Kinder ehemaliger Nazis marschieren wie ihre Eltern gegen den Parlamentarismus und hassen besonders die USA, die Sieger von 1945, so lautet die Interpretation von 1968 als deutsch-deutschem Familiendrama. Dass selbst ein flüchtiger Blick über die Grenzen ein solches Erklärungsmuster augenblicklich entwertet, stört offensichtlich nur wenige. Das mag damit zu tun haben, dass sich Gerhard Schröder und Joschka Fischer leicht als arrogante Vertreter einer machtgierigen Generation zeichnen ließen. Angela Merkel tritt dagegen mit der unaufgeregten Sachlichkeit der Nach-68er auf. Auf die gestürzten Helden zu treten, hat für die deutsche Öffentlichkeit offensichtlich einen ganz besonderen Reiz. Wer nationale Brillen trägt, kann 1968 nicht erklären. Die Revolte war nicht deutsch, französisch, italienisch oder gar österreichisch. Ein Vierteljahrhundert nach dem Zweiten Weltkrieg war die Jugendradikalisierung eine gemeinsame Erfahrung der gesamten westlichen Welt, lange bevor von Globalisierung die Rede war. Die Politisierung der japanischen Zengakuren oder der mexikanischen Studenten erfolgte in erstaunlicher Gleichzeitigkeit mit den bekannteren Jugendaufständen in den USA und in Westeuropa.

1968 war ein seltener internationaler Augenblick des „kollektiven politischen Idealismus", notiert der französische Publizist Patrice de Beer. Im Zentrum standen die Ideen von Solidarität und Freiheit, die Opposition gegen Krieg und der Ungehorsam gegen traditionelle Autoritäten. Klar: Viele Aktivisten verstrickten sich in ideologischen Scheinwelten. Manche reproduzierten die autoritären Strukturen stalinistischer Großparteien oder endeten im Terrorismus. Aber von der Dosis internationaler Solidarität, die damals in das politische Denken Eingang gefunden hat, zehren grenzüberschreitende Bewegungen, NGOs und selbst Uno und EU noch heute.

Nach wie vor gilt gerade in unseren Breitengraden: Despotische Autoritäten, die nicht hinterfragt werden dürfen, sind schlimmer als Unbotmäßigkeit, Rebellion und Widerspruch. Das trifft auf die Politik ebenso zu wie auf Alltag und Familie. Eine Erkenntnis, für die unverändert die internationale kulturelle Revolution von 1968 steht.

Die Finanzkrise zeigt:
Die EU braucht einen Finanzminister

Im September 2008 führt der Zusammenbruch der auf Immobilienspekulationen spezialisierten amerikanischen Investmentbank Lehman Brothers zu einem Börsenkrach. Das internationale Finanzsystem steht an der Kippe. Die Regierungen in Europa und den USA verhindern den Zusammenbruch der Großbanken durch Garantien und Teilverstaatlichungen.

Falter 42/2008 vom 15.10.2008

Karl Marx pflegte die irren Schübe in der Finanzwelt auf die Anarchie der kapitalistischen Produktionsweise zurückzuführen. Logisch, dass das globale Chaos in der Welt der Banken auch die internationale Politik durcheinanderwirbelt. Letzte Woche waren die Europäer dran, die sich lange von den amerikanischen Exzessen verschont glaubten.

Noch vor 14 Tagen blockierten Deutschland und Großbritannien einen französischen Vorstoß zu einem EU-Notfonds nach dem Beispiel des amerikanischen 700-Milliarden-Pakets. Deutsche Steuerzahler werden sich niemals dafür hergeben, unsichere italienische, irische oder ungarische Banken zu retten, hieß es brüsk aus Berlin. Zwölf Stunden später explodierte der Milliardenskandal der bayrischen Hypo Real Estate. Plötzlich galten ausgerechnet die deutschen Banken als besonders gefährdet. Bundeskanzlerin und Finanzminister mussten den Bürgern betreten vor laufenden Kameras die Sparguthaben garantieren. Drei Tage später bewahrte Großbritanniens Gordon Brown die Royal Bank of Scotland durch die Teilverstaatlichung des gesamten Bankensektors vor dem Untergang. Im Unterhaus stimmten sogar die konservativen Erben Margaret Thatchers für den weitreichenden Eingriff in den freien Markt. Der britische Premierminister, der sonst für Europa wenig übrighat, drängt jetzt plötzlich die EU zum Nachziehen.

Die Panik der Aktienhändler ist ansteckend, sind doch bisher alle Milliardenspritzen, Krisengipfel und Notmaßnahmen wirkungslos geblieben. Verzweifelt kämpft die Politik darum, die Kontrolle nicht vollständig zu verlieren. Auch in der EU ist lange Zeit nicht viel mehr gelungen, als die mächtigen zentrifugalen Tendenzen einzudämmen.

Wie groß die Gefahr tiefgreifender Verwerfungen in extremen Krisensituationen sein kann, zeigt das bankrotte Island. Die britische Regierung setzt gar Gesetze gegen isländische Banken ein, die für den Kampf gegen den Terrorismus gedacht sind. In halb Europa werden isländische Guthaben beschlagnahmt. Die Regierung in Reykjavik revanchiert sich mit einem Lockruf nach Moskau. Für einige Milliarden aus dem russischen Stabilitätsfonds ließe sich vielleicht sogar der aufgelassene Nato-Flughafen auf der nicht mehr ganz so coolen Insel reaktivieren.

Auf dem besten Weg in ein ähnliches Abseits war Irland. Die Totalgarantie der Regierung für alle Bankguthaben heimischer Banken schockierte die EU-Partner. Was eine Garantie in vierfacher Höhe des Bruttonationalprodukts wert sein soll, wollte man wissen. Brüssel war entsetzt, dass nichtirische Banken ausgenommen waren. Ein klarer Fall von in der EU verbotener Diskriminierung. Nur die Krisenangst verhinderte einen allgemeinen Aufschrei. Dublin hat den EU-Reformvertrag bei einem Referendum anfänglich abgelehnt und sollte nicht noch weiter an den Rand gedrängt werden. Inzwischen ist die erhöhte Einlagensicherung EU-Politik, und die Iren haben ihre Garantie auch auf Guthaben in nichtirischen Instituten ausgedehnt.

Aber die große Schwäche des europäischen Krisenmanagements bleibt bestehen. Es gibt zwar eine Europäische Zentralbank und den Euro, was immerhin sicherstellt, dass zum Börsenkrach nicht auch noch ein Dutzend Währungskrisen hinzukommen. Aber es gibt keinen EU-Finanzminister, der Regeln für Finanzgeschäfte aufstellen könnte und zur Not auch Geld in die Hand nimmt. Die EU kann nicht tun, was angesichts einer drohenden Depression nötig wäre: Schulden machen und durch massive Investitionen den rezessiven Tendenzen entgegenwirken. Nicht einmal zu einer gemeinsamen Finanzmarktaufsicht können sich die Regierungen der Mitgliedsstaaten durchringen.

Jacques Attali, französischer Vordenker und ehemaliger Mitterand-Berater, beklagt, dass in den vergangenen zwei Jahrzehnten zwar riesige globale Finanzplayer entstanden sind, aber kein rechtliches internationales Regelwerk, um sie zu kontrollieren. Mangels Weltregierung kommt der Planet jetzt darauf: Es sitzt kein Pilot im Flugzeug. In Europa sind es immer noch 27 Piloten. Die Möglichkeiten, die Selbstzerstörungstendenzen der Finanzwelt zu bändigen, sind auf dem alten Kontinent besser als anderswo. Der Plan der Eurostaaten, durch einen Big Bang von koordinierten Teilverstaatlichungen und öffentlichen Bürgschaften den Abwärtstrend zu stoppen, könnte greifen. Aber die Gemeinschaftsorgane der EU stehen völlig im Schatten der Nationalstaaten. Weil der Union die Instrumente fehlen, ist das Gefahrenpotenzial der Krise in Europa nach wie vor größer, als es eigentlich sein müsste.

Island hat seine Finanzkrise der Jahre 2008 bis 2011 durch massive Staatseingriffe überwunden, genauso wie Irland. Die Vorstellung, dass sich die Märkte immer am besten selbst regulieren, ist erschüttert. Die wirtschaftsliberale Ideologie, wonach sich der Staat aus der Wirtschaft heraushalten muss, hält sich trotzdem. 2020 zeugt das Europäische Wirtschaftsaufbauprogramm in der Corona-Krise vom Pragmatismus der Regierenden, in Notfällen trotzdem auf staatliche Investitionen zu setzen.

Wie die Nationalstaaten das „soziale Europa" blockieren

Globalisierungskritiker zeichnen gerne ein Bild der EU als Hort mächtiger Wirtschaftslobbys, für die soziale Anliegen keine Rolle spielen. Bei Europawahlen gehört die Forderung nach einem sozialen Europa, die der angeblich neoliberalen EU-Führung entgegengehalten wird, zum Standardrepertoire der Linken.

Falter 28/2008 vom 9.7.2008

Tatsächlich: Das europäische Sozialmodell könnte neben dem Nationalstaat ein zweites, europäisches Standbein gut gebrauchen. Im Rat der Sozialminister kommen alle paar Wochen auch sozialdemokratische Regierungsvertreter aus einem knappen Dutzend Staaten zusammen. Sie werden sich fragen lassen müssen, welche Vorschläge zu einer europäischen Sozialpolitik denn von ihnen bisher gekommen sind. Im Europaparlament plädieren französische Sozialisten für europaweite Standards für Mindestlöhne. Das Interesse bei den Ministerkollegen war enden wollend. Das Prinzip, wonach Sozialpolitik die vorrangige Domäne der Mitgliedsstaaten bleiben muss, wird auch von jenen Politikern verteidigt, die Brüssel im gleichen Atemzug vorwerfen, zu wenig für die Nöte der Bürger zu tun. Wer mit dem Slogan einer sozialeren EU operiert, ohne dazuzusagen, welche Sozialleistungen aus der Union kommen sollten, verkauft sein Publikum für dumm.

Sogar jene bescheidenen Sozialprojekte, die aus den laufenden EU-Budgets finanziert sind, werden von den Mitgliedsstaaten verteilt. Kaum ein Nutznießer weiß, dass die EU hinter einem bestimmten Umschulungs- oder Weiterbildungsprojekt steckt. Die Europäische Kommission ist stolz, dass immerhin zehn Prozent des EU-Budgets für Sozialausgaben aufgewendet werden. Über den EU-Sozialfonds fließen jedes Jahr zehn Milliarden Euro in Hilfsprojekte, die alle von den Mitgliedsstaaten durchgeführt werden. Aber die Dimensionen solcher

Maßnahmen sind bescheiden. Der Brüsseler Politikwissenschaftler Felix Roth rechnet vor, dass die Sozialausgaben der 27 Mitgliedsstaaten jährlich mehr als 3000 Milliarden Euro betragen. Die zehn Milliarden, die die Mitgliedsstaaten dem EU-Sozialfond genehmigen, machen ein Dreihundertstel davon aus. Kein Wunder, dass sich kein Bürger sozialen Schutz von der EU erwarten kann.

Es geht um Geld, Einfluss und Macht. Damit die EU eine Sozialunion wird, müssten Mittel von den Mitgliedsstaaten an die Union verlagert werden. Dazu war die Politikerkaste in den Nationalstaaten, egal ob sozialdemokratisch oder konservativ, nicht bereit. Vermeintliche neoliberale Verschwörungen in Brüssel haben mit diesem Tatbestand weniger zu tun als die Widerstände der Regierungen gegen neue Kompetenzen der Europäischen Union.

Die britische *New Left Review* tritt schon seit Jahren für eine europäische Variante der in Schweden einst vom langjährigen Chefökonomen der Gewerkschaftsbewegung Rudolf Meidner erdachten überbetrieblichen Arbeitnehmerfonds ein. Ein vergleichbares Unterfangen auf EU-Ebene, das mit ganz kleinen Schritten seinen Anfang nimmt, so argumentiert *New Left Review,* würde langfristig die wachsenden Löcher des nationalen Wohlfahrtsstaates stopfen und einen neuen Zusammenhalt der Völker Europas schaffen. EU-Bürger könnten in Zukunft Zuschüsse zu ihrer Altersversorgung oder in gesundheitlichen Notfällen auch aus Brüssel erhalten. Unmöglich, in Zeiten der konservativen Vorherrschaft? Mag sein, aber für gute Ideen muss lange geworben werden. Wenn die Forderung nach einer Sozialunion keine demagogische Anti-EU-Parole sein soll, sondern ein ernstes europapolitisches Projekt, dann muss man auch dazu sagen, wie genau soziale Solidarität über nationalstaatliche Grenzen hinaus aussehen kann.

Eine europäische Sozialpolitik, die von den Bürgern wahrgenommen wird, ist nach wie vor schwer möglich, solange die Nationalstaaten keine zusätzlichen Kompetenzen nach Brüssel verlagern wollen.

Mit Bekleidungsvorschriften in die Gesinnungsdiktatur

Mehrere Regierungen in Europa gehen gegen die Vollverschleierung ultrakonservativer muslimischer Frauen vor. Mit Verboten soll eine angebliche Islamisierung verhindert werden.

Falter 5/2010 vom 3.2.2010

Europa schreckt sich vor ein paar tausend Burkafrauen. Knapp 2000 Trägerinnen des exotischen Ganzkörperschleiers gibt es laut Schätzungen des Geheimdienstes in Frankreich. Auf Dänemarks Straßen sind es 200. Ähnlich minimal ist in Belgien, den Niederlanden oder anderen europäischen Ländern die Zahl jener Frauen, die sich durch Burka, Niqab oder ein anderes, je nach lokaler Tradition oder religiöser Sekte unterschiedliches Gewand vor fremden Männerblicken schützen wollen.

Ein Massenphänomen sind Totalschleier nur in wenigen – von religiösen Ultras und patriarchalen Stammestraditionen geprägten – Teilen der islamischen Welt, darunter in Afghanistan, in den pakistanischen Stammesgebieten, in Somalia oder Mauretanien. In Europa stehen Körperschleier für eine winzige Minderheit in der Minderheit.

Was Linke und Rechte quer über den Kontinent allerdings nicht daran hindert, mit dem schwersten aller Geschütze aufzufahren: der Forderung nach einem Verbot der Burka, wenn schon nicht auf jedem Gehweg und jeder Straße, so zumindest in öffentlichen Gebäuden und Verkehrsmitteln.

Eine Gefahr für die Werte der Republik sei das ominöse Kleidungsstück, urteilt eine Sonderkommission der französischen Nationalversammlung. In Dänemark gab es fast eine Regierungskrise, weil sich Rechte und Ultrarechte nicht über die Frage einigen konnten, ob die Burka auch im privaten Wohnbereich verboten werden soll. Italien überlegt den Einsatz von Antiterrorgesetzen, und auch Österreichs Frauenministerin würde gerne zum Verbot greifen, wenn es den Schleier hierzulande überhaupt gäbe.

Der Burkaausschuss der dänischen Regierung ist zum Schluss gekommen, dass die Hälfte Konvertiten sind, die einen demonstrativen Bruch mit ihrer westlichen Herkunft vollziehen wollen. Das Stereotyp vom islamistischen Mann, der seine Frau zum Ganzkörperschleier zwingt, findet die belgische Soziologin Tülay Umay durch die Empirie nicht bestätigt. Meist entscheiden sich Frauen in Europa individuell für die Burka. Oft gegen den Willen der integrationsbereiteren älteren Generation.

Zwei Monate lang hat die Soziologin Agnès De Féo für Le *Monde* totalverschleierte Frauen begleitet. Der Schwenk zur Verhüllung war häufig die Folge eines mystisch-religiösen Protests gegen eine als feindlich empfundene Umwelt, selten das Resultat eines männlichen Diktats. Christen tauchen manchmal in Sekten ab, Juden werden ultraorthodox, Jugendliche durchstechen sich Nase und Wange. Die Wege individueller Heilssuche in Randgruppen sind vielfältig, oft verrückt und nicht selten verstörend. Sie zuzulassen bedeutet noch lange nicht, dass man sie gutheißt oder nichts dagegen unternimmt. Eine liberale Gesellschaft macht aber daraus keine Staatsaffäre. Und dass die Regierung ihren Bürgern vorschreibt, welche Kleider sie tragen dürfen und welche nicht, das mag im China Mao Tse-tungs oder unter den Taliban üblich gewesen sein. Im Westen hält sich der Staat seit Beginn der Aufklärung aus solchen Fragen glücklicherweise heraus.

Bei der Allianz zwischen ultrarechten Populisten und Feministinnen gegen die Burka geht es scheinbar um Frauenrechte. „Sie wollen uns also ins Gefängnis stecken, um uns zu befreien?", fragte eine eloquente radikalislamische Aktivistin in der spätabendlichen „Newsnight" der BBC. Tatsächlich: Frauen elementare Rechte zu verweigern, wie die Benützung öffentlicher Verkehrsmittel, den Gang zum Bezirksamt, den Spitalsbesuch oder auch die Staatsbürgerschaft, nur weil sie die Burka tragen, würde in jedem anderen Zusammenhang als schändlicher Anschlag auf Freiheit und Demokratie gelten.

In Wirklichkeit liegt der Feldzug für das Burkaverbot auf einer Linie mit dem Schweizer Minarettverbot: Es geht um Antiislamismus und die Ängste vor dem Unbekannten.

Die praktischen Einwände gegen ein Verbot kommen aus Schweden: Regierung und Opposition lehnen eine Illegalisierung als kontraproduktiv ab, schließlich dürfe man diese Frauen nicht noch mehr marginalisieren. Man kann auch gegen die Burka als Symbol archaischer Geschlechtertrennung sein, ohne deshalb Frauen durch Verbote zu diskriminieren.

Der Philosoph Michel Foucault hat dafür plädiert, eine Gesellschaft danach zu beurteilen, wie sie mit Außenseitern umgeht. Die martialischen Töne gegen die winzige Anzahl von Burkaträgerinnen, nur um mit der populistischen Antiislamwelle schwimmen zu können, stellen Europas politischem Mainstream kein gutes Zeugnis aus.

Österreich führt 2017 ein sogenanntes Anti-Gesichtsverhüllungsgesetz ein, das die Verhüllung des Gesichts in der Öffentlichkeit untersagt. In der Corona-Pandemie führt die Maskenpflicht die xenophobe Regel ad absurdum.

Die Politik Europas ruiniert Griechenlands Zukunft

Seit 2010 hält der drohende Staatsbankrott Griechenlands Europa in Atem. Die europäischen Banken, die mit der griechischen Regierung Geschäfte gemacht hatten, fürchten um ihr Geld. Für EU-Rettungspakete in der Höhe von ca. 200 Milliarden Euro muss Athen vor allem im Sozialbereich drastische Ausgabenkürzungen akzeptieren. Die Sparpolitik löst schwere soziale und politische Konflikte aus.

Falter 20/2012 vom 16.5.2012

Ein hochrangiger EU-Politiker verrät seinen schlimmsten Albtraum zu Griechenland: Das Land geht nicht nur bankrott, sondern wird auch aus dem Euro gedrängt. Die griechischen Banken brechen zusammen, die Neue Drachme fällt ins Bodenlose. Staatsfonds aus Russland und China, ausgestattet mit prallen Kassen, gehen auf Einkaufstour. China übernimmt den Hafen von Piräus und die wichtigen Verbindungsnetze in der Ägäis. Die russische Marine verlegt ihre Mittelmeerbasis nach Kreta, weil Syrien zu unsicher wurde. Hochgepumpt mit Milliarden aus Russland und Fernost, kommt die griechische Wirtschaft in Gang. Europa hat die Kontrolle über seine südöstliche Flanke verloren.

Das geopolitische Katastrophenszenario ist typisch für die wilden Fantasien, zu denen die Krise Anlass gibt. Auslöser ist ein Gefühl der Hilflosigkeit bei den Regierenden, die erleben müssen, dass jede neue Rettungsaktion den Patienten dem Exitus nur noch näher bringt.

Daniel Cohn-Bendit, der deutsch-französische Grüne mit historischem Sensorium, wird zur Kassandra und warnt vor einem Militärputsch. Ohne neue Nothilfen könnten demnächst die Panzer vor der Akropolis auffahren.

Aber regiert wird Europa von deutschen Krämerseelen. Die Einhaltung von Verträgen, koste es, was es wolle, ist die wichtigste Botschaft aus Berlin. Finanzminister Wolfgang Schäuble, der zum Chef der Eurofinanzminister aufsteigen möchte, spekuliert über einen Währungsverband ohne die maroden Griechen.

Sollten im Juni neue Wahlen nötig sein, wollen die Europäer daraus ein Referendum über die griechische Zugehörigkeit zum Euro machen. Adressat der Drohgebärde sind die 80 Prozent Griechen, die an der gemeinsamen Währung festhalten wollen.

Das Manöver zur Unterstützung der konservativen Nea Dimokratia und der sozialdemokratischen Pasok ist absurd: Die europäische Politik versucht ausgerechnet jene Parteien des sterbenden griechischen Systems aufzumotzen, die das gegenwärtige Desaster verschuldet haben.

Die Linksaußenpartei Syriza will kein Ende des Euro, aber ein bisschen Revolution. Die Verstaatlichung der Banken steht als Ziel im Wahlprogramm, was auch nach vier Jahren Finanzkrise als Sakrileg gilt. Syriza möchte die im sogenannten „Memorandum" mit dem Internationalen Währungsfonds und der EU enthaltenen Kürzungen der Sozialleistungen abwenden und ein Moratorium für den Schuldendienst erreichen. Die Idee halten auch weitsichtige Banker für gut. Bei Neuwahlen könnte Syriza zur ersten Partei werden.

Der linksalternative Parteiführer Alexis Tsipras hat möglicherweise recht, dass Europa Griechenland nie ganz fallenlassen wird. Aber für einen bankrotten Staat, der bei Gesundheit, Energie und Lebensmitteln auf Importe angewiesen ist, ist der Fehdehandschuh an die Geldgeber ein brandgefährliches Spiel.

Das griechische Dilemma entspricht in Wirklichkeit einer normalen politischen Mechanik. Auf Jahrzehnte der Fehlentwicklung folgt ein Systemwechsel, bei dem die Parteien der Vergangenheit abstürzen und neue Kräfte eine Chance bekommen. Dabei geht es chaotisch zu. Dass Rassisten und Neonazis nicht noch mehr zulegen, ist ein Wunder. Wie auch in anderen Ländern gehen die Wähler eher nach links.

Was den griechischen Umbruch so dramatisch macht, ist die halbfertige Architektur der Europäischen Union. Hätte die EU eine starke Zentralregierung, würde Griechenland mit einer Wirtschaftsleistung von zwei Prozent des Euroraums die Welt nicht viel mehr interessieren als eine Regierungskrise in Mecklenburg-Vorpommern. Könnte die Regierung in Athen umgekehrt ihre eigene Währung drucken, böte eine Abwertung die Chance zum Neuanfang – wie in Island.

Eine Währungsreform ersetzt normalerweise schlechtes Geld durch gutes. Beim Wechsel vom Euro, einer starken Weltwährung, zu einer automatisch abwertungsverdächtigen Neuen Drachme wäre es umgekehrt. Ob der Tausch überhaupt machbar ist, bleibt fraglich. Mit Sicherheit wären sofortige spekulative Angriffswellen auf ganz Euroland die Folge.

Die Stimme der Vernunft kommt wie so oft von Eurogruppenchef Jean-Claude Juncker, von dem viele hoffen, dass er seinen angekündigten Rücktritt rückgängig macht: Der Luxemburger will dem griechischen Patienten mehr Zeit geben und, wenn nötig, die Medizin neu dosieren. Europa könnte die Fieberschübe bei einem Umbau Griechenlands senken. Und gleichzeitig am EU-Bundesstaat bauen, bevor andere Länder vom griechischen Fast-Exitus, in Brüssel respektlos Grexit getauft, angesteckt werden.

Im letzten Moment wird 2012 ein Austritt Griechenlands aus dem Euro verhindert. 2015 bis 2019 regiert die linke Syriza-Partei unter Alexis Tsipras. Am extremen Sparkurs, den die Eurostaaten dem Land verordnet haben, konnte Tsipras nichts ändern. Die griechische Wirtschaft hat sich seither erholt. Tsipras ist Oppositionsführer, es regiert die konservative Nea Dimokratia. 2021 kauft Griechenland neue französische Rafale-Kampfflugzeuge, Helikopter und Kriegsschiffe. Der militärische Anteil an der Staatsschuld ist höher als 2015, woran in der EU niemand Anstoß nimmt. Die Staatsschulden machen 2021 205 Prozent der griechischen Wirtschaftsleistung aus. Vor der sogenannten Sanierung waren es 177 Prozent. Eine Bilanz der gescheiterten Therapie, für die die griechische Bevölkerung einen hohen Preis gezahlt hat, ist in der Europäischen Union ausgeblieben.

Multikulti ist nicht tot!

Bei rechtsextremen Terroranschlägen in Norwegen 2011 sind 77 Menschen umgekommen. Der Attentäter Anders Behring Breivik wollte mit dem Massenmord ein Fanal gegen die Zuwanderung in das christliche Europa aus dem globalen Süden setzen. Norwegen setzte bei den Trauerfeiern für die Opfer bewusste Signale gegen rassistische Hetze.

Falter 31/2011 vom 3.8.2011

Multikulti, vom politischen Mainstream totgesagt und von der äußersten Rechten wütend bekämpft, ist eine lebendige Idee. Das zeigt die interkulturelle Solidarität, mit der Norwegen auf die Mordanschläge des Islamhassers Anders Behring Breivik reagiert. An der Spitze des ersten vieler Trauerzüge in Oslo: eine Pastorin und der zuständige Imam vor dem Bild der ermordeten 18-jährigen Bano Rashid aus einer kurdischen Familie. Drei Tage zuvor hatte Kronprinz Haakon die bekannteste Moschee in Oslo besucht. Ein Land, in dem die nationalistische Fortschrittspartei so viel Stimmen bekommt wie in Österreich die FPÖ, will auf den rechtsextremen Terror mit mehr Toleranz und Pluralismus reagieren.

Dabei gehörte es in Europa fast schon zum guten Ton, den multikulturellen Ansatz, oder was man darunter zu verstehen glaubt, zu verunglimpfen. Absolut gescheitert sei das Experiment des fröhlichen Nebeneinanders verschiedener Kulturen, so die deutsche Kanzlerin Angela Merkel. Großbritanniens David Cameron macht staatlichen Multikulturalismus für die Radikalisierung islamischer Jugendlicher mitverantwortlich. Nicolas Sarkozy wettert gegen islamische Gottesdienste unter freiem Himmel als Ausdruck multikultureller Verirrungen. Wer gegen angebliche Illusionen ausländerfreundlicher Gutmenschen schimpft, weiß automatisch die halbe Öffentlichkeit auf seiner Seite.

Der Krieg gegen Multikulturalismus ist das wichtigste politische Motiv des norwegischen Terroristen Anders Breivik. In seinem 1500-Seiten-Traktat bezeichnet er den Zuzug vor allem islamischer Immigranten als Folge einer Verschwörung der marxistischen Linken, um das christliche Europa multikulturell zu unterwandern. Das norwegische Massaker wird zum gespenstischen Hinweis, wie vergiftet der Diskurs in der Einwanderungspolitik geworden ist.

Halb Europa, noch vor wenigen Jahrzehnten ethnisch einheitlich und abgeschottet, ist heute kulturell, national und religiös so bunt wie zuvor nur die Vereinigten Staaten von Amerika. Aber als Schmelztiegel der Nationen versteht sich kein Land. Schon die schlichte Tatsachenfeststellung, dass Staaten wie Österreich oder Deutschland Einwanderungsländer sind, löst politische Kontroversen aus.

Nicht eine Ideologie hat diese dramatischen Veränderungen ausgelöst, sondern die durch wirtschaftliche Interessen ausgelösten Wanderbewegungen. Ein persönlicher Einschub: Als ich in den 60er-Jahren in Wien in die Schule ging, kamen alle Mitschüler aus österreichischen Familien. Amerikaner galten als kulturlos. Jeder kannte das rassistische Schimpfwort für Jazz, das für die Ignoranz der heimischen Kultureliten stand. Die Lehrer warnten Schülerinnen vor Kontakten mit Orientalen, wegen der Gefahr, in einem Harem zu landen. Hitler war zwar schon längere Zeit tot, aber ethnisch reine Gesellschaften galten als ideal. Die Idee, dass es Zivilisationen befruchten kann, wenn sich Völker mischen, war jenseits jeder Vorstellungskraft.

Vier Jahrzehnte später kamen die Familien der Mitschülerinnen meiner Töchter aus Russland, Rumänien, Afghanistan, Estland, dem Irak und Sri Lanka. Eine andere Welt. Aber besonders viel anfangen kann niemand etwas mit dieser Vielfalt. Sie wird als Belastung empfunden. Richtig stolz war dagegen Jahre zuvor die amerikanische Volksschule in Washington, D. C. auf die Schüler aus über 60 Nationen gewesen, die regelmäßig aufgefordert wurden, ihre Traditionen vorzuführen. Multikulti pur unter der amerikanischen Fahne samt Fahneneid.

Multikulti war in Europa ein idealer Nachziehprozess, um statt rassistischer Vorbehalte grundlegenden Respekt vor anderen Kulturen beim Umgang mit den neuen Nachbarn ins Zentrum zu stellen. Behindert wird Integration nicht durch multikulturelle Akzeptanz, sondern durch Diskriminierung, fehlende Arbeitsplätze und schlechte Ausbildung.

Rassismus ist deshalb nicht verschwunden, auf keiner Seite des Atlantiks. Ethnisch-soziale Konflikte sind bei Wanderbewegungen unvermeidlich. Integration ist immer ein widersprüchlicher Prozess. Aber reine Assimilation, wie sich manche Politiker das denken, wird es nicht geben. Die Vorstellung, dass alle Neo-Europäer so werden, wie wir vor 50 Jahren waren, ist lächerlich.

Die Vielfalt ethnischer Traditionen gehört als Errungenschaft verteidigt. Nur dann hat man eine solide Grundlage, um den geistigen Breiviks unseres Kontinents entgegenzutreten.

Die Verschwörungstheorie vom Großen Austausch wird von rechten Politikern verbreitet. Bei einem Terroranschlag gegen zwei Moscheen in der neuseeländischen Stadt Christchurch 2019 werden 51 Menschen getötet. Der Attentäter bezeichnet sich als Anhänger der gleichen rassistischen Ideologie.

Verdient und rechtzeitig –
Friedensnobelpreis für die EU

*Die Europäische Union erhält 2012 den Friedensnobelpreis. Die
feierliche Ehrung in Oslo erinnert die Europäer, wie viel der
Friede auf dem Kontinent wert ist. Für die Turbulenzen der
globalisierten Welt reicht das bisher Erreichte nicht aus.*

Falter 42/2012 vom 17.10.2012, Falter 20/2010 vom 19.5.2010

Für die Europäer kommt die Preisverleihung wie gerufen.
Seit dem Spätsommer fasst die Union wieder Tritt. Mit dem
Segen Angela Merkels hat Zentralbankchef Mario Draghi den
unbegrenzten Schutz der Währungshüter über den gesamten
Euroraum ausgebreitet. Bei den Wahlen im Trendsetterland
Niederlande gab es eine krachende Niederlage für den reakti-
onären Traum der Rechtspopulisten von einer Rückkehr zum
Gulden. Selbst in der CSU, die glaubt, mit antigriechischen
Ressentiments zu punkten, regt sich Widerstand gegen die
Euro-skeptischen Töne der Parteiführung.

Schlagartig hat das Nobelpreiskomitee aus dem kühlen Norden nach dem quälenden Erbsenzählen um Schulden, Kredite
und Haftungen die Grundidee der europäischen Integration ins
Zentrum gestellt. Die Alternative zu Brüsseler Verhandlungs-
nächten sind militärische Drohgebärden. Im aufstrebenden
Asien tragen China und Japan, Indien und Pakistan ihre Konflikte in traditionell martialischer Art aus. Keine nachahmens-
werten Beispiele für Europa.

EU-Ratspräsident Herman Van Rompuy ist schwer zu wider-
sprechen: Wenn man den Preis von fast 80 Jahren europäischer
Kriege zwischen 1870 und 1945 vor Augen hat, ist die EU wohl die
größte friedensproduzierende Organisation der Geschichte. Jäm-
merlich wirkt dagegen die Ignoranz des tschechischen Präsidenten Vaclav Klaus, der von einem schlechten Scherz spricht. Der
oberste EU-Skeptiker wurde durch die Erfahrungen des sowjetischen Imperiums geschädigt und lebt in einer Welt, in der alles
Böse von supranationalen Institutionen kommt.

Dass sich die Nation in Europa als oberstes Prinzip überholt hat, überfordert nicht nur den verschrobenen Burgherrn in Prag. Immerhin hat die deutsche Kanzlerin Angela Merkel, der man lange berechnende Distanz zu Europa nachsagte, diesen Sommer das Ruder herumgerissen, so lautet der Spin in Berlin. Griechenland aus dem Euro herauszudrängen, wie der ahnungslose FDP-Chef Philipp Rösler noch im Sommergespräch fabulierte, sei viel zu riskant. Kann doch niemand garantieren, dass nicht auch halb Europa in die Tiefe gezogen würde, inklusive der lebenswichtigen deutsch-französischen Achse.

Merkels erster Besuch in Athen seit dem Ausbruch der Krise war das Signal des neuen Kurses. Deutschland redet nicht nur über Griechenland, sondern auch mit den Griechen. Der Respekt vor der Last, die die griechische Gesellschaft zu tragen hat, den die Kanzlerin artikulierte, klang ernst.

Trotz der antideutschen Maskerade manch linker Demonstranten mit Naziuniform und Hitler-Gruß blieb der große Eklat aus. Die deutsche Öffentlichkeit trug die Beschimpfungen mit Fassung. Im Vordergrund standen Berichte über den Mangel an Medikamenten in Athener Spitälern. Fast scheint es, als ob sich das emotionale Aufschaukeln zwischen Nord und Süd in Europa erschöpft hätte. Noch wird zwischen Europäern, Internationalem Währungsfonds und der Regierung in Athen heftig gerungen, wie die Finanzlücken zu stopfen sind.

Die wiederholten Wahlgänge legten Reformen auf Eis. Die Wirtschaft schrumpft so rapide, dass der Schuldenstand trotz aller Einsparungen relativ gesehen wächst. In einer überraschenden Kehrtwende warnt der Internationale Währungsfonds, die staatlichen Kürzungen würden die Wirtschaft stärker in die Rezession treiben als erwartet. Dahinter steht das unausgesprochene Drängen der USA zu einem zweiten Schuldenschnitt für Griechenland. Der würde die staatlichen Geldgeber treffen, allen voran Nationalbanken und die Europäische Zentralbank. Die Regierungen Europas stehen auf der Bremse. Sie fürchten nationalistische Reflexe, weil Gelder der Steuerzahler im Spiel wären.

Aber der große Krach eines Staatsbankrotts inklusive Grexit, des gefürchteten Austritts aus dem Euro, ist unwahrscheinlicher geworden. Die nächste Tranche Finanzhilfe von 31,5 Milliarden Euro wird wohl fließen. Zu groß könnten die Kosten eines Dominoeffekts sein, der auch die EU als Friedensfaktor beschädigen würde. Eine Rechnung, die dank des Nobelpreises jetzt offensiver angestellt wird als zuvor.

Die berühmten Finanzmärkte, also Fonds und Banken, die mit Schwächen staatlicher Konstruktionen genauso spekulieren wie mit Produktionsstätten und Firmen, zwingen die Europäer jetzt zu Entscheidungen, die die Finalität ihres Projekts berühren. Der milliardenschwere Mechanismus zur Sicherung des Euro ist eine Weichenstellung in Richtung Europäischer Bundesstaat. Jetzt muss die Fahrt fortgesetzt werden, sonst droht die Entgleisung.

Dass Regierungen ihre Budgets nach unsinnigen Ausgaben durchforsten, in doppelten Verwaltungsstrukturen, beim Militär oder auch bei Privilegien bestimmter Berufsgruppen, ist verständlich. Aber Austeritätspolitik als oberste EU-Maxime droht das schwächliche Wirtschaftswachstum zu ersticken.

Gleichzeitig bringt die Verabsolutierung des Defizits Europa eine neue Spaltung. Die an Export orientierten Nordstaaten als Zuchtmeister der ärmeren, verschuldeten Südstaaten, das kann nicht gutgehen.

Der linke Ökonom Joseph Stiglitz warnt vor einer verlorenen Dekade, wenn die durch die Rezession angehäuften Schulden zu einer Todesspirale führen, wie in Argentinien vor einem Jahrzehnt. Auf dem alten Kontinent wäre allerdings nicht der Internationale Währungsfonds alleine das Feindbild, es brennen blaue EU-Fahnen. Zwischen Deutschen und Griechen bauen sich böse Emotionen auf. Setzt sich der Trend fort, wäre Europa nicht nur ökonomisch am Boden, sondern wohl auch politisch am Ende.

Die einzige Alternative ist ein großer Sprung in Richtung der allseits als unmöglich bezeichneten politischen Union, die auch bei Budgets, Steuern, Pensionen und Sozialsystemen das letzte Wort hat. Die wirtschaftlichen Unsicherheiten werden nicht verschwinden. Aber ein geeintes Europa, in dem nicht mehr die Gefahr besteht, dass demnächst wieder jeder gegen jeden agiert, wird der Destabilisierung viel effektiver entgegentreten.

„Wer geht zuerst bankrott, Griechenland oder Kalifornien?", ätzte kürzlich das Wall Street Journal. Arnold Schwarzenegger zahlte seine Staatsbeamten monatelang mit kalifornischem Spielgeld, den IOUs, weil die Kassen in Sacramento leer sind. Aus Washington erhält sein Bundesstaat aber weiter die Sozialtransfers der Social Security, die Dollargehälter der Bundesbediensteten und die Rüstungsaufträge des Pentagon. Der Schutzschirm Amerikas mag löchrig sein, aber er ist um vieles weiter gespannt als jener im nur locker verbundenen Europa.

In den USA geht die Regierung Obama gerade mit harten Bandagen gegen die Riesen der Wall Street in die Offensive. Eine Kurskorrektur, die eineinhalb Jahre nach Ausbruch der Krise etwas spät kommt. In der EU fehlt die Führung, der man den Vorwurf überhaupt machen könnte, dass es noch immer keine neue Ordnung im Finanzsystem gibt.

Die Welt erlebt den Preis der Halbheiten in der EU. Langsam sollte sich jemand trauen, der Realität ins Auge zu blicken: Die Vereinigten Staaten von Europa sind zur ökonomischen Notwendigkeit geworden.

Ein Anlauf zu einer Grundsatzdiskussion nach überstandener Eurokrise über die Weiterentwicklung der Europäischen Union nach der Wahl von Emmanuel Macron zum Staatspräsidenten 2017 kam aus Frankreich. Doch Angela Merkel und die Chefs der anderen EU-Staaten sind für die Idee einer europäischen Souveränität nicht zu gewinnen. 2021 nennt die rot-grün-gelbe Regierungskoalition in Berlin einen föderalen europäischen Bundesstaat als Ziel. Der russische Krieg gegen die Ukraine führt zu erhöhten Militärausgaben in der EU und zwingt die Europäer zur verstärkten Integration ihrer Sicherheitspolitik. Der deutsche Bundeskanzler Scholz greift die Idee der europäischen Souveränität auf. Die Forderung des französischen Staatspräsidenten Macron nach strategischer Autonomie bekommt neue Aktualität. Die Festigung der Europäischen Union als Reaktion auf ein revanchistisches Russland gehört zu den weitreichenden Folgen des Ukrainekrieges.

Freihandel – Glaubenskrieg ums Chlorhuhn

Die Verhandlungen zwischen der Europäischen Union und den USA zum Abschluss des Transatlantischen Freihandelsabkommens TTIP von 2013 bis 2016 rufen auf beiden Seiten des Atlantiks linke und rechte Nationalisten und zahlreiche Lobbys auf den Plan.

Falter 28/2014 vom 9.7.2014

Was in Handelsabkommen steht, ist der Öffentlichkeit normalerweise herzlich egal. Wo genau Kosmetika untersucht werden und wie lange, ist eine Frage für Experten. Dass Autos in Europa orange blinken müssen, in den USA aber rot, bemerken nicht einmal aufmerksame Reisende.

Aber plötzlich gehen die Emotionen hoch: Das Chlorbad gegen Salmonellen bei Hühnern entsetzt die Europäer, bei Rohmilchkäse wird den Amerikanern übel. Kein europäischer Test hat Nachteile durch das Chlorbad bewiesen. Der in den USA verpönte Roquefort tut der Gesundheit der Franzosen keinen Abbruch. Aber was aus der Fremde kommt, macht misstrauisch.

Unter Ökonomen tobt zum Freihandel der Glaubenskrieg. Eine Öffnung der Grenzen erhöht die Vielfalt, fördert den Fortschritt und beschleunigt die Arbeitsteilung, lautet die Lehrmeinung der Befürworter. Verschärfte Konkurrenz zerstört gewachsene Strukturen und hilft finanzstarken Ausländern, warnen die Kritiker.

Meist argumentieren in Handelsfragen die Stärkeren internationalistisch, die Schwächeren nationalistisch. Manchmal brauchen junge Unternehmen tatsächlich Schutz vor übermächtiger Konkurrenz. Aber oft verteidigen lokale Lobbys verkrustete Verhältnisse und Monopole.

Problematisch wird es, wenn gegen Freihandel zwischen annähernd gleich starken Wirtschaftsräumen auf beiden Seiten nationalistisch mobilisiert wird, wie jetzt in der Auseinandersetzung um das geplante Abkommen zwischen Europa und den USA. Die Transatlantic Trade and Investment Partnership

(TTIP) ist zum Feindbild von Globalisierungsgegnern, Grünen und Rechtspopulisten geworden.

Verbraucherrechte, Demokratie und soziale Standards sollen ausgehebelt werden, behaupten die Kritiker. Dabei ist ein Urteil gar nicht möglich: Die Verhandlungen laufen. Hunderttausende Unterschriften gegen ein Abkommen, das es noch nicht gibt, belegen, wie viel Emotion im Spiel ist.

Die Ausgangspositionen von Europäern und Amerikanern sind im Internet nachzulesen. Nach jeder Verhandlungsrunde treten die Delegationsleiter vor die Presse. Die Europäische Kommission informiert das Europäische Parlament und die Mitgliedsstaaten.

Über den realen Stand ist dennoch wenig bekannt. Das ist normal. Keine Gewerkschaft lädt zu Kollektivvertragsverhandlungen Journalisten ein. Kein Vertrag wird im Scheinwerferlicht der Öffentlichkeit geboren. Bei der Vielzahl von Lobbyisten auf beiden Seiten des Atlantiks hat nur ein fertiges Ergebnis eine Chance.

Brennendste Streitpunkte sind die geplanten Investitionsschutzklauseln. Sie gehören zum Standard der internationalen Wirtschaftsverflechtung. Allein Österreich hat 62 derartige Verträge abgeschlossen, zumeist mit Dritte-Welt-Staaten, aber auch mit Ungarn, Slowenien und der Slowakei.

Unternehmen, die im Ausland investieren, können sich im Streitfall mit dem Gastland auch an internationale Schiedsgerichte wenden. Dieser Mechanismus schwächt den Handlungsspielraum der Nationalstaaten.

Anlass für Klagen waren Verstaatlichungen in Lateinamerika, aber auch Gewinnrückgänge wegen neuer Umweltregeln. Der Konzern Vattenfall klagt vor einer Schlichtungsstelle in Washington gegen den deutschen Atomausstieg, weil er zwei AKWs zusperren muss. Ein Urteil steht aus.

Kritiker sprechen von Missbrauch und geheimen Sondergerichten. Aber bei Milliardeninvestitionen wollen Konzerne sichergehen, dass ein Gastland nicht die Voraussetzungen ändert. Den wirtschaftlichen Verflechtungen in der globalisierten Welt steht kein internationaler Rechtsstaat gegenüber.

Die USA wollen den Investitionsschutz geregelt haben, weil sie im Abkommen mit der EU ein weltweites Modell sehen. Die EU hat zu diesem Punkt eine Nachdenkpause eingelegt.

Das könnte eine Chance sein, um im Gegenzug von den USA die Korrektur der größten Fehlentwicklungen zu erreichen, denn mit oder ohne TTIP wird es Schlichtungen bei internationalen Investitionen weiterhin geben. Auch Multis müssten klagbar sein, wenn sie soziale und Umweltversprechen brechen. Es sollten Berufungen möglich sein, und die Öffentlichkeit darf bei internationalen Schiedsgerichten nicht mehr ausgeschlossen bleiben.

Die Aufregung um TTIP erhöht den Druck auf EU-Verhandlungsführer Karel de Gucht. Das kann zu einem besseren Ergebnis führen. Bewahrheiten sich die Befürchtungen, werden EU- und US-Abgeordnete das letzte Wort haben. Die Verhandlungen einfach abzubrechen, weil Amerika unbeliebt ist, mag ein politisch populärer Slogan sein. Einem Regelwerk für die globalisierte Welt wird man dadurch nicht näher kommen.

Die Wahl Donald Trumps zum amerikanischen Präsidenten führt zum Abbruch der Verhandlungen über TTIP. In den Freihandelsdebatten der folgenden Jahre wiederholen sich die Argumente. In Kraft ist trotz heftiger Ablehnung durch Globalisierungskritiker das Freihandelsabkommen CETA mit Kanada. Der europäisch-kanadische Plan zum umstrittenen Investitionsschutz, statt Ad-hoc-Gerichten ein neues internationales Gremium zu schaffen, hat die Kritiker nicht befriedigt. Eine Episode in Polen Ende 2021 wirft ein ungewohntes Licht auf die Kontroverse. Präsident Duda beruft sich auf internationale Regeln zum Investitionsschutz bei seiner Weigerung, ein Gesetz zur Einschränkung der Medienfreiheit zu unterschreiben, das vor allem amerikanische Eigentümer eines regierungskritischen TV-Senders getroffen hätte.

Was will Österreich von Europa?

Ökonomisch schreitet die Integration voran. Die Eurokrise ist durch riesige Schutzschirme beigelegt worden. Einer Entscheidung über die sogenannte Finalität der Europäischen Union, ob ein Europäischer Bundesstaat der Kleinstaatlerei nicht vorzuziehen ist, gehen die Europäer aus dem Weg. In Österreich ist die Skepsis gegenüber stärkerer Integration besonders weit verbreitet.

Falter 52/2014 vom 24.12.2014

Im Brüsseler Europaviertel spuckt der Flughafenbus jeden Tag hunderte Experten aus, die, ausgerüstet mit kleinen Rollkoffern, aus den 28 nationalen Hauptstädten zu irgendeiner Verhandlungsrunde der EU eilen. Es sind diese Rollkofferträger, die Europa zusammenhalten. Die EU hat keine Armee und keinen Geheimdienst. So wie einst die reitenden Boten im Reich Karls des Großen sorgen die reisenden Experten für die gemeinsame Meinungsbildung quer über den Kontinent.

Österreich ist durch den EU-Beitritt auf allen Ebenen Teil dieses Entscheidungsprozesses geworden. Für die Alpenrepublik, die sich gerne als singuläre Insel der Seligen gesehen hat, war das eine Revolution, die auch nach 20 Jahren noch nicht ganz verdaut ist: Mit seinen acht Millionen Einwohnern ist Österreich fester Teil eines global agierenden Machtblocks mit 506 Millionen Bürgern. Die Konsequenzen erlebt man als Europakorrespondent jede Woche: Es gibt häufig mehr EU-Ministerräte in Brüssel als Regierungssitzungen in Wien.

Ökonomisch ist die EU-Mitgliedschaft ein Riesenerfolg; die Österreicher haben die westlichen Nachbarn überholt. Mit der neuen politischen Wirklichkeit, als Teil eines größeren Ganzen zu agieren, tut sich das Land aber schwer. Politische Unzufriedenheit äußert sich in den grassierenden Anti-EU-Parolen der Rechten.

In Österreich mischt sich der nationalistische Populismus, den es auch in anderen EU-Staaten gibt, mit der Nostalgie nach der vermeintlichen Selbstbestimmung der Vergangenheit. Dabei vergisst man leicht, dass der österreichische Schilling völlig an die Deutsche Mark gekoppelt war. Die Neutralität hat Österreich nur sicher gemacht, weil das Gleichgewicht des Schreckens zwischen Nato und Warschauer Pakt den Frieden garantierte.

Für den EU-Beitritt vor 20 Jahren mussten damals SPÖ und ÖVP skeptische Lobbys in den eigenen Reihen überwinden. Widerstand kam von Agrariern und Frächtern, aus den Gewerkschaften und der Umweltbewegung. Anders als bei der Gründung der Republik 1918 und nach dem Zweiten Weltkrieg, als die Siegermächte die Stellung Österreichs in der Welt bestimmten, ist der Volksentscheid für den EU-Beitritt aber eine völlig freie Entscheidung gewesen. Daher ist Österreichs Bindung an die Europäische Union auch belastbarer, als manch schlechte Umfragewerte vermuten lassen. Trotz der Sanktionen gegen die schwarz-blaue Regierung 2000 ist der damalige Bundeskanzler Schüssel von einem proeuropäischen Kurs nie abgewichen. In der Eurokrise wurde der anfangs skeptische Werner Faymann zum glühenden Europäer.

Der wichtigste Höhepunkt der europäischen Entwicklung war für Österreich die anfangs mit großer Skepsis betrachtete Ostöffnung der EU, von der das Land ungeachtet aller Zweifel ökonomisch profitiert.

20 Jahre nach dem österreichischen EU-Beitritt geht es dem europäischen Projekt nicht gut. Populisten, die lautstark ein Zurück zum Vorrang der Nationalstaaten verlangen, sind in der Offensive. Auch Österreich sollte sich dringend klar werden, in welche Richtung die europäische Reise eigentlich gehen soll.

Der gegenwärtige Status quo der Halbheiten, in dem die EU als Zwitter zwischen Staatenbund und Bundesstaat steckt, ist brüchig. Das Misstrauen zwischen den Staaten wächst. Nationalistische Reflexe nehmen auch in der politischen Mitte zu, wenn Frankreichs Konservative rund um die Einwanderungspolitik Schengen kritisieren oder Österreichs Sozialdemokraten wegen der TTIP-Verhandlungen mit den USA die Außenhandelskompetenz der EU infrage stellen.

Die Europäer werden sich entscheiden müssen, ob sie einen Rückfall in nationale Kleinstaaterei riskieren wollen oder doch den Sprung in Richtung eines europäischen Bundesstaats wagen. Von der Antwort wird es abhängen, wie lange der alte Kontinent in der globalisierten Welt des 21. Jahrhunderts noch ernst genommen wird. Auf diese Weichenstellung sollten sich auch die Österreicher einstellen.

Österreichische Bundeskanzler – vom Sozialdemokraten Werner Faymann bis zum ÖVP-Politiker Sebastian Kurz – haben hausgemachte Probleme gerne auf Brüssel geschoben und Erfolge für sich selbst reklamiert. Die Finanzierung des EU-Wiederaufbaufonds nach der Pandemie 2020 durch gemeinsame Staatsanleihen wird gegen türkisen Widerstand aus Wien durchgesetzt. Bis zum Beginn der ukrainischen Flüchtlingskatastrophe hat sich Österreich gegen eine gemeinsame Asylpolitik gewehrt. Mit dem Amtsantritt von Karl Nehammer als Kanzler ist Österreichs Liebäugeln mit den rechtspopulistischen Regierungen in Polen und Ungarn zu Ende. Wien hat keine Einwände gegen Pläne für Eurobonds, um auf die Ukrainekrise zu reagieren.

Der Kampf des Julian Assange um Pressefreiheit

Julian Assange ist der bedeutendste Whistleblower unserer Zeit. Ab 2006 hat der Australier die Onlineplattform Wikileaks zum führenden Medium für geheime Daten aus Staaten und internationalen Konzernen gemacht.

Falter 5/2020 vom 29.1.2020

2010 veröffentlichte Wikileaks eine Viertelmillion Depeschen aus Vertretungen der USA in der ganzen Welt. Die internen Urteile der US-Diplomaten widersprachen der offiziellen amerikanischen Außenpolitik. Unter dem Titel „Collateral Damage" verbreitete Wikileaks die Bordvideos zweier Kampfhubschrauber bei tödlichen Angriffen gegen unbewaffnete Zivilisten an einer Straßenkreuzung in Bagdad. IT-Spezialistin Chelsea Manning hatte Assange mit Informationen aus dem Pentagon beliefert, die den Verdacht von Kriegsverbrechen im Irak und in Afghanistan nährten.

Ende Februar beginnt in London ein Gerichtsverfahren, das über die Auslieferung des Whistleblowers an die USA entscheiden wird.

Julian Assange ist Häftling in der britischen Haftanstalt Belmarsh im Südosten Londons, weil er sich 2012 entgegen einer gerichtlichen Anordnung in die ecuadorianische Botschaft geflüchtet hatte. In die Fänge der britischen Justiz war der charismatische Australier geraten, weil ihn zwei frühere weibliche Fans in Schweden der Vergewaltigung beschuldigt hatten. Die US-Anklage wegen Verschwörung nach dem Anti-Spionage-Paragrafen war damals noch unbekannt. Der Fall Assange ist juristisch so kompliziert, dass mit einem langen Verfahren zum Auslieferungsbegehren der USA gerechnet wird.

Politisch hat Assange eine bewegte Geschichte. Man kann ihn vielleicht am ehesten als Freiheitsfan mit anarchistischen Zügen bezeichnen. Er versteht sich als Journalist und Aktivist zugleich. EU-Korrespondenten in Brüssel sind dem Aufdecker vor Jahren im Europaparlament begegnet, als für ihn noch kapitalistische Korruption im Zusammenspiel von Staaten und Großkonzernen im Zentrum stand. Danach begann seine Zusammenarbeit mit dem britischen *Guardian* bei der Veröffentlichung der Leaks aus der US-Regierung. Assanges Hass gegen das Establishment der USA und Hillary Clinton verleitete ihn zu seinem schwersten politischen Fehler: Im Wahlkampf 2016 unterstützte er Donald Trump. Wikileaks ließ sich von russischen Hackern mit gestohlenen E-Mails aus dem Wahlkampfbüro der Demokratin füttern.

Assange ist den Mächtigen ein Dorn im Auge, weil er Missstände aufgedeckt hat, die den Stempel „vertraulich" trugen. In der freien Welt ist das Recht der Medien garantiert, für die Öffentlichkeit relevante Informationen ans Tageslicht zu fördern, auch wenn sie regelwidrig entwendet wurden. Erstmals wird im Fall Assange der Anti-Spionage-Paragraf gegen einen Journalisten eingesetzt. Die Anklageschrift, mit der das US-Justizministerium die Auslieferung beantragt, ist ein Angriff auf die Pressefreiheit.

Der Publizistikprofessor Bruce Shapiro von der Columbia University untersuchte die juristischen Argumente der US-Staatsanwälte. Assange habe tatsächlich die journalistischen Regeln verletzt, weil er seiner Quelle – der IT-Technikerin Chelsea Manning – geholfen habe, zu ihren Informationen zu kommen. Er gab der Informantin einen Hinweis, wie ein Passwort des Pentagon zu knacken sei. Mit Spionage hat es nichts zu tun. Das Delikt der Verschwörung begründen die Staatsanwälte mit einem Ermutigungsmail von Assange in Richtung Manning, das da lautet: „Curious eyes never run dry in my experience." Informanten zu ersuchen, bohrt doch bitte nach, gehöre zur alltäglichen Praxis des Investigativjournalismus, schreibt der Experte. Die Anklage gegen Assange richte sich gegen die Aufdeckungsarbeit unabhängiger Medien.

Julian Assange hat einen wortgewaltigen Verteidiger im Uno-Sonderberichterstatter zur Folter, Nils Melzer. Der Schweizer Jurist beschuldigt mehrere Regierungen, sie hätten sich zusammengeschlossen, um Assange „bewusst zu isolieren, zu dämonisieren und zu missachten". Gemeint sind die USA, Großbritannien, Schweden und Ecuador. Nils Melzer berichtet von extremen Angstzuständen bei dem 48-Jährigen, die er als Resultat der psychischen Folter bezeichnet.

Die britische Regierung weist die Kritik zurück. Trotzdem: Schon allein das Gefängnis für einen Unbequemen wie Julian Assange ist ein Skandal.

In den USA hat die Aufdeckerin Manning mit einer Gefängnisstrafe von 35 Jahren bezahlt. Nach einer Solidaritätskampagne wurde sie von Barack Obama begnadigt. Die Vergewaltigungsverfahren gegen Assange in Schweden sind eingestellt. Er sollte sofort enthaftet werden: Den Auslieferungsantrag der USA muss Julian Assange auf freiem Fuß bekämpfen können.

Assange sitzt Ende 2021 in London noch immer im Gefängnis, die USA sind unter Joe Biden vom Spionageverfahren des Justizministeriums nicht abgerückt. Anfang 2021 lehnt ein Londoner Gericht Assanges Auslieferung in die USA wegen Suizidgefahr ab. Ende des Jahres hebt das Berufungsgericht diese Entscheidung auf. Anfang 2022 geht der Rechtsstreit über das amerikanische Ansinnen vor der britischen Justiz weiter. Menschenrechtsorganisationen verlangen weltweit die Freilassung von Julian Assange.

Denkmalsturm in der westlichen Welt

Im Mai 2020 führte die Tötung des Afroamerikaners George Floyd durch einen weißen Polizisten in den USA zu einer weltweiten Protestbewegung gegen Rassismus. In den USA und Europa werden Symbole von Sklaverei und Diskriminierung gestürmt. In der westlichen Welt steigt das Bewusstsein, wie verfestigt rassistische Vorurteile sind.

Falter 25/2020 vom 17.6.2020

Die globale Bewegung gegen Rassismus und Polizeigewalt nach der Ermordung von George Floyd hat einen Denkmalsturm ausgelöst. In den USA stürzen Monumente für Generäle der Südstaaten, die im amerikanischen Bürgerkrieg die Sklaverei verteidigt hatten. Militärstratege Robert E. Lee und Südstaatenpräsident Jefferson Davis sollen endgültig von den Hauptplätzen verschwinden. Ob Verfechter der Sklaverei im multikulturellen Amerika von heute Ehrenplätze verdienen, ist seit Jahrzehnten ein Streitpunkt. Rechtsradikale hatten 2017 in Charlottesville unter Hakenkreuzfahnen für den bronzenen General Lee demonstriert. Amerika war schockiert. Jetzt kommt ein neuer Schub, um als rassistisch erkannte Symbole zu entfernen.

In der britischen Hafenstadt Bristol stürzten Demonstranten Edward Colston vom Podest. Sie rollten die eiserne Statue ins Meer. Der Geschäftsmann Colston war im 17. Jahrhundert als Sklavenhändler reich geworden. Er hatte in Afrika zehntausende Menschen als Sklaven verschleppt und umbringen lassen. In seiner Heimat baute er Spitäler, Schulen und Waisenhäuser. Die Kontroverse um die Ehrung Colstons gibt es seit Jahren. Die Versenkung im Hafen hat die Causa entschieden. Die Statue kommt nun ins Museum.

In den USA ist der Kampf um Symbole des Rassismus zum Streitpunkt zwischen der militärischen Führung und Donald Trump geworden. Prominente Kasernen sind nach unterlegenen Bürgerkriegsgegnern benannt. Fort Bragg in North Carolina, Fort Hood in Texas und Fort Benning in Georgia sind allen Amerikanern ein Begriff. Die Namensgeber sind Südstaatengeneräle, was afroamerikanische Offiziere als Zeichen der rassistischen Kontinuität beklagen.

Unter dem Eindruck der „Black Lives Matter"-Bewegung wollte das Pentagon Flexibilität zeigen. Die Namen für zehn berühmte Kasernenkomplexe sollten überdacht werden. Bis Trump via Twitter sein Veto einlegte. Niemals werde er als Oberbefehlshaber zustimmen, dass man die heldenhafte Geschichte des amerikanischen Militärs infrage stellt, ließ er die Generäle wissen. Rechtsaußen Tom Cotton tobt im Senat gegen linksradikale Bilderstürmer, die die Geschichte umschreiben wollen. Alle europäischen Staaten, die durch Sklavenhandel und Kolonialismus reich geworden sind, erleben ähnliche Kontroversen.

Am tiefsten geht die Auseinandersetzung in Belgien. König Leopold II., der fast ein halbes Jahrhundert lang geherrscht hatte, war der wichtigste Staatsmann in der Geschichte des Landes. Während seiner Regentschaft stieg Belgien um 1900 zu einem wohlhabenden Staat auf. Parks, Straßen und Plätze sind nach Leopold II. benannt.

Aber der König war als Kolonialherr über den Kongo ein Völkermörder mit Millionen Opfern, vergleichbar mit den größten Verbrechern der modernen Zeit. Die verstörenden Fotos von Kindern, denen man reihenweise Hände oder Füße abgehackt hatte, weil ihre Dörfer zu wenig Kautschuk liefern konnten, schockieren noch heute. Belgien ist heute eine multikulturelle

Gesellschaft, in der auf Rassismus oft sensibler reagiert wird als in Ländern ohne Kolonialvergangenheit. Sich der grausigen Vergangenheit zu stellen ist bisher kaum gelungen. Antwerpen hat nach Protesten das Leopold-Denkmal entfernt. In Brüssel sind die Statuen mit antirassistischen Slogans übersät.

Bei einem Epochenwechsel, egal ob real oder erhofft, müssen Symbole der Vergangenheit immer dran glauben. Die demokratischen Revolutionen von 1989 haben Osteuropa von Lenin-Denkmälern befreit. Diktator Franco ist nach der demokratischen Wende in Spanien von den Plätzen verschwunden. Damnatio memoriae hieß im alten Rom das Prozedere, wenn man postum das Erbe eines Politikers auslöschen wollte und Statuen entfernen ließ. Österreich hatte seine Auseinandersetzungen um Straßennamen von Antisemiten und Nazis. Einige Straßen wurden umbenannt. Beim Lueger-Denkmal in Wien verweist eine Zusatztafel auf die Judenfeindlichkeit des langjährigen Bürgermeisters.

Die öffentliche Ehrung von Sklavenhaltern zu beenden ist überfällig. Ein ehrlicher Umgang mit der Vergangenheit heißt, Widersprüche auszuhalten. Winston Churchill war ein begeisterter Kolonialist und ein kaum verhüllter Rassist. Das Churchill-Denkmal vor dem Parlament in London musste aus Sorge vor Beschmierungen mit Brettern vernagelt worden. Aber Churchill war ein Held gegen Hitler. Der prominente Ehrenplatz muss bleiben. George Washington war Plantagenbesitzer mit Sklaven, aber er war ein Freiheitskämpfer.

Nach wie vor laborieren die USA an den Widersprüchen der amerikanischen Revolution. Der Denkmalsturm gegen Symbolfiguren des Kolonialismus konfrontiert die westlichen Gesellschaften mit der rassistischen Seite der eigenen Geschichte.

2021 erreicht der antirassistische Denkmalsturm auch Österreich. Aktivistinnen und Aktivisten demonstrieren vor dem Denkmal von Karl Lueger, dem antisemitischen Wiener Bürgermeister aus der Kaiserzeit. Die Graffiti „Schande" sind geblieben. Eine Entscheidung über die Zukunft des Denkmals steht aus.

Bei der Anerkennung des Islam hinkt Österreich nach

Die Zuwanderung der letzten Jahrzehnte hat Österreich religiös und kulturell verändert. Muslime sind zur zweitgrößten Religionsgemeinschaft geworden. Die Errichtung von Moscheen stößt jedoch auf Widerstand aus der Mehrheitsgesellschaft. Unter dem Schlagwort des Kampfes gegen den politischen Islam macht Türkis-Blau unter Kurz und Strache die Islamfeindlichkeit zum politischen Instrument.

Falter 31/2020 vom 29.7.2020; Falter 49/2020 vom 2.12.2020

Sind Muslime gefährlich, wenn sie auf der Grundlage ihrer religiösen Identität politisch auftreten? Die Regierung bejaht dies mit ihren martialischen Ansagen gegen den sogenannten politischen Islam. Mit dem Kampfbegriff erklärt der Staat, dass Angehörige der muslimischen Minderheit demokratiefeindlich agieren, wenn sie sich gestützt auf ihre Religion politisch engagieren. In unserer multikulturellen Gesellschaft ein Signal der Diskriminierung gegenüber der Minderheit. Sebastian Kurz, Chef einer christdemokratischen Partei, will sogar einen neuen Straftatbestand schaffen. In der heimischen Politik schürt der Begriff des politischen Islam Ressentiments und erschwert die Auseinandersetzungen mit realen Problemen.

Schon in der Zeit vor Ibiza wurden islamistische Kräfte von türkis-blauen Vertretern als Gefahr für die Republik dargestellt. Nach anfänglichem Zögern lehnt die Islamische Glaubensgemeinschaft ihre Beteiligung an der von Integrationsministerin Susanne Raab (ÖVP) geplanten Dokumentationsstelle zum Politischen Islam ab. Die Vertreter der zweitgrößten Religionsgemeinschaft des Landes sprechen von Ausgrenzung, wenn Muslime pauschal verdächtigt werden, keine guten Demokraten zu sein.

Klar, in vielen Staaten sind islamische Parteien aktiv. Sie haben Namen, Adressen und Programme, mit denen man sich auseinandersetzen muss. Viele haben sich islamistisch radikalisiert. Manche verfügen über Sympathisanten in Europa. Eine Partei des politischen Islam, die Österreich islamisieren will, ist dagegen ein Phantom. Unter Türkis-Blau hat es dramatische Auftritte der Regierungsspitze gegen angeblich irreguläre Gotteshäuser gegeben. Staatliche Bekleidungsvorschriften, besonders Kopftuchverbote für Mädchen, wurden zu Wahlkampfschlagern. Statt klarzustellen, dass der Islam als zweitgrößte Religionsgemeinschaft Teil unserer Gesellschaft ist wie Christentum, Judentum und Atheismus, wird Ausgrenzung betrieben.

Ernsthaften Anlass für den die islamische Community verstörenden Vorstoß gibt es keinen. Die Zeiten sind vorbei, als sich tausende Jugendliche aus Europa, etwa 300 auch aus Österreich, dem Kampf der Dschihadisten in Syrien anschlossen. Aber in Wien stehen Gemeinderatswahlen bevor. Die christliche ÖVP hofft auf Zuspruch von Wählerschichten, die sich bisher vom FPÖ-Slogan „Daham statt Islam" angesprochen fühlten.

Der Begriff „politischer Islam" wird in der österreichischen Innenpolitik als Codewort für Islamfeindlichkeit verwendet. Auch bei der Präsentation der geplanten Institution war nicht erkennbar, ab wann es staatsgefährdend sein soll, wenn Muslime politisches Engagement mit religiöser Überzeugung verbinden. In jeder Religion sind progressive, konservative und ultrakonservative Tendenzen zu beobachten. Allerdings hat der anhaltende Aufruhr in der islamischen Welt zu einer Radikalisierung geführt, die fundamentalistischen Strömungen eine Massenbasis verschafft.

Islamistische Bewegungen waren treibende Kraft bei Volksrevolutionen gegen repressive und korrupte Regierungen. Die Islamische Revolution, die 1979 das Schah-Regime mit all seinen Geheimdiensten hinweggefegt hat, fand unter dem Banner des Ajatollah Ruhollah Chomeini statt. Die grünen Fahnen des Propheten brachten das Volk gegen die prowestliche Diktatur auf die Straße. Auf Basis der Revolution errichteten die konservativen Kleriker ihr neues Regime. Eine ähnliche Dynamik gab es im Arabischen Frühling 2012. Beim Volksaufstand gegen Ägyptens Langzeitdiktator Hosni Mubarak waren die Muslimbruderschaft der große Gewinner. Ihr Kandidat Mohammed Mursi ist gescheitert, blieb aber bis heute der einzige frei gewählte Präsident des Landes. Ein Militärputsch beendete das Experiment.

Mubarak hatte Kommunisten und Gewerkschafter einsperren lassen. Die Moscheen waren die einzigen Orte, an denen Unzufriedenheit geäußert werden konnte. Auch in der Türkei wurden die gemäßigten Islamisten von Recep Tayyip Erdoğans AKP stark, weil sie den Aufstieg der ärmeren Schichten repräsentierten. Das Scheitern des Arabischen Frühlings und die autokratische Wandlung des türkischen Präsidenten haben diese Phase beendet.

Die Radikalisierung in den islamischen Gemeinden Europas hat den Höhepunkt überschritten. Islamistischer Terror in Europa geht zurück. Moscheen, in denen in London, Paris oder Mailand extremistische Prediger den Heiligen Krieg verkündeten, sind geschlossen oder unter Aufsicht der Polizei. London hat mit dem Labour-Politiker Sadiq Khan den ersten Bürgermeister islamischen Glaubens. Eine Konfession, die als Teil einer freien Gesellschaft akzeptiert ist, tut sich leichter, fundamentalistische Sackgassen zu überwinden.

Österreich hat Aufholbedarf. Der Europarat konstatiert im Juni 2020 steigende Islamfeindlichkeit in unserem Land.

Auf Signale, dass der Islam zu Österreich gehört, wartet man vergeblich. Die ÖVP schafft es nicht, der Islamischen Glaubensgemeinschaft den Respekt entgegenzubringen, der ihr als Vertretung von 700.000 Bürgern zusteht. Kann man islamische Funktionäre kritisieren? Klar. Gibt es fundamentalistische Propaganda in heimischen Moscheen? Möglich. Verbreiten Religionslehrer antidemokratische Vorurteile? Wahrscheinlich. Reaktionäre Predigten gehören kritisiert, verboten sind sie nicht.

Für Untersuchungen in Zusammenhang mit Aufrufen zum Dschihad ist der Verfassungsschutz zuständig. Nach militärischen Niederlagen im Nahen Osten versucht die Terrororganisation Islamischer Staat, eine quasimilitärische Front in Europa zu eröffnen. Die Attentäter von Wien und Paris sind das Kanonenfutter in einem globalen Konflikt. Dschihadisten werden in einem halbkriminellen Jugendmilieu radikalisiert, vor allem in Gefängnissen, wie der aktuelle Staatssicherheitsbericht festhält. Terroristische Netzwerke aufzuspüren ist die Aufgabe der Staatssicherheit. Extremismus muss politisch bekämpft werden. Der Unterschied sollte sich auch in der Wortwahl ausdrücken. Oder würde es jemandem einfallen, 2019 dem rechtsradikalen Attentäter von Christchurch in Neuseeland, der sich auf das Abendland beruft, politisches Christentum zuzuschreiben?

Wie weit verbreitet antimuslimischer Rassismus ist, zeigen die Untersuchungen von SOS Mitmensch. Mit der Forderung, den politischen Islam überhaupt zu verbieten, sprengt Kanzler Kurz den Rahmen der demokratisch garantierten Freiheiten. Eine Kriminalisierung abweichender Meinungen kennt man sonst aus autoritären Staaten. Die Auswirkungen erleben wir, wenn die Regierung die Antiterrorpolizei gegen den unbequemen Politikwissenschaftler Farid Hafez ausschickt, wie bei der Razzia gegen angebliche Repräsentanten der Muslimbruderschaft Anfang November 2020. Eine pluralistische Gesellschaft darf die Auseinandersetzung nicht scheuen, aber muss Vielfalt aushalten, auch wenn sie unangenehm ist. Eine Stelle zur zusätzlichen Stigmatisierung von Muslimen ist dazu ungeeignet. Als letztes Jahr auf der Wiener Ringstraße eine Ausstellung mit Fotos von Überlebenden des Holocaust verwüstet wurde, waren Vertreter der Muslimischen Jugend Österreichs bei der Nachtwache dabei, um die Bilder zu schützen. Eine Erinnerung, wie Vielfalt unsere Gesellschaft bereichern kann.

2020 errichtet die Regierung eine Dokumentationsstelle, die den Politischen Islam erforschen soll. Eine Islamlandkarte, die von den Proponenten vorgestellt wird, muss vom Netz genommen werden, als rechtsradikale Schmierereien an Adressen islamischer Organisationen auftauchen. Von dem im türkis-grünen Regierungsprogramm angekündigten „Nationalen Aktionsplan gegen Rassismus und Diskriminierung", der mit dem Kampf gegen religiös motivierten Extremismus verbunden werden sollte, ist nichts zu sehen.

Merkel tritt ab

Angela Merkel hielt bis 2021 in der deutschen Politik 16 Jahre lang die Fäden in der Hand. Sie hat die Stellung Deutschlands in der Welt geprägt. Aber was hat sie als Person verändert?

Falter 38/21 vom 22.9.2021

Bei den Elogen auf die Kanzlerin, die weltweit zu lesen sind, steht die Verlässlichkeit Deutschlands in ihrer Regierungszeit an vorderster Stelle. Als sich die USA unter Donald Trump von der Rolle der Führungsmacht verabschiedeten, schien es, als habe Merkel das Banner der liberalen Demokratie übernommen. Beim G-8-Gipfel 2018 ist zu sehen, wie die Kanzlerin auf Trump einredet, der wie auf einer Schulbank sitzt.

In der internationalen Politik steht Merkel für die Suche nach Kompromissen, während die USA Freund und Feind mit Alleingängen irritieren. Aber in der Weltpolitik des 21. Jahrhunderts klingt der Wunsch nach Kooperation der Mächte hohl. Dem Chaos beim amerikanischen Abzug aus Afghanistan konnten die Europäer nichts entgegensetzen. Gegen China baut Washington eine angelsächsische Achse mit Australien und Großbritannien, die Europa brüskiert. Am Ende von Merkels Amtszeit stößt Weltpolitik über Kompromisse an ihre Grenzen.

Gegenüber Russland hat Merkel eine Linie verfolgt, die durch Willy Brandts Ostpolitik und die Freundschaft zwischen Kohl und Gorbatschow vorgezeichnet war. Ungeachtet der Verankerung im westlichen Bündnis pflegt Merkel ein spezielles Verhältnis zu Putin.

Die Annexion der Krim und die kriegerische Aneignung der Ostukraine haben die Beziehung fast zerstört. Berlin hat harte Sanktionen der EU gegen Russland durchgesetzt, auch gegen den Widerstand Österreichs und anderer Putin-Versteher. Im Kreml hat man trotzdem Verständnis für die deutsche Haltung. Die persönliche Kommunikationsebene zwischen der Kanzlerin, die in der DDR aufgewachsen ist und Russisch spricht, und Putin, dem ehemaligen KGB-Offizier im Einsatzgebiet Ostdeutschland, mag dabei ihre Rolle spielen. Der Balanceakt kann bei jedem weiteren russischen Vorstoß aus dem Gleichgewicht geraten.

Angela Merkel hat in ihrer CDU beinharte Machtpolitik betrieben. Ihren einstigen Ziehvater Helmut Kohl entmachtete sie, als Kohls illegale CDU-Spendendeals aufflogen. Eine offene Agenda als Frauenpolitikerin hat Merkel nie vertreten. Erst in den letzten Jahren lässt sie sich als Feministin bezeichnen. Die Öffentlichkeit hatte die Kanzlerin in ihren Auseinandersetzungen mit den Machos aus den eigenen Reihen hinter sich.

Merkels Kurs begleitet einen Modernisierungsschub der deutschen Gesellschaft. Die CDU ist mit ihr als Chefin verstärkt in die Mitte gerückt und damit nach links. Sozialdemokratisierung ist das keine.

Die großen Wirtschaftsverbände stellen die mächtigste Lobby in der Partei. Aber die Merkel-CDU unterscheidet sich von den Parteifreunden in anderen Ländern. Die Christdemokraten in Frankreich, Spanien oder Italien sind von Rechtsextremen kaum zu unterscheiden. In den USA verkommen die Republikaner zu Trump-Anbetern. Die türkise ÖVP unter Sebastian Kurz lebt von Islam-Bashing und rechtem Populismus. Den rechtspopulistischen Versuchungen, denen bürgerliche Parteien weltweit erliegen, hat die CDU unter Merkels Führung widerstanden.

Gegen den grassierenden autoritären Nationalismus verteidigt Angela Merkel die Werte der liberalen Demokratie. In der Flüchtlingskrise 2015 ließ sie bekanntlich die deutschen Grenzen offen, aus Rücksicht auf Österreich, Ungarn und andere überforderte Staaten. Ihr berühmtes „Wir schaffen das" war der Kontrast zu den Hardlinern auf internationaler Ebene.

Der deutsche Wahlkampf beeindruckt durch Sachlichkeit und Langeweile, urteilen fast neidisch amerikanische Medien. CDU-Kanzlerkandidat Armin Laschet lehnt jede Zusammenarbeit mit Rechtsextremen ab, ungeachtet der Stärke der AfD im Osten. Der Kontrast zu Österreich sticht in die Augen. Ganz absetzen von der deutschen Bruderpartei kann sich Sebastian Kurz allerdings nicht.

Die populistische Renationalisierung in der EU rund um die Flüchtlingspolitik hat Merkel nicht verhindert. Aber sie hat am pragmatischen Humanismus der liberalen Demokratien festgehalten.

Diese Tradition braucht Europa auch unter dem neuen Kanzler Olaf Scholz und der rot-grün-gelben Regierung in Berlin.

Der russische Angriff auf die Ukraine vom 24. Februar 2022 trifft auf ein Europa, das gerade dabei ist, sich auf die neue deutsche Regierung unter dem Sozialdemokraten Olaf Scholz einzustellen. Die Europäische Union hat sich bisher vor allem mit Wettbewerbspolitik, Klimaschutz, der Landwirtschaft und den Finanzen beschäftigt. Putins Krieg zwingt die 27 Mitgliedsstaaten zu einer gemeinsamen Sicherheitspolitik. Die rot-grün-gelbe Regierung in Berlin setzt den ersten Schritt. Deutschland wird 100 Milliarden Euro zur Aufrüstung der Bundeswehr ausgeben. Das Schlagwort von einer EU-Armee findet wieder Eingang in den politischen Diskurs. Eine für Notfälle gedachte Sonderregelung ermöglicht es, die EU-Außengrenzen für Millionen ukrainische Kriegsflüchtlinge zu öffnen. Diese erhalten in der gesamten Union Aufenthaltsrechte und eine Grundversorgung. Der französische Staatspräsident Emmanuel Macron setzt durch, dass für eine Milliarde Euro Waffen für die Ukraine gekauft werden. Auch Iren und Österreicher, die neutral sind, finanzieren über ihre Mitgliedsbeiträge die Aktion. Es ist ein einmaliger Vorgang. Noch nie hat die Europäische Union so direkt in einen Verteidigungskrieg gegen eine Großmacht eingegriffen. Um die Auswirkungen des Krieges aufzufangen, soll neuerlich gemeinsames Geld aufgenommen werden, wie bereits beim Investitionsplan gegen die Folgen der Corona-Pandemie. Die sogenannten sparsamen vier – Deutschland, Österreich, die Niederlande und Finnland –, die sich zuvor hartnäckig gegen Eurobonds gewehrt haben, sind einverstanden. Der amerikanische Starautor Fareed Zakaria sieht im Integrationsschub für die Europäische Union die wichtigste geopolitische Verschiebung, die durch den Ukrainekrieg ausgelöst wurde.

KAPITEL 3
AMERIKAS PENDELSCHLÄGE

Am 11. September 2001 rasen von islamistischen Terroristen gekaperte Passagiermaschinen in das World Trade Center in New York und das Pentagon in Washington, D. C. Seit 9/11 ist den USA bewusst, dass sie als Supermacht nicht unangreifbar sind. George W. Bush hat die USA mit dem umstrittenen Angriff auf den Irak zur einsamen Weltmacht gemacht. Der Krieg gegen den Terrorismus mobilisiert alle konservativen Instinkte. Mit Barack Obama folgt 2009 bis 2017 der erste afroamerikanische Präsident der amerikanischen Geschichte. Der progressiven Agenda aus Obamas Weißem Haus steht die Blockadepolitik einer zunehmend nach rechts außen abgleitenden Republikanischen Partei im Kongress gegenüber. 2016 triumphiert Donald Trump bei den Präsidentschaftswahlen. Der autoritäre Demagoge und Populist hat sowohl das konservative als auch das linksliberale Establishment besiegt. 2021 führt die Weigerung Trumps, seine Niederlage einzugestehen, fast zum Kollaps der Demokratie. Die USA stellen mit der Abwehr des Sturms auf das Kapitol am 6. Jänner 2021 ihre Fähigkeit zur Selbstkorrektur unter Beweis. Der Ansturm der Rechten ist nicht vorbei. Ob das Abgleiten Amerikas in autoritäres Fahrwasser abgewehrt werden kann, wird für die liberale Demokratie weltweit entscheidend sein.

Wie 9/11 die US-Außenpolitik revolutioniert

Die Anschläge des 11. September 2001 haben Amerika die eigene Verletzlichkeit vor Augen geführt. Die USA mussten ihre internationale Rolle neu definieren. In den Wochen unmittelbar nach den Anschlägen war die Hoffnung noch da, dass die kriegerische Rhetorik der Administration von George W. Bush gegen den Terrorismus nicht automatisch zu realen Kriegen führen wird.

Falter 39/2001 vom 26.9.2001

Eric Hobsbawm, Doyen der europäischen Historiker, lässt das 20. Jahrhundert in seiner viel diskutierten Studie über das „Zeitalter der Extreme" mit den Schüssen von Sarajevo am 28. Juni 1914 beginnen. Was vorher war, gehörte geistig noch zum fortschrittsgläubigen 19. Jahrhundert. Der Glaube an den unwiderstehlichen Aufstieg von Zivilisation wurde erst durch den Zusammenbruch aller Sicherheiten unter dem Donner der Kanonen von Verdun zerstört.

Die Anschläge des 11. September haben fast 100 Jahre später ebenfalls eine Weltkriegshysterie ausgelöst. Um den stellvertretenden Verteidigungsminister Paul Wolfowitz trat in den Tagen nach dem Angriff eine konservativ-militaristische Fraktion auf, die eine groß angelegte Militäraktion gegen den langjährigen Feind Irak sowie mehrere andere sogenannte „Schurkenstaaten" verlangte. Wenige Wochen später darf man auf eine gelassenere Sichtweise hoffen.

Die Wahnsinnstaten von New York und Washington bleiben ein Wendepunkt mit Langzeitfolgen. In der nun laufenden weltpolitischen Umgruppierung entscheidet sich, welche der widersprüchlichen Trends sich in der internationalen Politik durchsetzen werden. Schließlich haben auch die Schüsse des Gavrilo Princip auf den österreichischen Thronfolger Franz Ferdinand, das Symbol der österreichisch-ungarischen Dominanz auf dem Balkan, nur Tendenzen zum Durchbruch verholfen, die bereits zuvor angelegt waren. Der massive Druck der k. u. k. Militärführung hin auf eine kriegerische Entladung lässt sich in den Tagebüchern des Generalstabschefs Conrad von Hötzendorf im Detail verfolgen. In der Stunde der Krise blieb die dynastische Vorsicht des Hofes, der die Militärs lange vom Dreinschlagen abgehalten hatte, auf der Strecke.

In der amerikanischen Außenpolitik stehen im Augenblick die Dogmen des vergangenen Jahres auf dem Prüfstand. Die Weltmacht beginnt einen Feldzug gegen selbstmörderische Terrorgruppen. Der Antiterrorkrieg bedeutet, dass die USA wieder Allianzen setzen müssen. George W. Bush und sein Vize Dick Cheney wollten sich anfänglich durch keine internationalen Verträge mehr die Hände binden lassen. Der Kampf gegen die Verbreitung von Massenvernichtungswaffen wurde ebenso zurückgestuft wie nukleare Abrüstung. Die USA sollten ihre Vorherrschaft in der Welt durch das gigantische Projekt der völligen militärischen Kontrolle des Weltalls sichern. Der grassierende Unilateralismus in Washington verstörte Freunde und schuf neue Gegner.

Mit dem 11. September hat sich die Situation total geändert. Auf so viel Goodwill in der Welt wie jetzt konnte Amerika schon lange nicht zählen. Die Vereinigten Staaten sind nicht durch aus dem Weltraum einfliegende Raketen getroffen, sondern durch Terroristen vom radikalisierten Rand des islamischen Fundamentalismus. Außenminister Colin Powell will ein internationales Bündnis gegen terroristische Massenmörder schaffen. Wenn sich Powells multilaterale Vision in Washington durchsetzt, wäre das eine Revolution in der amerikanischen Außenpolitik. Nicht mehr die „splendid isolation" einer mittels Raketenschutzschild von den Gefahren dieser Welt abgeschotteten Insel wäre das Ziel, sondern permanentes internationales Krisenmanagement unter amerikanischer Führung unter Einsatz der verschiedensten sicherheitspolitischen Mittel.

Weder das Militär noch die Geheimdienste Amerikas können die Ausschaltung selbstmörderischer Terrorgruppen, wie der „El Kaida" Osama Bin Ladens, alleine bewerkstelligen, dazu sind weltweit Partner nötig. Dass alles auch ganz anders ausgehen kann, daran erinnert allerdings der scharfsinnige amerikanische Kommentator William Pfaff: Ließen sich die Mannen unter Bush nämlich unter dem Titel der Terrorbekämpfung zu Kriegsabenteuern hinreißen, die für den Rest der Welt nicht nachvollziehbar sind, dann würde Europa endgültig auf Distanz zu Amerika gehen. China, Russland und die islamische Welt wären als Partner für die USA verloren, warnt Pfaff. Für die Weltpolitik brächen noch weit stürmischere Zeiten an.

In den USA setzt sich die Kriegsfraktion gegen Colin Powell durch. Im Dezember 2001 werden die Taliban durch eine amerikanische Invasion in Afghanistan gestürzt. 2003 folgt der Einmarsch in den Irak, der mit einer angeblichen Bedrohung durch Massenvernichtungswaffen des Diktators Saddam Hussein begründet wird. Der Kriegsgrund ist erfunden, wie Kritiker in Europa und den USA von Anfang an vermutet hatten. Als die amerikanischen Geheimdienste 2022 zu Recht vor dem unmittelbar bevorstehenden russischen Angriff auf die Ukraine warnen, verweisen Skeptiker auf die Lügen des CIA, mit denen der Irakkrieg begründet wurde. Die Glaubwürdigkeit der USA ist beschädigt. Am Riss zwischen den USA und Europa laborieren die Verbündeten noch Jahre später.

Angst und Demokratie – der Fall Rosenberg

1953 wurden in den USA Ethel und Julius Rosenberg als sowjetische Atomspione hingerichtet. Die Vorwürfe waren falsch. Nukleare Geheimnisse haben die Rosenbergs nie verraten, auch wenn Julius als Kommunist tatsächlich mit dem sowjetischen Geheimdienst zusammengearbeitet hat. Die linken Demonstranten auf der ganzen Welt beschworen die Unschuld der Rosenbergs. Im Antiterrorkrieg drohen Amerika aus Angst vor dem Außenfeind neuerlich zivile Freiheiten außer Kraft zu setzen.

Falter 26/2003 vom 25.6.2003; Falter 21/2004 vom 19.5.2004

Der *New York Times* war der Jahrestag ein Editorial wert: Die Hinrichtung von Ethel und Julius Rosenberg gilt für das Blatt nicht nur als eines der schlimmsten Fehlurteile der amerikanischen Justizgeschichte, sondern auch als Warnung vor dem Unrecht, das geschehen kann, wenn eine Angstpsychose die ganze Nation erfasst. Der Bezug zur Gegenwart ist eindeutig. Das Ehepaar Rosenberg, Eltern zweier kleiner Kinder, war wegen Atomspionage für die Sowjetunion zum Tode verurteilt worden. Bis zum letzten Atemzug hatten die jungen Kommunisten ihre Unschuld beteuert. Als der Henker im Morgengrauen des 19. Juni 1953 in der Todeszelle des New Yorker Sing-Sing-Gefängnisses den Schalter zum elektrischen Stuhl umlegte, demonstrierten Tausende am Times Square und Zehntausende in der ganzen Welt. Die USA hatten gerade im Koreakrieg zehntausende Soldaten verloren, und man glaubte sich am Vorabend des dritten Weltkrieges. Dass die Sowjetunion das Atommonopol gebrochen hatte, möglicherweise mit Hilfe amerikanischer Kommunisten, war ein Schock, der das ganze Land verunsicherte.

Die Fakten sind ein halbes Jahrhundert später eindeutig. Verratene Details aus dem Manhattan Project der amerikanischen Atomforschung hatten tatsächlich einen wesentlichen Anteil an der Entwicklung der sowjetischen Atombombe. Die amerikanischen Kommunisten, die seit den Dreißigerjahren über nicht zu unterschätzenden Einfluss auf die Intellektuellen verfügten, waren idealistische Kritiker des amerikanischen Kapitalismus, aber sie agierten auch als Verbündete der Stalin'schen Sowjetunion. Die Unterwanderungsversuche, die Senator Joseph McCarthy zum Anlass für seine patriotische Hexenjagd gegen Linke nahm, hat es wirklich gegeben. Julius Rosenberg, ebenso wie Ethel Mitglied der KP, hat jahrelang für Moskau Industriespionage betrieben.

Von einer „Teilschuld", von der oft geschrieben wird, kann trotzdem keine Rede sein. Mit Atomspionage hatten die Rosenbergs nichts zu tun. Das bestätigen die amerikanischen Abhörprotokolle, die unter dem Namen „Venona Dossier" vor kurzem veröffentlicht wurden, ebenso wie die Memoiren ehemaliger Geheimdienstoffiziere in Moskau. Im Sinne der Anklage waren die Rosenbergs unschuldig. Kronzeuge der Anklage war der

Bruder Ethels gewesen. Er gesteht inzwischen offen ein, dass er seine Schwester fälschlicherweise beschuldigt hat, um seine eigene Haut zu retten. Der Prozess war ein Skandal und der McCarthyismus, der zu Beginn des Kalten Krieges das Klima in den USA geprägt hat, ein Schandfleck der amerikanischen Demokratie.

Die Parallelen zur Gegenwart liegen auf der Hand. Unisono denunzieren Menschenrechtsorganisationen den rechtlosen Zustand der 670 gefangenen Taliban- und El-Kaida-Kämpfer in Guantánamo. Selbst der Generalinspektor des Justizministeriums kritisiert, wie die amerikanischen Behörden hunderte Ausländer aus dem Nahen Osten behandeln, die wegen Terrorismusverdacht festgehalten werden, denen man aber nur Verstöße gegen die Einwanderungsgesetze anlasten kann. Die terroristische Bedrohung ist trotzdem real. Sowohl in den USA als auch in Westeuropa gibt es islamisch-fundamentalistische Terrorzellen, die an der Wiederholung eines Anschlags vom Typus des 11. September arbeiten. Die staubtrockene Chefin des britischen Inlandsgeheimdienstes MI5 hält eine Attacke mit einer sogenannten „schmutzigen Atombombe" in einer westlichen Großstadt auf die Dauer für so gut wie sicher. John Ashcroft, der weit rechts stehende Justizminister, glaubt entgegen der Meinung vieler Experten an die abschreckende Wirkung härterer Strafen. Er verlangt das Recht auf unbegrenzte Inhaftierung von Terrorverdächtigen und häufigere Todesstrafen bei Terrorprozessen.

Im Prozess gegen die Rosenbergs wollte der Staatsanwalt durch die Forderungen nach der Todesstrafe vor allem erreichen, dass die Angeklagten ihre Mitverschwörer preisgeben. Als überzeugte Kommunisten gingen die beiden die Gefahr der Hinrichtung ein. Sie wurden die einzigen wegen Spionage Hingerichteten der amerikanischen Geschichte. Die Aufweichung des Rechtsstaates unter den Bedingungen der Bedrohung von außen, sei das im Kampf mit dem stalinistischen Gegenüber zu Beginn des Kalten Krieges oder im gegenwärtigen Krieg gegen den Terrorismus, ist nicht zu übersehen.

Nach der Hinrichtung der Rosenbergs hat es noch Jahre gedauert, bis das unsägliche „Komitee zur Untersuchung unamerikanischer Aktivitäten" sich auflöste und sein Initiator Joseph McCarthy als Betrüger entlarvt wurde. Ein Teil der nach 9/11 eingeführten Sondergesetze ist ausgelaufen, weil sie zeitlich begrenzt waren. Die Schließung von Guantánamo ist nicht gelungen.

Barack Obama nimmt seine Versprechen ernst

2009 erfolgte der Machtwechsel vom Republikaner Bush zum Demokraten Obama. Die Wahl des ersten afroamerikanischen Präsidenten der Vereinigten Staaten ist ein historischer Einschnitt. Amerika bewies seine politische Flexibilität. Die neue Führung im Weißen Haus hörte zu. In der internationalen Finanzkrise seit 2008 wollten die USA nicht alleine agieren. Der neue Präsident ist für die Europäer eine Herausforderung.

Falter 12/2009 vom 18.3.2009

Die Vorschläge des obersten Wirtschaftsstrategen der Obama-Administration, Larry Summers, Amerikaner und Europäer müssten gemeinsam gegen die Rezession viel mehr Geld ausgeben als bisher geplant, schockieren Brüssel und Berlin. Bei dem mit großen Erwartungen verbundenen G-20-Gipfel mit Barack Obama in London Anfang April droht ein Krach mit ungewohnten Vorzeichen: links-keynesianisch-aktivistisch die Amerikaner, konservativ-betulich die Europäer. Die Regierungen in Prag und Warschau sind sowieso verschnupft, weil Barack Obama das unsinnige Raketenprojekt in Osteuropa auf die lange Bank schiebt, um die Beziehungen mit Moskau zu verbessern. Ein Abwehrsystem, das technisch nicht funktioniert, gegen iranische Langstreckenraketen, die es nicht gibt. Die neuen Chefs in Washington räumen gemeinsam mit vielen anderen außenpolitischen Dogmen der Vergangenheit auch mit diesem Schildbürgerstreich der Bush-Diplomatie auf.

Noch viel tiefer geht der Paradigmenwechsel in der amerikanischen Innenpolitik. Ob er eigentlich ein Sozialist sei, wurde Barack Obama allen Ernstes von einem Reporter der *New York Times* gefragt. Der Präsident antwortete mit einem Scherz, rief aber ein paar Stunden später in der Redaktion noch einmal an, um nur ja keine Missverständnisse aufkommen zu lassen und klarzustellen, wie wichtig ihm der freie Markt sei. Die Episode sagt viel aus über die ideologische Auseinandersetzung in den ersten Monaten der neuen Administration.

Obama hat sich durch Zwänge der Wirtschaftskrise nicht daran hindern lassen, gesellschaftspolitische Weichen zu stellen. Seine Budgetvorschläge beinhalten alle großen Themen des Wahlkampfs: Gesundheitsreform, Klimapolitik inklusive Emissionshandel, höhere Steuern für die Reichen und Superreichen. Die abgebrühten Kolumnisten der großen Zeitungen reiben sich die Augen: Da scheint ein Politiker seine eigenen Versprechen ernst zu nehmen.

„Liberal", die lange verpönte Bezeichnung für alles Linksliberal-Sozialdemokratische in der amerikanischen Politik, scheint wieder voll rehabilitiert. Obama regiert deutlich weiter links als der „New Democrat" Bill Clinton. Sogar die Erhöhung des Arbeitslosengeldes ließ er in sein Konjunkturbelebungspaket aufnehmen. Den Gewerkschaften soll es per Gesetz leichter gemacht werden, sich in den Betrieben zu organisieren. Gleichzeitig halten sich Obamas Umfragewerte in lichten Höhen: Eine Zustimmung von über 60 Prozent inmitten einer schweren Wirtschaftskrise, davon kann jeder anderer Politiker in der Welt nur träumen. Nicht die angeschlagene konservative Opposition macht den Demokraten Sorgen, sondern die Befürchtung, die Administration könnte sich mit vielen Baustellen gleichzeitig überheben.

Die Gefahr mag bestehen. Aber Obama reagiert, anders als die kleinmütigen Europäer, mit seinem Reformfeuerwerk auf das weitverbreitete Gefühl, dass der Staat astronomische Summen in die Banken steckt, die Schuld an der Misere sind, während die kleinen Leute die Rechnung bezahlen. Gesundheitsreform und steuerliche Umverteilung nach unten würden hunderte Milliarden kosten.

Rush Limbaugh, der rechte Radio-Talker, wünscht sich, dass Obama scheitert. Nur so ließen sich die Gräuel eines sozialistischen Gesundheitssystems verhindern. Die Hasstiraden Limbaughs haben den wortgewaltigen Polterer zur bestimmenden Persönlichkeit des desorientierten konservativen Lagers gemacht. Aber bei der überwiegenden Mehrheit der Bürger kommt eher der Präsident an.

Es reicht, seine „Rede zur Lage der Nation" zu lesen, um zu verstehen warum. Obama spricht harte Wahrheiten aus. Er appelliert nicht an dumpfe Gefühle und Emotionen, sondern an die Intelligenz seiner Mitbürger. Amerika hat auf Pump gelebt und seinen langfristigen Wohlstand für kurzfristige Gewinne geopfert, so Obama. Jetzt sei Zahltag, und alles habe gleichzeitig zu geschehen: die Rettung vor dem finanziellen Totalkollaps, die Sanierung des desolaten Energiebereichs und die Gesundheitsreform. In den USA könnte die Rezession tatsächlich zur Chance werden.

In der politischen Alltagssprache Amerikas heißt das neue Gesundheitssystem nach dem Initiator Obama Care. Durch Einführung einer Versicherungspflicht konnte die Zahl der unversicherten Bürger reduziert werden. Alle Versuche, die Neuerung wieder abzuschaffen, sind gescheitert. Obama Care ist die bleibende Veränderung des amerikanischen Sozialsystems, die unter der Präsidentschaft des Demokraten durchgesetzt wurde.

Die Tötung Osama Bin Ladens

Der El-Kaida-Chef war seit 9/11 der erste Staatsfeind Amerikas. Die Kommandoaktion der USA, in der Bin Laden in seinem Versteck in Pakistan getötet wurde, war für US-Präsident Obama ein wichtiger politischer Erfolg.

Falter 19/2011 vom 11.5.2011

Ob Osama bin Laden von den Navy Seals im Schlafzimmer erschossen wurde, weil er sich nicht ergab, oder ob es einen präzisen Tötungsauftrag gab, wird sich wohl kaum je klären lassen. Keine Seltenheit in den Grauzonen bewaffneter Konflikte jeder Art. Die kühne Kommandoaktion der Supermacht USA war der Befreiungsschlag in einem Albtraum, der sich in den letzten zehn Jahren bleiern über viel zu viele Auseinandersetzungen in der Welt gelegt hat. Mit Osama bin Laden ist der Krieg gegen den Terrorismus gestorben. Die Abwehr terroristischer Bedrohungen kann jetzt wieder in ihre rationalen Teile zerlegt werden: Polizeimaßnahmen gegen gewaltbereite Verschwörer in Europa und Amerika, politischer Kampf gegen den Fundamentalismus in der islamischen Welt und die Eindämmung einer regionalen Aufstandsbewegung in Afghanistan.

In den nächsten Monaten wird sowohl in den USA als auch in Europa der Druck rapide steigen, das teure Engagement in Afghanistan zu beenden. Von hier aus hatte El Kaida die Angriffe gegen die USA vom 11. September 2001 organisiert. Solange im Hindukusch eine versteckte Terrorzentrale vermutet wurde, musste jeder Rückzug wie eine Niederlage aussehen. Doch mit der Tötung Osama bin Ladens im benachbarten Pakistan ist das wichtigste Kriegsziel des Westens in Afghanistan erreicht.

Barack Obama kann sein Versprechen, die ersten Soldaten bereits diesen Sommer heimzuholen, viel leichter erfüllen. Die personellen Weichen für einen militärischen Kurswechsel hat das Weiße Haus längst gestellt. David Petraeus, den gefährlich populären Oberkommandierenden, hat der Präsident in die politisch machtlose Position des CIA-Chefs weggelobt. Als neuer Chef des Pentagon wird Vorgänger Leon Panetta, einer der erfahrensten Spitzenpolitiker der Demokraten, vor allem den Rotstift ansetzen. Um die US-Staatsschulden in den Griff zu bekommen, muss nach dem Irak auch Afghanistan zur finanziell überschaubaren Überwachungsmission heruntergefahren werden.

Barack Obama bekommt durch den erfolgreichen Angriff auf den El Kaida-Führer die seltene Chance, Kriegspräsident zu sein, aber gleichzeitig auch eine Friedensdividende einzufahren. Die Chancen auf seine Wiederwahl sind enorm gestiegen.

Der Präsident hat dem Schlag gegen bin Laden durch eine Mischung aus kalkulierter Risikobereitschaft, glasklaren Botschaften und dem schlichten Glück des erfolgreichen Feldherrn seinen persönlichen Stempel aufgedrückt. So chaotisch auch die unteren Chargen mit widersprüchlichen Details an die Öffentlichkeit traten, Obama war der unbestrittene Chef, der nie die Nerven verlor, kühl abwägte und der auch im Augenblick des Erfolges nicht vulgär triumphierte. Die toten Söhne Saddam Husseins sind vom amerikanischen Militär einst tagelang zur Schau gestellt worden. Die Bilder des entstellten Leichnams Osama bin Ladens werden der Welt hoffentlich erspart bleiben.

Das Ende des terroristischen Kriegsherrn hat mit Gerechtigkeit im völkerrechtlichen Sinn wenig zu tun. Sehr viel jedoch mit der Entwicklung des Antiterrorkampfes zu einer Abfolge von CIA-Tötungsaktionen gegen Top-Terroristen, deren Ziel jetzt auch Osama bin Laden wurde.

Die USA haben unter Obama tödliche Drohnenangriffe auf Führer von El Kaida und anderen dschihadistischen Organisationen im Irak und in Afghanistan, im Jemen und in Pakistan massiv ausgeweitet. Die Zahl der zivilen Opfer ist gewaltig. Das Pentagon spricht von 1417 seit 2018 getöteten Zivilisten im Irak und in Syrien. Im Sommer 2021 deckt die New York Times auf, dass hunderte zivile Opfer vom Pentagon nicht zugegeben wurden. Auf die Dauer brachte die gezielte Ermordung von Terroristen nicht den gewünschten Erfolg. Nach der Ausschaltung Osama bin Ladens sind andere terroristische Führungsfiguren groß geworden.

70 Jahre nach Hiroshima

Die amerikanischen Atombombenangriffe auf Hiroshima und Nagasaki haben den Sieg der Alliierten gegen Japan im Zweiten Weltkrieg besiegelt. Das verheerende Ausmaß der neuen Waffentechnologie belastet seither die Menschheit. Im Ukrainekrieg 2022 bringt die russische Führung Atomwaffen ins Spiel. Die Vorstellung ist falsch, dass ein Atomkrieg wegen der zu erwartenden Verwüstungen undenkbar ist.

Falter 32/2015 vom 5.8.2015

Das Skelett der ausgebrannten Handelskammer in den Ruinen von Hiroshima ist das Symbol für die verheerendste Waffe, die von der Menschheit je entwickelt wurde. 92.000 Menschen, nahezu alle Bewohner des Stadtzentrums, wurden in den Morgenstunden des 6. August 1945 durch die Detonation der Atombombe mit dem Namen Litte Boy getötet. Das japanische Militär gab nach und der Kaiser kapitulierte.

Für den amerikanischen Präsidenten Harry Truman war es am Ende des mörderischen Zweiten Weltkriegs logisch, die mit riesigem Aufwand im Manhattan Project entwickelte Waffe auch tatsächlich einzusetzen. Das Kaiserreich war nach dem Ende Hitlerdeutschlands schwer angeschlagen, fühlte sich aber nicht besiegt. Die amerikanische Generalität erwartete, dass der Pazifikkrieg noch Monate dauern würde.

Die Zerstörungskraft der neuen Waffe war Truman zum Zeitpunkt der Abwürfe Anfang August 1945 bewusst. Die durch die Radioaktivität verursachten Langzeitschäden sind erst in der Folge zutage getreten.

Die in den USA gängige Begründung für die Atombombenangriffe ist unter Historikern umstritten. Der Tenno hatte den Glauben an einen Endsieg verloren. Zu einer japanischen Kapitulation wäre es nach dem Kriegseintritt der Sowjetunion auch ohne Bombe gekommen, argumentierten spätere Kritiker.

Aber Amerika beendete den Krieg mit einem Vernichtungsschlag, ohne Rücksicht auf zivile Opfer. Für die Nachwelt sind die Atombombenabwürfe Kriegsverbrechen historischer Dimension. Tatsächlich hätte jedoch ein langer Pazifikkrieg wahrscheinlich mehr Opfer gefordert als Hiroshima und Nagasaki.

Sicher ist, dass Truman beim grünen Licht für den nuklearen Angriff auch an Stalin dachte. Das vorläufige Monopol auf die Bombe verschaffte den USA einen strategischen Vorteil gegenüber dem potenziellen neuen Feind. Hiroshima war auch ein Vorgriff auf den sich abzeichnenden Kalten Krieg.

Dass in den 70 Jahren seither nie wieder eine Atomwaffe eingesetzt wurde, grenzt an ein Wunder. Auf dem Höhepunkt des Kalten Krieges gab es weltweit 50.000 nukleare Sprengköpfe. Ein Bruchteil hätte gereicht, um den Planeten Erde zu vernichten. Während der Kubakrise ist die Menschheit einem Atomkrieg um eine Haaresbreite entgangen. Nur die Skrupel eines russischen Marineoffiziers auf einem sowjetischen U-Boot in der Karibik verhinderten den von Moskau grundsätzlich genehmigten Abschuss einer nuklear bestückten Rakete. Sowohl im Koreakrieg als auch in Vietnam und im Nahen Osten ist der Einsatz von Atomwaffen von den US-Militärs überlegt worden.

Der italienische Asienexperte Francesco Sisci argumentiert, das Gleichgewicht des Schreckens konnte nur dank der Opfer von Hiroshima funktionieren. Die Erinnerung an die verheerenden Auswirkungen der Bombe hat den wildesten militärischen Draufgängern die Hände gebunden. Der Mechanismus von MAD, der Mutual Assured Destruction, schuf Stabilität im Wettrüsten der Supermächte. MAD bedeutet, dass kein Atomstaat einen nuklearen Erstschlag wagen kann, weil er vom unvermeidlichen Gegenschlag des Feindes selbst zerstört würde.

In erstaunlicher Weise ist es in den letzten 70 Jahren gelungen, die Verbreitung von Atomwaffen zu beschränken. Zu den fünf ursprünglichen Atommächten USA, Russland, Großbritannien, Frankreich und China sind nur vier weitere dazugekommen: Israel, Pakistan, Indien und Nordkorea. Die ehemaligen Sowjetrepubliken Ukraine, Kasachstan und Belarus haben ihre Waffen nach Russland gebracht. Südafrika gab mit dem Ende des Apartheidsystems seine Bomben auf. Zuletzt beschränkte der Iran im Wiener Abkommen sein Nuklearprogramm.

Aber nach wie vor lagern 16.000 nukleare Sprengköpfe in Silos und Bunkern vor allem der USA und Russlands. Der Abbau der Atomwaffenpotenziale ist zum Stillstand gekommen, seit sich die Beziehungen zwischen Russland und dem Westen verschlechtern. Statt alte Bomben zu zerstören, modernisieren die Atommächte ihre Arsenale.

70 Jahre nach Hiroshima ist eines der frühesten Ziele der Friedensbewegung in Erinnerung zu rufen: eine atomwaffenfreie Welt. Rivalitäten zwischen Staaten wird es immer geben. Dass sie nicht zu menschheitsgefährdender nuklearer Bewaffnung führen müssen, selbst wenn diese technisch möglich wäre, ist nicht zuletzt die Grundidee hinter dem Atomdeal, den die Großmächte mit dem iranischen Regime ausgehandelt haben.

Unter Donald Trump steigen die USA aus dem Abkommen wieder aus, das einen Verzicht des Iran auf atomare Rüstung im Gegenzug für die Aufhebung von Wirtschaftssanktionen vorgesehen hat. Die von der Biden-Administration seit 2021 betriebenen Verhandlungen zur Reaktivierung des Atomdeals erweisen sich als schwierig. Nukleare Abrüstung ist in der Weltpolitik seit Jahren kein Thema mehr.

Wie Donald Trump die Welt destabilisiert

2017 zieht der Republikaner Donald Trump ins Weiße Haus ein. Amerika erlebt die Präsidentschaft eines populistischen Demagogen. Aus dem von Barack Obama vorsichtig begonnenen Rückzug der USA aus einer Überzahl militärischer Verpflichtungen hat Donald Trump die chaotische Demontage des internationalen westlichen Bündnissystems gemacht.

Falter 44/2016 vom 2.11.2016; Falter 51/2017 vom 20.12.2017

Dass Doppelherrschaft ein labiles System ist, wusste schon Vladimir Iljitsch Lenin. Nach einer Phase der Unsicherheit gewinnt die Revolution oder die Konterrevolution. Der russische Revolutionär dachte an die Umbrüche nach dem Ersten Weltkrieg. Ein ähnliches Bild bietet die Spitze der Supermacht Amerika 100 Jahre später. Mit Konsequenzen für die ganze Welt.

Seit Donald Trump im Weißen Haus regiert, tobt ein erbitterter Kampf zwischen den nationalistischen Demagogen und dem republikanischen Establishment. Die Ermittlungen von Sonderstaatsanwalt Mueller, der untersucht, ob Trumps Umfeld mit Russland kollaboriert hat, könnten zu einem Amtsenthebungsverfahren führen.

Auch die Weltpolitik wird zum Schlachtfeld. Außenminister Rex Tillerson lässt Mitte Dezember mit der Erklärung aufatmen, dass die USA zu Verhandlungen mit Nordkorea bereit sind. Ohne Vorbedingungen, verspricht er. Die Leitartikelschreiber greifen in die Tasten und loben die Flexibilität der Großmacht. China und Russland sind begeistert. Die Gefahr eines katastrophalen Krieges im Fernen Osten scheint abgewendet. 24 Stunden später lässt das Weiße Haus erklären, dass der Außenminister der USA nicht für die USA spricht. Der Präsident lehnt Gespräche ohne Vorleistungen Nordkoreas ab.

Es ist nicht das erste Mal, dass Präsident und Außenminister einander offen bekriegen. Rex Tillerson ist das Aushängeschild des Establishments im Kabinett. Mit Pentagon-Chef

James Mattis will er Trump von den nationalistischen Exzessen seines Wahlkampfes auf den Boden der konventionellen Staatsführung zurückholen. Dazu gehören Rücksichtnahmen auf andere Staaten. Trump will seinen Chefdiplomaten deshalb zum Rücktritt drängen.

Der inzwischen aus dem Weißen Haus zur rechtsextremen Nachrichten-Website Breitbart News zurückgekehrte Steve Bannon ist das sichtbarste Aushängeschild der populistischen Rebellen. Bannon hält eine kriegerische Auseinandersetzung zwischen den USA als etablierter Weltmacht und China als aufsteigendem Herausforderer für wahrscheinlich.

Zur revolutionären Fraktion gehört auch US-Senator Steve King aus Iowa, der als Kontaktmann nach Österreich für die FPÖ-Regierungsmitglieder Heinz-Christian Strache und Norbert Hofer fungiert. Senator Steve King bewundert Marine Le Pen, Geert Wilders und andere Rechtsextreme in Europa.

Trumpismus ist der Faschismus unserer Zeit. Latent gewaltbereit, aber noch ohne die rechtsradikalen Schlägertruppen des vorigen Jahrhunderts. Das Sammelsurium von Nationalismus, Rassismus, Frauenfeindlichkeit und Hass hat es auch früher gegeben. Die Bedeutung Trumps kommt von der erfolgreichen Übernahme der Republikanischen Partei durch den schillernden Demagogen.

Auch bei der Ankündigung Trumps, dass die USA ihre Botschaft in Israel von Tel Aviv nach Jerusalem verlegen werden, stehen innenpolitische Motive im Vordergrund. Trump muss seine bedingungslosen Unterstützer, 30 Prozent der Wähler, bei der Stange halten. Viele christliche Fundamentalisten sind proisraelisch, weil sie glauben, dass die Eroberung ganz Palästinas durch Israel zum sogenannten Second Coming, der Rückkehr Jesu auf Erden, führen wird. Die Vorstellung klingt absurd, aber für viele Millionen gehört das Second Coming zum Credo. Trumps Unterstützung für die Ultras im israelischen Kabinett bindet die Fans im eigenen Land an ihren Messias.

Gleichzeitig richtet sich die gestärkte Achse Trump–Netanjahu gegen den Iran. Netanjahu arbeitet seit langem auf einen Krieg gegen die Mullahs hin. Trump lehnt das Atomstoppabkommen ab. Eine Eskalation gegen Teheran passt auch dem starken Mann Saudi-Arabiens, Kronprinz Mohammed bin Salman, ins Konzept.

Seit dem Beginn des Atomzeitalters schützt uns die Berechenbarkeit der Großmächte vor der nuklearen Vernichtung, schreibt das linke US-Onlinemagazin Counterpunch. Trump dagegen glaubt, dass Unberechenbarkeit der Weg zum Erfolg ist. Der schärfste Kritiker der Trump'schen Außenpolitik im Senat ist der Republikaner Bob Corker. Corker warnt vor einem Dritten Weltkrieg durch Trumps Unverantwortlichkeit. Nur der Außenminister, der Verteidigungsminister und der Stabschef des Weißen Hauses stehen zwischen uns und dem Chaos, sagt Corker.

Dass die Supermacht Amerika die Welt destabilisiert, ist die wichtigste Neuentwicklung des Jahres 2017.

Die Angst, dass der emotional instabile Präsident einen Atomkrieg auslösen könnte, ist bis zum Ende der Amtszeit Donald Trumps weit verbreitet. Anfang Jänner 2021 erkundigt sich Parlamentspräsidentin Nancy Pelosi bei Generalstabschef Mark Milley nach Sicherheitsgarantien, sollte Trump einen nuklearen Angriff befehlen. Ungeachtet aller Rhetorik beginnen die USA während seiner Präsidentschaft allerdings keinen neuen Krieg. Gegenüber Nordkorea, dem er anfangs mit völliger Vernichtung droht, vollzieht der Präsident in der Mitte seiner Amtszeit eine Wende um 180 Grad. Er trifft sich mit Nordkoreas Führer Kim Jong-un, den er als seinen persönlichen Freund bezeichnet. Die Sympathien Trumps für autoritäre Führer werden gegenüber Russlands Präsident Vladimir Putin deutlich. Unter den Demokraten besteht der Verdacht, dass die USA mit Trump einen Präsidenten hatten, der vom Kreml ferngelenkt war. Stichhaltige Beweise sind ausgeblieben. Noch wenige Wochen vor Russlands Angriff auf die Ukraine 2022 preist der amerikanische Ex-Präsident jedoch unbeirrt Putin als politisches Genie. Trump rechnet sich Chancen auf eine Wiederwahl 2024 aus. Für die europäischen Verbündeten ist ein mögliches Comeback Trumps ein Schreckgespenst.

Außenpolitische Ansteckungsgefahr in der Pandemie

Die Corona-Pandemie würde eine engere internationale Zusammenarbeit erforderlich machen. In Wirklichkeit reagieren die Staaten mit gegenseitiger Abschottung.

Falter 11/2020 vom 11.3.2020

Die Spanische Grippe hat zwischen 1918 und 1920 bis zu 50 Millionen Menschen getötet. Die amerikanische Infanterie verlor in der Epidemie mehr Soldaten als in den Schützengräben des Ersten Weltkrieges. Egon Schiele war das prominenteste Opfer in Wien. Es sind um vieles mehr Menschen an der Infektion gestorben als durch Giftgas, Maschinengewehre und Panzer auf dem Schlachtfeld. Trotzdem hat nicht die Pandemie, sondern der Krieg die Welt zu Beginn des 20. Jahrhunderts politisch verändert.

Epidemien schaffen nicht unbedingt neue Realitäten, aber sie verstärken gesellschaftliche Trends. Das Coronavirus fällt mit dem weltweiten Aufstieg des Nationalismus zusammen, der die Abschottung von Staaten und Wirtschaftsräumen vorantreibt. Hindernisse für die Mobilität sind jetzt auch medizinisch angezeigt. Eine giftige Kombination.

Die Unterschiede in der Mortalität zwischen Covid-19 und der regulären Grippe sind beträchtlich. China, Südkorea und Italien melden Sterblichkeitszahlen, die jene der Influenza um ein Vielfaches übertreffen. Eine Epidemie, die 90 Staaten erfasst, hat es in der jüngeren Vergangenheit nicht gegeben. Dementsprechend einschneidend sind die Folgen. Der Weltwirtschaft droht eine Rezession. Flugzeuge bleiben auf dem Boden, Lagerhallen leeren sich, Schulen und Universitäten schließen. Niemand kann sagen, wohin die Unterbrechung der Lieferketten führen wird. Die Seuche führt zu einer Ausnahmesituation.

Auffällig ist, wie weit sich die internationale Gemeinschaft vom Gedanken einer solidarischen Krisenbewältigung entfernt hat. Man sieht die Bilder von leeren Stadtautobahnen im chinesischen Wuhan und verlassenen Marktplätzen in der Lombardei. Ärzte im Astronautenlook und Desinfektionsfahrzeuge hinterlassen ein schauriges Gefühl. Aber anders als sonst bei Katastrophen fällt niemandem ein, Schutzanzüge oder gar medizinische Helfer in besonders stark betroffene Regionen zu schicken. Einige EU-Staaten wollen den Export von Gesichtsmasken und Medikamenten unterbinden. US-Regierungsvertreter verdächtigen ein chinesisches Biowaffenlabor in Wuhan als Ursprung des Virus. Im Iran glaubt man an eine Verschwörung der USA. Saudi-Arabien beschuldigt umgekehrt den Iran. Alles ohne Beweise. Die Regierungen signalisieren, dass im Umgang mit dem Virus jedes Land auf sich allein gestellt ist.

Die Volksrepublik China führt den Kampf zur Eindämmung der Pandemie als Volkskrieg unter dem Kommando der Partei. Quarantäne für Millionenstädte heißt, dass die Behörden zu Zwangsmaßnahmen jeder Art autorisiert sind. Im Internet kursieren Bilder, wie die Polizei Hauseingänge mit Pfählen blockiert. Die Zensur ist strenger denn je. In Wohnblocks haben Aufpasser das Sagen. Aber die Maßnahmen greifen, die Infektion geht zurück.

Amerika kommt in dieser Darstellung primär als Rivale vor, der China alles Schlechte wünscht. Die Gefahr ist groß, dass dieser autoritäre Schub bleibt. In den USA ist die Ignoranz der Administration gegenüber der Ansteckungsgefahr zu einer unerwarteten Belastung für den Präsidenten geworden. Donald Trump hat das Virus als Schwindel der Demokraten abgetan. Gleichzeitig glaubte die US-Regierung an Vorteile für die heimische Wirtschaft, wenn die Warenströme aus China unterbrochen sind.

Covid-19 ist für die USA potenziell hochgefährlich. Die wenigsten Amerikaner bleiben zu Hause, wenn sie gesundheitlich angeschlagen sind. Lohnfortzahlung im Krankheitsfall ist selten. Die Ansteckungsgefahr am Arbeitsplatz ist hoch. Aus Kostengründen meidet man Spitäler. Die Medien berichten über Erkrankte, die sich nach Corona-Verdacht mit hohen Rechnungen herumschlagen müssen. Dieses System erschwert die Eindämmung des Virus.

Europa hat bisher der Versuchung widerstanden, die Grenz-
balken hochzuziehen. Die Forderung der Rechtsextremen,
wegen der Epidemie verschärft gegen Migranten vorzugehen,
blieb im Hintergrund. Wenn sich die Krise in die Länge zieht,
wird die Suche nach Sündenböcken stärker werden.

Epidemiologen lehren, dass es zur Eindämmung einer Seuche tatsächlich erforderlich ist, die Menschen auseinanderzu-
halten. Absperrungen, Kontrollen, Isolation sind alles Maßnahmen, die medizinisch angezeigt sein mögen. Politisch sind sie
in autoritären Zeiten gefährlich.

*Die Pandemie führt in den westlichen Demokratien zu einer
Radikalisierung von Gegnern der Corona-Schutzmaßnahmen.
Rechtsradikale bekommen in Europa und Amerika neuen
Spielraum. Beim Ausbruch der Pandemie sitzt der prominenteste
Corona-Verharmloser im Weißen Haus. Donald Trump polemisiert
gegen staatliche Schutzmaßnahmen, die von Gouverneuren in
den von Demokraten regierten Bundesstaaten verhängt werden.
Das Tragen von Masken, die Trump ablehnt, wird in den USA
in den Phasen der größten Infektionswellen zum politischen
Statement. Internationale Solidarität im Kampf gegen das
Virus ist auch nach mehreren Wellen nur wenig zu spüren. Der
Appell der Weltgesundheitsorganisation nach einer Aufhebung
der Patentrechte für Impfungen, damit arme Staaten im
globalen Süden sich besser versorgen können, verhallt, obwohl
er von den USA unterstützt wird. Der Unterstützungsplan der
Weltgesundheitsorganisation für arme Staaten Covax (Covid-19
Vaccines Global Access) ist unterdotiert.*

Joe Bidens Weg vom Langeweiler zum Revolutionär

Den Amtsantritt des Demokraten Joe Biden konnte Donald Trump durch seinen Putschversuch gegen den Kongress am 6. Jänner 2021 nicht verhindern. Es setzt eine Pendelbewegung in der amerikanischen Politik ein. Biden versucht ein kühnes Reformprogramm nach dem Vorbild von Franklin D. Roosevelt und Lyndon B. Johnson durchzusetzen, stößt jedoch auf Widerstand im konservativen Flügel der eigenen Partei. Die Republikaner können sich bei ihrer Blockadepolitik im Kongress auf zwei bei Abstimmungen entscheidende demokratische Senatoren stützen.

Falter 14/2021 vom 7.4.2021

Im Disput mit dem russischen Präsidenten Vladimir Putin gab sich der amerikanische Präsident Joe Biden kämpferisch. Ob er, Biden, Putin für einen Killer halte, wurde er vom Moderator des TV-Senders ABC gefragt. „I do", lautete die knappe und undiplomatische Antwort des Präsidenten. Ganz in der Tradition früherer US-Regierungen macht Washington das Engagement für die Menschenrechte zum Instrument der Außenpolitik. Bidens Außenpolitik knüpft nahtlos an Vorvorgänger Obama an. Vladimir Putin selbst hatte sich gegenüber den USA deutlich zurückhaltender geäußert. Einen öffentlichen Streit mit den USA über die Mordanschläge russischer Geheimdienstleute gegen Oppositionelle im In- und Ausland kann Moskau zurzeit nicht brauchen.

Was Verbündete und Gegenspieler an Biden überrascht, ist der innenpolitische Drive der ersten zwei Monate. Im Rahmen der Wirtschaftsförderung gegen die Folgen der Pandemie bringt die Administration tiefgreifende Sozialreformen auf den Weg. Die Regierung schickt zur Wirtschaftsbelebung nicht nur Schecks über tausende Dollar an die meisten amerikanischen Familien, sie führt auch bundesweit Kinderbeihilfen ein. Der Kampf gegen die Kinderarmut ist das große Ziel. Bis zu 300 Dollar gibt es pro Monat für Kleinkinder, bis zu 250 Dollar sind es für Größere. Für Europäer ist Kindergeld normal. In den USA sind diese Maßnahmen revolutionär. Dazu kommt die Förderung von öffentlichen Kindergärten und Colleges.

Biden stellt sich in die Tradition des Krieges gegen die Armut unter Lyndon B. Johnson vor 55 Jahren. Der Texaner Johnson, ein mit allen Tricks der US-Innenpolitik vertrauter Demokrat, hatte staatliche Unterstützung in die Slums der Städte gepumpt. Lebensmittelmarken, die berühmten Food Stamps, und andere Programme halfen, die Armut zu halbieren.

Seit damals hat sich keine Regierung mehr mit dem Elend der Unterschichten im reichsten Land der Welt auseinandergesetzt. Biden macht den Kampf gegen die Armut zum Programm. Kleinverdiener bekommen direkte Zuwendungen, wenn sie zu arm sind, um Steuern zu zahlen. Auch Umverteilung ist kein Tabu. Der Präsident plant Steuererhöhungen für Reiche und Superreiche.

Joe Biden hatte den Ruf eines langweiligen Politikers der liberalen Mitte. Als Präsident ist er dabei, zum überraschendsten politischen Revolutionär unserer Geschichte zu werden, staunt der Politikwissenschaftler E. J. Dionne in der *Washington Post.* Die USA machten einen großen Schritt in Richtung des europäischen Sozialstaatsmodells. Zahlreiche Reformen haben pandemiebedingt ein Ablaufdatum. Aber sie sind populär. Arme Weiße, die Trump gewählt haben, profitieren genauso wie Afroamerikaner und andere Minderheiten. Die Republikaner werden sich schwertun, sozialpolitisch den Rückwärtsgang einzuschalten. Auf das bereits vom Kongress beschlossene 1900 Milliarden US-Dollar schwere Corona-Wirtschaftspaket soll ein Investitionsprogramm von 3000 Milliarden in die Infrastruktur Amerikas folgen. Über die desolaten Straßen, Brücken, Stromleitungen und Internetverbindungen wird in den USA seit langem diskutiert. Im Rahmen der Programme zur Ankurbelung der Wirtschaft in der Pandemie soll die Bundesregierung die marode Infrastruktur reparieren. Die Biden-Administration verschiebt die Orientierung des linksliberalen Amerikas.

Als Bill Clinton mit seinem Wahlsieg 1992 Jahrzehnte der republikanischen Vorherrschaft beendete, schien das von Ronald Reagan und Margaret Thatcher vertretene Dogma vom schlanken Staat unangreifbar. Clinton präsentierte sich als wirtschaftsfreundlicher New Democrat. Von staatlichen Eingriffen in die Wirtschaft wollte er nichts wissen. Seine Welfare-Reform führte zur Streichung von Food Stamps und anderen Sozialleistungen. Beflügelt von Clintons New Democrats brachten Tony Blair in Großbritannien und Gerhard Schröder in Deutschland ihre sozialdemokratischen Parteien auf einen mit dem Zeitgeist kompatiblen Kurs. Der sozialpolitische Aufbruch unter Joe Biden zieht einen Schlussstrich unter die neoliberalen Verrenkungen der Linken. Ein Amerika, das es schafft, sozialer, demokratischer und gerechter zu werden, wäre ein Erfolg auch für die Weltpolitik der Supermacht.

Joe Biden bringt in seinem ersten Jahr im Amt ein großes Investitionspaket zur Verbesserung der maroden amerikanischen Infrastruktur durch den Kongress. Die geplanten Sozialreformen stecken zu Jahresbeginn 2022 im Senat fest, in dem Demokraten und Republikaner gleich viele Sitze haben. Zur Blockade der konservativen Opposition kommt Uneinigkeit innerhalb der Demokratischen Partei. Der Paradigmenwechsel zu einem neuen Verständnis linksliberaler Politik in der Demokratischen Partei hängt von der Zustimmung des Senators Joe Manchin aus West Virginia und der Senatorin Kyrsten Sinema aus Arizona ab. Die beiden Politiker vom rechten Parteiflügel verweigern ihre Unterstützung. Sie zwingen die Biden-Administration, statt des erhofften großen Wurfes ihre Sozialreformen in kleineren Teilen zu präsentieren.

Die Folter ist abgeschafft –
Guantánamo ist geblieben

Das Gefangenenlager von Guantánamo gehört zum vergifteten Erbe des „Krieges gegen den Terror", mit dem die USA auf die Anschläge des 11. September 2001 reagiert haben.

Falter 36/2021 vom 8.9.2021

Die ersten Insassen waren Anfang 2002 auf den amerikanischen Marinestützpunkt Guantánamo gebracht worden. Die Bilder von der Einlieferung der Terroristen in orangen Gefängniskleidern gingen um die Welt. Innerhalb weniger Monate wurden Afghanen, Jemeniten, Saudis, Uiguren und Angehörige anderer Nationalitäten in den einzigartigen Hochsicherheitsgefängniskomplex auf Kuba transportiert. Folter durch die CIA war erlaubt. Der amerikanische Rechtsstaat gilt nicht auf dem exterritorialen Territorium. Guantánamo wurde zum Zeichen, dass die USA den Kampf gegen islamistische Terroristen ohne Rücksicht auf die Menschenrechte führen.

Nach mehreren Anläufen zur Schließung ist das Gefangenenlager noch immer in Betrieb. Die meisten früheren Insassen wurden freigelassen oder in Gefängnisse der Herkunftsstaaten überstellt. Drei der verbliebenen 39 Gefangenen stehen dieser Tage vor einem Militärgericht. Sie werden beschuldigt, 2002 einen Anschlag mit 200 Opfern gegen Touristen auf der indonesischen Ferieninsel Bali organisiert zu haben. Richter, Staatsanwälte und zahlreiche Verteidiger sind US-Militärs in Uniform. Ein halbes Dutzend Prozesse gab es in Guantánamo. Verurteilungen waren selten, auch weil sich die amerikanische Militärjustiz schwertut, mit Geständnissen, die unter Folter erzwungen wurden, umzugehen. Die Ausnahmedekrete, mit denen die Regierung Bush der CIA Waterboarding und andere folterähnliche Methoden erlaubt hat, sind in normalen Zeiten selbst für das Anti-Terror-Rechtssystem inakzeptabel.

Dass es überhaupt zu üblicherweise verbotenen Verhörmethoden gekommen ist, hängt mit der Panik in der amerikanischen Führung nach dem 11. September zusammen. Der Schock des Angriffs aus heiterem Himmel auf heimischem Boden saß tief. Die US-Regierung glaubte, dass noch eine ganze Reihe weiterer vergleichbarer Attacken bevorstünden. In der Öffentlichkeit wurde über eine schmutzige Bombe spekuliert, die radioaktives Material über einen konventionellen Sprengsatz verbreitet. Die Anhänger von Vizepräsident Cheney und Verteidigungsminister Rumsfeld argumentierten, jedes Mittel müsse recht sein, um von Gefangenen Informationen über weitere Anschläge zu erhalten. Es stünden tausende Menschenleben auf dem Spiel. In der Realität war die Bedrohung geringer als befürchtet. Dass die Folter Amerika sicherer gemacht hat, können auch die Protagonisten von einst nicht beweisen.

Das Gefangenenlager liegt am Rande des Marinestützpunktes Guantánamo, den die USA seit Anfang des 20. Jahrhunderts auf Kuba betreiben. Mit Sondergenehmigung des Pentagon ist auch europäischen Journalisten ein Besuch möglich. Man befindet sich in einer weitläufigen US-Militäranlage. Mit McDonald's, Shopping-Malls und Sportanlagen für die Angehörigen der Navy. Zu den Wachtürmen des Gefangenenlagers, schwer bewaffnet und rund um die Uhr besetzt, fährt man im Konvoi. Mit Gefangenen sprechen durften Reporter nie. Die Gefängniskommandanten betonten gerne, dass unzulässige Verhörmethoden, sprich Folter, längst der Vergangenheit angehörten.

Guantánamo war die Endstation eines monatelangen Pendelverkehrs verdeckter CIA-Flüge. Echte und angebliche El-Kaida-Gefangene wurden über den halben Globus transportiert. Geheime Gefängnisse in Polen und Rumänien sowie im irakischen Abu Ghraib waren die Zwischenstationen. Die ganze Operation hatte nur einen Zweck: Internationale Terroristen sollten außerhalb des Schutzes der US-Justiz stehen.

Wer waren die Gefangenen, die die CIA nach Guantánamo brachte? Zweifelsohne sind zahlreiche Dschihadisten darunter gewesen, Kämpfer der Taliban und von El Kaida. Nach Angaben der US-Regierung haben Hunderte nach ihrer Freilassung den Kampf wieder aufgenommen. Menschenrechtsorganisationen wiesen nach, dass ein großer Teil Mitläufer waren, die im afghanischen Chaos von 2002 für Kopfgeld an die CIA verkauft wurden. Tragische Verwechslungen brachten völlig Unschuldige in die Hände der Häscher. Trotz der Fakten hat es die US-Regierung nicht geschafft, das Gefangenenlager zu schließen. Das Guantánamo-Dekret Barack Obamas wurde vom Kongress blockiert.

Amerika tut sich schwer, mit dem Erbe der Panikattacke von 2001 umzugehen. Aber die Ausnahmegesetze sind ausgelaufen. Die Folter ist wieder abgeschafft. Der liberale Rechtsstaat hat den Antiterrorkrieg überlebt. Der Selbstkorrekturmechanismus der Demokratie hat funktioniert, ein Grund zur Zuversicht nach einer Phase der autoritären Versuchungen. Solange die USA nicht die Kraft finden, Guantánamo ganz zu schließen, bleibt das Gefangenenlager auf Kuba ein Symbol dafür, wie rasch der Rechtsstaat unter extremen politischen Verhältnissen aufgeweicht werden kann.

KAPITEL 4

CHINAS UNHEIMLICHER AUFSTIEG

Chinas rasante Entwicklung verändert die Welt.
Nach dem Chaos der Mao-Jahre hat der chinesische
Staatskapitalismus das Leben der Menschen dramatisch
verbessert. Unter Präsident Xi Jinping versteht sich
China als neue Supermacht des 21. Jahrhunderts.

Raubtierkapitalismus und Kommunismus

Dem österreichischen Korrespondenten verschafft der Einsatzort Peking einen Blick in die Zukunft und eine Zeitreise zurück. Das Einparteiensystem der Kommunistischen Partei erinnert an die Sowjetunion vor Gorbatschow. Das Netz der chinesischen Hochgeschwindigkeitszüge steht für die Mobilität von morgen.

Falter 4/2015 vom 21.1.2015

Wie kann die Kaste der KP ihre Macht behalten, wenn der boomende Staatskapitalismus an seine Grenzen stößt und die alte Ideologie mit der Wirklichkeit nichts mehr zu tun hat? Die Frage überschattet alle Entscheidungen in China, auch wenn sich die hunderten Millionen junger Menschen in den Shoppingmalls, den sozialen Netzwerken oder auf den Bahnhöfen der Städte nie damit beschäftigt haben.

Kaum sonst wo ist der Raubtierkapitalismus so ausgeprägt wie in der Volksrepublik China. Aber Präsident Xi Jinping führt das Land mit roten Fahnen und dem kommunistischen Symbol von Hammer und Sichel. Der Widerspruch wurde übertüncht, weil der rasante wirtschaftliche Aufstieg hunderten Millionen in kürzerer Zeit ein besseres Leben bescherte als je zuvor in der Geschichte. Jetzt kommt der Klassenkampf, weil das Tempo der Entwicklung viele Wanderarbeiter abhängt. Mit der Vielzahl lautstark vertretener Interessen tun sich die Regierenden schwer.

Als Neuankömmling unter Pekings Korrespondenten erinnert mich manches an meinen ersten Auslandsjob für den ORF in Moskau vor 25 Jahren. Der Ausländerblock, in dem internationale Medien ihre Büros haben, muss nach einer sowjetischen Vorlage gebaut worden sein. Alle Journalisten sind überzeugt, dass sie überwacht werden.

Die KP Chinas sucht die Flucht nach vorn. Parteichef Xi Jinping führt seinen internen Fraktionskampf gegen feindliche Seilschaften unter dem populären Vorzeichen einer Antikorruptionskampagne. Gleichzeitig wendet sich China nach außen. Als aufsteigende Macht des 21. Jahrhunderts soll China die Handelswege der ganzen Welt erschließen. Wir würden in Mitteleuropa gerne Bullet Trains mit einer Geschwindigkeit von über 300 Stundenkilometern bauen, erzählt man uns im Thinktank des chinesischen Außenministeriums. Da seid ihr doch im Rückstand.

China ist wie ein Hochgeschwindigkeitszug für den ganzen Planeten, sagt ein italienischer Kollege. Europa wirkt dagegen so, als ob es gerade überfahren würde.

Der Verband der Auslandskorrespondenten in Peking organisiert nach den Pariser Mordanschlägen 2015 im Book Worm, einer beliebten ausländischen Buchhandlung mit Bar, ein Solidaritätsevent. Wir halten Transparente mit der Aufschrift „Je suis Charlie", auf Französisch und Chinesisch, hoch. Die Fotos werden über das Internet verbreitet. Das Gedränge ist riesig. Auch deshalb, weil diesmal so viele Staatssicherheitsleute in Zivil dabei sind, sagen die Kollegen.

In den offiziellen chinesischen Medien ist der Terrorismus in Europa ein Thema unter vielen aus der gefährlichen, weiten Welt. Der Westen wird jetzt wohl mehr Verständnis für die Repression gegen die islamistischen Separatisten in Xinjiang haben, der von Uiguren bewohnten Provinz im Westen, lautet der Unterton.

In China gibt es nicht den Hauch von Pressefreiheit, aber trotzdem eine lebendige Medienlandschaft. Vor allem im Internet. Die Zensoren haben auch in den sozialen Netzwerken das letzte Wort. Hunderttausende Internetpolizisten löschen Beiträge oder schalten sich mit Postings selbst ein. Unliebsame internationale Websites hält die digitale Firewall fern. Nur wenige tun sich die Mühe an, die Sperren zu umgehen. Neun von zehn Internetbenützern bleiben in dem von der Staatssicherheit kontrollierten Raum. Trotzdem sind die Kommunikationsmöglichkeiten riesig. Ein Streik der Taxifahrer in der Metropole Nanjing konnte sich zu Jahresbeginn in Blitzeseile auf ein halbes Dutzend Städte ausweiten, weil im Internet darüber berichtet wurde.

Die plötzliche Verhaftung von Aktivisten und Journalisten ist Teil des Systems. Seit drei Monaten ist die *Zeit*-Mitarbeiterin Zhang Miao, die aus ihren Sympathien für die Hongkonger Demokratiebewegung kein Hehl gemacht hat, inhaftiert. Angela Köckritz, die Korrespondentin des Hamburger Blattes, musste China überstürzt verlassen, weil sie fürchtete, als Spionin festgenommen zu werden.

Michail Gorbatschow wusste vor einem Vierteljahrhundert, dass Modernisierung in einem bürokratischen System unmöglich ist, wenn die Partei keinen öffentlichen Dissens zulässt. In China, mit seinen 1,4 Milliarden Bürgern, drohen noch viel größere Zerreißproben. Die Vielfalt der Gesellschaft steht in Widerspruch zum traditionellen maoistischen Herrschaftsmodell einer einzigen Partei, die von sich sagt, dass sie dem Volke dient, aber verhindern will, dass man ihr widerspricht.

Seit seinem Machtantritt 2012 baut Parteichef und Staatspräsident Xi Jinping die Volksrepublik China von einem Einparteienstaat zu einem Einpersonensystem um. Die Kommunistische Partei Chinas setzt Xi Jinping auf die gleiche Stufe wie Staatsgründer Mao Zedong. Eine Verfassungsänderung macht unbegrenzt viele Amtszeiten möglich. Die Zensur wird verschärft. Kurzfristig gelingt es der Regierung, durch ihre harte Hand die politische Stabilität zu erhalten, die es der Wirtschaft ermöglicht, die internationalen Krisen zu übertauchen.

Klassenkampf im KP-Staat

Die große Zahl von Streiks zeugt von Selbstbewusstsein der chinesischen Arbeiterschaft. Die offiziellen Gewerkschaften sind Organe des Staates. Die Belegschaften müssen im Konfliktfall ihre Interessensvertretung selbst übernehmen. Die Haltung der Behörden schwankt zwischen Flexibilität und Repression.

Falter 19/2014 am 7.5.2014

Die größte Streikbewegung, die China seit Jahren erlebt hat, ist Ende April 2014 in der südchinesischen Provinz Guangdong mit einem Teilerfolg zu Ende gegangen. Zehntausende Arbeiter des weltgrößten Schuhfabrikanten, der taiwanesischen Firma Yue Yuen, haben seit Anfang vergangenen Monats die Arbeit verweigert. In mehreren Städten gab es trotz der Verhaftung führender Aktivisten Massendemonstrationen. Die riesigen Schuhfabriken in Südchina beliefern unter anderem die internationalen Marken Nike, Reebok und Adidas.

Seit dem Lohnstreik beim Apple-Zulieferer Foxconn vor zwei Jahren hat es keinen so harten Arbeitskampf mehr gegeben. Bemerkenswert war der Auslöser: Die Arbeiter werfen der Firma vor, jahrelang zu wenig Sozialabgaben gezahlt zu haben. Im Zentrum steht die Angst, dass die Pensionen der heute 30- oder 40-Jährigen wegen der geringen Einzahlungen zu klein zum Überleben sein werden.

Dass eine ganze Belegschaft im kommunistischen Land des kapitalistischen Hire and Fire für ein besseres Sozialsystem streikt, zeugt vom wachsenden Selbstbewusstsein der Arbeiter. Firmen können nicht mehr mit unerschöpflichem Arbeitskräftenachschub vom Land rechnen. Das verbessert das Kräfteverhältnis im Klassenkampf.

Die Pekinger Zentralregierung hat nach einigem Zögern die Vorwürfe bestätigt und sich damit gegen die Lokalbehörden gestellt, die an der Festsetzung der niedrigen Sozialabgaben beteiligt waren. Ab Mai werden die Pensionseinzahlungen Yue Yuens erhöht. Eine rückwirkende Korrektur konnten die Arbeiter nicht durchsetzen.

Hunderte Millionen Menschen sind durch die rasante wirtschaftliche Entwicklung Chinas aus bitterer Armut befreit worden. Ein großer Teil ist in riesigen Fabrikshallen gelandet, die als Werkbank der globalisierten Weltwirtschaft funktionieren. Dazu kommt eine wachsende Mittelschicht, für die internationale Konzerne gigantische Shoppingmalls bis in die tiefste Provinz des Riesenreichs errichten.

Dieses Entwicklungsmodell erreicht nun seine Grenzen. Die Arbeiterschaft kämpft für ein größeres Maß an Sicherheit. Die Kosten für die Unternehmen steigen. Nike will nach dem Streik seine Produktion verlagern. Und die gesamte Gesellschaft spürt den ökologischen Preis der Entwicklung, dessen spektakulärstes Symbol der undurchdringliche Smog über großen Gebieten Nordostchinas ist.

Hochgeschwindigkeitszüge legen die 1300 Kilometer von Schanghai nach Peking in fünf Stunden zurück. In sechs Jahren werden alle chinesischen Großstädte durch dieses Netz verbunden sein. Bei 300 km/h ziehen alle paar Minuten städtische Siedlungen voller Wolkenkratzer vorbei. Die Medien klagen über Baumängel, Spekulation und Fehlentwicklungen. Aber die Eltern der Menschen, die hier wohnen, waren zu arm, um sich satt zu essen.

Für Chinas Regierung ist schon die Verlangsamung des Wachstums auf 7,7 Prozent Anlass zur Sorge; eine Halbierung wäre mit großen Risiken verbunden. Über die Folgen eines ernsthaften Kollapses, mit geplatzten Immobilienblasen und taumelnden Banken, kann man nur spekulieren.

Ein wachsender Teil der Elite wendet sich ganz vom Leben im ökologisch verwüsteten Land ab: Junge Leute mit Geld gehen zum Studium nach Amerika oder Europa. Dort sind sie vom krank machenden Stress der chinesischen Ausbildungsstätten befreit.

Es ist eine gesellschaftliche Umbruchsituation mit hohem Konfliktpotenzial. Die Welt hat sich daran gewöhnt, dass Pekings autoritäre Führer nur die Selbstbereicherung der eigenen Gesellschaft bewegt. Dieses Bild verblasst, und in den Nachbarstaaten steigt die Sorge vor einer politischen Kraft, die sich bisher nur verhalten bemerkbar machte: dem Nationalismus Chinas.

Der kommunistischen Führung fehlt paradoxerweise das Know-how, mit den Krisenzyklen des Kapitalismus umzugehen und Konsequenzen aus den aufsteigenden Klassenkämpfen zu ziehen. Die Gewerkschaften sind verachteter Teil des Staatsapparates. Inoffizielle Arbeiterorganisationen gefährden das politische Monopol der Partei und werden unterdrückt.

Gesellschaftliche Unzufriedenheit durch offensives Auftreten nach außen zu kanalisieren, ist eine permanente Versuchung für die Pekinger Führung. Militärisch rüstet die bislang als internationaler Player kaum wahrgenommene Volksrepublik auf. Im Streit um unbewohnte Inseln im Südchinesischen und Ostchinesischen Meer prescht sie vor.

In Asien wächst die Sorge vor einer mit den sozialen Spannungen im Wirtschaftswunderland einhergehenden, nationalistischen Färbung der Außenpolitik Chinas.

Die Wiederauferstehung Chinas nach dem Niedergang unter dem Druck der westlichen Kolonialmächte im 19. Jahrhundert war immer schon ein zentrales Anliegen chinesischer Reformer. Staatsführer Xi Jinping macht die Rolle des Reichs der Mitte als neuer Weltmacht zum Kern des nationalen Selbstbewusstseins. Wenn die Wirtschaft nicht mehr so rasant wächst wie früher, stärkt die von den chinesischen Medien verbreitete Erzählung vom politischen, wirtschaftlichen und gesundheitspolitischen Chaos im Westen die Legitimität der Kommunistischen Partei.

China und die USA: fasziniert und abgestoßen zugleich

Die Rivalität zwischen China und den USA samt feindseliger Propaganda zwischen Peking und Washington verdrängt die Faszination, die Amerika für die chinesische Mittelschicht ausstrahlt. „Meiguo", „schönes Land", ist die chinesische Bezeichnung für die USA. Der neue Kalte Krieg, der zwischen Washington und Peking inzwischen herrscht, verdeckt die Widersprüchlichkeit der Beziehungen zwischen den Großmächten, die noch vor wenigen Jahren deutlich zu spüren war.

Falter 40/2015 vom 30.9.2015

Deng Xiaoping, der große Reformer, setzte sich 1979 bei seinem US-Besuch nach Maos Tod einen Cowboyhut auf. China hat keine Scheu vor den Symbolen des amerikanischen Traums. An die Stelle maoistischer Abschottung trat die Öffnung zu kapitalistischem Know-how, die dem Land den rasantesten Wirtschaftsaufschwung der Menschheitsgeschichte bescherte. Nach außen empfahl Deng bewusste Zurückhaltung, damit Chinas Macht lange ungestört wachsen kann.

Die Vorsicht hat Nach-Nachfolger Xi Jinping nicht mehr nötig. In der Entourage des Präsidenten tummelten sich bei seiner US-Reise letzte Woche die Chefs chinesischer Wirtschaftsgiganten, deren Firmen Milliarden Dollar wert sind. An der Westküste machte die Hightech-Elite der USA Chinas oberstem Führer ihre Aufwartung. Der Flugzeugbauer Boeing erhielt von Xi Jinping einen Auftrag über 300 Passagierflugzeuge um 38 Milliarden Dollar. Das Reich der Mitte ist in Krisenzeiten das wichtigste Expansionsgebiet der Weltwirtschaft. China und die USA sind voneinander fasziniert und abgestoßen.

Wer Geld hat in China, schickt sein Kind an eine US-Uni. Auch Präsidententochter Xi Mingze absolvierte ein Studium in Harvard. Amerikanische Wirtschaftsgurus oder Filmstars sind ganz groß in China. Aber wenn etwas schiefläuft in der Welt, sind für die chinesische Öffentlichkeit immer die Vereinigten

Staaten schuld. Egal ob bei einem Krach an Chinas Börsen oder in der europäischen Flüchtlingskrise, für die man die amerikanische Nahostpolitik verantwortlich macht.

Die USA sind das einzige Land, an dem das selbstbewusst gewordene China gemessen werden möchte. Den in Seattle versammelten Technologiegurus machte Xi Jinping deutlich: Im Cyberspace, bislang eine amerikanische Domäne, haben nationale Einschränkungen zu gelten. Mark Zuckerberg darf als Gesprächspartner des chinesischen Präsidenten seine Chinesischkenntnisse vorführen, aber Facebook bleibt blockiert in China, genauso wie Google oder die *New York Times,* die sich der Zensur Pekings nicht beugen. Das China-Bashing des republikanischen Vorwahlkampfs ist die Kehrseite des Drangs nach Asien. Publikumswirksam unkte Donald Trump, Xi Jinping verdiene höchstens einen Hamburger bei McDonald's und kein Staatsdinner im Weißen Haus. Der Demagoge fordert hohe Zölle für chinesische Waren entsprechend der Devise „America first". Der Vorwurf, dass chinesische Billigproduktion Millionen amerikanischer Arbeitsplätze koste, kommt nicht nur von rechten Republikanern. Ähnlich argumentieren auch linke Gewerkschafter. Ökonomen werfen der chinesischen Zentralbank vor, dass sie die Währung künstlich niedrig hält, um Exporte zu erleichtern. Dass auch westliche Zentralbanken Wechselkurse beeinflussen, wird dabei gerne übersehen.

Die Regierung Obama widersteht dem protektionistischen Druck. Nur oberflächlich kann der zeremonielle Pomp beim Empfang für Xi Jinping im Weißen Haus vom September 2015 jedoch verdrängen, wie nachhaltig sich das Verhältnis zwischen den USA und China verschlechtert. Die US-Militärs drängen auf Schritte gegen den Bau von Flugplätzen und Radaranlagen auf künstlichen Inseln im Südchinesischen Meer. Ganz ähnlich kritisieren auch Vietnam, die Philippinen und andere Anrainerstaaten das offensive Vorgehen Chinas. Das Pentagon sucht nach Anlässen, Peking in die Schranken zu weisen. Der Verdacht, dass China bei einem Hackerangriff auf das Personalbüro der US-Bundesbeamten Millionen Daten erbeutet hat, brachte sogar Barack Obama dazu, über Sanktionen zu spekulieren. Dass

China wiederum ein Ziel des elektronischen Auslandsgeheimdienstes National Security Agency (NSA) ist, haben die Enthüllungen des Whistleblowers Edward Snowden dokumentiert.

Die Bruchlinien sind durch den persönlichen Kontakt der Präsidenten entschärft, aber nicht beseitigt worden. Man wird nach Wegen suchen, irrtümliche Zusammenstöße zwischen Kriegsschiffen und Militärflugzeugen zu vermeiden. Beim Hackerstreit hoffen die USA auf eine Art digitales Rüstungskontrollabkommen, das Spitäler, Handynetze und andere lebenswichtige Bereiche aus den Vorbereitungen zum Cyberkrieg herausnimmt.

Xi Jinping agiert mehr als Machtpolitiker, weniger als ideologischer Hardliner. Er hält sich jedoch immer die nationalistische Option offen gegen die USA als Außenfeind zu mobilisieren. Die chinesische Forderung, dass ein Pakt der Großmächte an die Stelle der Supermacht USA treten soll, kann wiederum keine US-Administration akzeptieren. Die Welt wird sich an die gefährliche Rivalität zwischen der etablierten Supermacht USA und dem chinesischen Herausforderer gewöhnen müssen.

Mit fortschreitender Polarisierung in der Weltpolitik nimmt die Ideologisierung der Auseinandersetzung zwischen China und den USA zu. Donald Trump hat einen Handelskrieg gegen die zweitgrößte Volkswirtschaft vom Zaun gebrochen. US-Präsident Joe Biden versucht Verbündete mit einem Bekenntnis zu demokratischen Freiheiten an die USA zu binden. Die brutale Repression, mit der die chinesischen Behörden in Hongkong gegen Oppositionelle und Journalisten vorgeht, führt zu Boykottaufrufen im Westen. Peking ignoriert die Freiheitsrechte, die der ehemaligen britischen Kolonie bei der Übergabe an die Volksrepublik versprochen wurden. China kritisiert im Gegenzug das Chaos bei der Pandemiebekämpfung in Amerika und Europa als Folge des westlichen Parteiensystems. Geopolitisch profitiert China 2022 vom Ukrainekrieg, auch wenn Peking Distanz zum russischen Angriff bewahrt: Wenn die USA gezwungen sind, sich verstärkt in Europa zu engagieren, können sie weniger Kraft zur Eindämmung Chinas im Pazifik aufwenden.

Kriegsgefahr um Taiwan

Peking sieht in Taiwan einen Teil Chinas, der nur deshalb vom Festland getrennt ist, weil sich die von den USA unterstützten nationalchinesischen Truppen der Guomindang (früher: Kuomintang) unter Chiang Kai-shek (in der früheren deutschen Transkription: Tschiang Kai-Schek) am Ende des Bürgerkrieges 1949 auf der Insel verschanzt haben. Der Inselstaat, als Republik China bis 1971 Mitglied des Uno-Sicherheitsrates, ist mit den USA verbündet. Nach dem Tod des Diktators Chiang Kai-shek hat sich in Taiwan ein demokratisches Mehrparteiensystem entwickelt.

Falter 49/2016 vom 7.12.2016

Chinas starker Mann Xi Jinping spricht nicht oft darüber, dass die Kommunistische Partei gestürzt werden könnte. Bei einem Treffen mit Vertretern der Guomindang, die Taiwan Jahrzehnte regiert hat und einst im Bürgerkrieg gegen Mao Zedong unterlegen ist, warnte der chinesische Präsident jedoch, sollte Peking je die Unabhängigkeit Taiwans akzeptieren, würde das Volk die eigene Regierung davonjagen, so heilig sei den Bürgern die Einheit des Landes.

In der Realität ist der Inselstaat völlig selbständig. Taiwan wird militärisch von den USA beschützt. Seit dem Tod des Diktators Chiang Kai-shek 1975 hat sich ein lebendiges Mehrparteiensystem entwickelt. Die wirtschaftlichen Beziehungen zum Festland florieren. Aber würde die Inselrepublik ihren Namen von Republik China auf Republik Taiwan umändern, wie ein beträchtlicher Teil der Bevölkerung das wünscht, wäre das für Peking der Casus Belli.

Die Volksrepublik behält sich das Recht vor, militärisch vorzugehen. Dass Peking und die Inselhauptstadt Taipeh von einem einzigen China sprechen, aber jeweils etwas anderes darunter verstehen, war die pragmatische Grundlage der friedlichen Entwicklung in den letzten Jahrzehnten.

Möglich war die Entspannung, weil die USA dem Verbündeten Taiwan die diplomatische Anerkennung entzogen haben und auf die Ein-China-Politik umgeschwenkt sind. Umso größer war der Schock in Peking, als Donald Trump die Welt in einem Tweet von seinem zehnminütigen Telefonat mit Taiwans Präsidentin Tsai Ing-wen informierte. Seit einem Vierteljahrhundert hat es einen solchen Vorgang nicht mehr gegeben. So heikel sind die Beziehungen zwischen der Supermacht USA und dem aufsteigenden China, dass jede falsche Geste gefährlich werden kann.

Diplomatische Feinheiten scheinen Trump nicht zu interessieren. Chinas Führung hofiert dieser Tage Henry Kissinger, der einst zusammen mit Richard Nixon die Öffnung ermöglichte. Die chinesischen Zeitungen zeigen den greisen Ex-Außenminister Hand in Hand mit Wang Qishan, dem mächtigen Antikorruptionschef. Auch Xi persönlich hat Kissinger empfangen. Die Bilder sollen signalisieren, wie verantwortungsbewusst China agieren will, wenn die USA zum Unsicherheitsfaktor werden.

Anders als in Moskau hat in Peking beim Wahlsieg Trumps niemand gefeiert. Hillary Clinton war als Verfechterin der US-Wende nach Asien zwar unpopulär. Aber um seine Wirtschaft weiterzuentwickeln, setzt China auf Stabilität. Trump verspricht der unberechenbarste Präsident zu werden, den die USA je hatten. Im Wahlkampf hat er Strafzölle für chinesische Importe versprochen. Ein Handelskrieg wäre die Folge. Japan und Südkorea sollen eigene Atomwaffen entwickeln, damit die USA ihre militärische Präsenz reduzieren können, forderte Trump. Mit stabilen Verhältnissen in Ostasien wäre es vorbei.

Die Wahlslogans werden in den Hintergrund treten, aber ganz verschwinden werden sie nicht. Das transpazifische Handelsabkommen, mit dem Obama Südostasien und Japan ohne China an Amerika binden wollte, hat Trump begraben. An die Stelle multinationaler Deals für die Regelung internationaler Handelsströme wird ein bilaterales Powerplay treten, bei dem die USA glauben, ihre Interessen besser verteidigen zu können. Auf die Öffnung zum Freihandel, von der halb Asien profitiert hat, folgt ein Trend zum Protektionismus. China präsentiert sich als Garant der Kontinuität. Während Trump noch nachdenkt, ob die Erderwärmung vielleicht doch real ist, betont die Regierung in Peking die Bedeutung des Pariser Klimavertrags. Als Alternative zum gescheiterten Handelsabkommen mit den USA bietet China den Nachbarn ein eigenes Modell ohne amerikanische Vorstellungen von Umweltschutz und Arbeiterrechten.

Es ist eine neue Situation für China. Unter Mao war die Weltrevolution das weltpolitische Ziel. Xi Jinping will dagegen das internationale Kräfteverhältnis auf sanfte Weise verschieben. Richtig populär geworden ist China auf diese Weise nicht. Turbokapitalismus in der Wirtschaft und Repression gegen Andersdenkende im Inneren sind kein Zeichen von Soft Power. Aber im Nahen Osten führte der Arabische Frühling zu Bürgerkriegen. Die rechtspopulistische Welle destabilisiert die liberalen Demokratien. Chinas Kommunisten weisen gerne auf die Professionalität ihrer Elitenbildung hin, die nicht wie im Westen von unberechenbaren Wahlvorgängen gestört wird. Mit Turbulenzen, wie sie sich in einer Ära Trump abzeichnen, war die chinesische Führung allerdings noch nie konfrontiert.

In Taiwan stößt die autoritäre KP-Herrschaft auf dem Festland viele junge Menschen ab. Ungeachtet der Eiszeit im Verhältnis zu Peking setzt Taiwans Präsidentin Tsai Ing-wen auf Selbstständigkeit, auch ohne offizielle Unabhängigkeitserklärung. Die chinesische Luftwaffe reagiert mit Drohgebärden, die die USA und Freunde Taiwans in Europa beunruhigen. Vor Beginn der Olympischen Winterspiele in China unterzeichnen Xi Jinping und Vladimir Putin in Peking eine gemeinsame Erklärung gegen die USA, die eine neue Ära der Weltpolitik einleiten soll. Zwischen China und Russland sei die Freundschaft „ohne Grenzen", so heißt es. China stellt sich im Streit um die Nato-Osterweiterung auf die Seite Russlands. Russland kritisiert im Gegenzug die amerikanische Strategie im Pazifik und stellt sich im Disput um Taiwan auf die Seite Chinas. Dementsprechend hat der russische Angriff auf die Ukraine in Taiwan Alarm ausgelöst. Die Parallelen liegen auf der Hand: So wie Putin die staatliche Selbstständigkeit der Ukraine ablehnt, bestreitet China das Existenzrecht Taiwans. Die Vorstellung von einem militärischen Angriff der chinesischen Volksbefreiungsarmee auf Taiwan gehört zu den Horrorszenarien internationaler Strategen.

Europas neuer Partner: Plan C wie China

Muss sich Europa im Kampf der Supermächte zwischen Amerika und China entscheiden? Die USA sind der traditionelle Partner. Aber gleichzeitig steigert die transatlantische Entfremdung die Attraktivität des Reichs der Mitte.

Falter 5/2017 vom 1.2.2017

Der neue deutsche Außenminister Sigmar Gabriel (SPD) reagierte mit einer ungewöhnlichen Idee auf die Rundumschläge der Trump-Regierung: Die EU müsse an eine Öffnung in Richtung China denken, wenn die atlantische Achse untergehe. Die Volksrepublik sei wegen des kommunistischen Einparteiensystems und der Bevorzugung der eigenen Wirtschaft zwar ein schwieriger Partner, aber wenn sich die USA abkapselten, brauche die EU einen geopolitischen Plan B. Peking hat die europäische Integration stets begrüßt. Man erhoffte sich vom Euro ein Gegengewicht zum US-Dollar. In unterschiedlicher Weise sind die EU und China von den Turbulenzen betroffen, die von Trumps Machtantritt ausgehen.

In Europa ist die Befindlichkeit klar. US-Präsident Trump verschärft die eigene Krise. Die Versuchung wächst, auf den nationalistischen Zug aufzuspringen und das unselige „America first" in die Landesfarben jedes einzelnen Staates zu übersetzen. Die Sicherheitsgarantie der USA für Europa verliert an Wert. Für die plötzlich auf sie einstürmenden Bedrohungen sind die Europäer schlecht gerüstet. Gegenüber China demonstriert Trump eine Feindseligkeit, die nur vom Hass auf die Mexikaner übertroffen wird. Der Slogan, dass China die USA vergewaltigt und Jobs stiehlt, gehörte zum Standardrepertoire bei Wahlkampfauftritten. Einfuhrzölle für Waren aus dem Reich der Mitte von bis zu 45 Prozent stehen im Raum.

Der neue US-Außenminister Rex Tillerson kündigt im Streit um das Südchinesische Meer eine dramatische Verschärfung an. Die für den Welthandel wichtige Meeresregion ist zwischen China, Vietnam, den Philippinen und anderen Anrainern umstritten. Weil China – so wie andere Staaten auch – künstliche Inseln baut, will die Trump-Administration Pekings Zugang zu diesen Meeresbastionen blockieren. Machten die USA diese Drohung wahr, dann heiße das Krieg, liest man in nationalistischen chinesischen Medien.

Das Szenario eines bewaffneten Zusammenstoßes zwischen der aufsteigenden Weltmacht China und der etablierten Supermacht USA erregt Besorgnis. Aber gleichzeitig hilft der protektionistische Schwenk Trumps China, sich auf der internationalen Bühne als Anker der Stabilität zu präsentieren. Beim Weltwirtschaftsforum in Davos pries Chinas Staatspräsident Xi Jinping die Vorteile des Freihandels. Der Chef der Kommunistischen Partei Chinas als Anwalt des globalen Kapitalismus war der Hit unter Wirtschaftskapitänen und Bankern. Es geht nicht nur um Show. Trumps Aufkündigung des pazifischen Freihandelsabkommens führte in Australien und Lateinamerika zur Forderung, mit China zu verhandeln. Die Obama-Regierung hatte Peking bewusst draußen gehalten. Trump könnte das Beste sein, was China seit langem passiert ist, analysiert der US-Außenpolitikexperte Fareed Zakaria.

Auch wenn Europa und China gemeinsam gegen Trumps Retronationalismus Front machen, wird es gemeinsame Werte zwischen Europas Demokratien und Chinas KP-Herrschaft selten geben. Immerhin gehört die Abschaffung der Armut zu den großen Zielen der chinesischen Partei. Die Regierung will ein staatliches soziales Netz errichten. Peking schätzt die Expertise von Sozialexperten der EU-Kommission. Dagegen führen Internetzensur und Gefängnisstrafen für Menschenrechtsanwälte regelmäßig zu Protesten aus Europa. Ökonomisch würde eine europäisch-chinesische Achse Sinn machen. Wenn uns Trump den Handelskrieg erklärt, dann decken wir uns eben bei Airbus ein, heißt es in Peking. Umgekehrt ist das chinesische Know-how im Bahnbereich so groß, dass sich im letzten Jahr eine ÖBB-Delegation in China nach Lokomotiven umsah. Mit dabei in Peking: der damalige Konzernchef und heutige Bundeskanzler Christian Kern. Eine Hochge-

schwindigkeitsstrecke Belgrad–Budapest made in China ist im
Entstehen.

Durch den Bau von Eisenbahnlinien, Autobahnen und
Häfen soll nach den Vorstellungen des chinesischen Präsidenten eine neue Seidenstraße entstehen, die China mit Europa
verbindet. Chinas Zentralregierung stellt viel Geld zur Verfügung, man will die eigene Bauwirtschaft auslasten. Chinesische Touristen werden bald in Paris und Wien so normal sein
wie Besucher aus Russland. Selbst bei einem verlangsamten
Wirtschaftswachstum rechnet Chinas Regierung damit, dass
die chinesische Mittelklasse in einem Jahrzehnt größer sein
wird als die gesamte Bevölkerung der USA.

*Europa reagiert verhalten auf die Avancen Chinas. Ein fertig
verhandeltes Investitionsabkommen zwischen der Europäischen
Union und der Volksrepublik liegt auf Eis. Dass China in Hongkong
mittels eines nationalen Sicherheitsgesetzes Oppositionelle
verhaftet und unabhängige Medienmacher inhaftiert und damit
den Übergabevertrag von 1997 verletzt, hat immensen Schaden
angerichtet. Von der deutschen grünen Außenministerin Annalena
Baerbock wird ein härterer Kurs in Menschenrechtsfragen
erwartet.*

*Der russische Krieg gegen die Ukraine bringt die Europäer
gegenüber China in eine eigenartige Position. Eine Verurteilung
des Angriffs aus Peking gab es nicht, das war angesichts des
gerade erst vor kurzem feierlich unterzeichneten Bündnisses
zwischen Xi Jinping und Putin nicht zu erwarten. Aber in Brüssel
registriert man mit Interesse, dass Peking an der Souveränität
der angegriffenen Ukraine festhält. EU-Außenpolitikchef Josep
Borrell schlägt vor, dass sich China für einen Waffenstillstand
einsetzt und als Vermittler auftritt. Die Volksrepublik hat als
riesige Wirtschaftsmacht das Gewicht, im Kreml gehört zu werden.
Präsident Xi Jinping steht vor der Alternative, dem isolierten
russischen Verbündeten in seinem Abenteuer zu folgen oder sich
als Friedensstifter für das ferne Europa zu profilieren.*

Wie die Kommunistische Partei
junge Marxisten bekämpft

Unter Präsident Xi Jinping hat sich das repressive Klima verschärft. Parteipropaganda und Zensur an den Universitäten sollen eine Generation von Ja-Sagern schaffen. Aber immer wieder gibt es Proteste gegen die gewünschte Gleichschaltung.

Falter 47/2018 vom 21.11.2018

Fürchtet sich die mächtige Kommunistische Partei Chinas, Herrscherin über 1,4 Milliarden Bürger, vor ein paar hundert Marxismus-Studenten? Seit dem Sommer 2018 läuft an Universitäten in mehreren chinesischen Städten eine Repressionskampagne gegen junge Leute, die ihr obligatorisches Marx-Studium allzu ernst nehmen.

Die Leitung der Universität Peking, eine der angesehensten akademischen Institutionen, mahnt Studierende und Lehrende, sich von „reaktionären Aktivitäten" einer „illegalen Organisation" fernzuhalten. In einer koordinierten Aktion wurden Dutzende Studenten festgenommen. Sie haben Arbeiter bei ihrem Kampf für unabhängige Gewerkschaften in Südchina unterstützt. Einer der Aktivisten, Zhang Shengye, ist auf dem Campus in Peking von schwarz Maskierten niedergeschlagen und weggebracht worden. „Entführt" von Polizisten in Zivil, berichtet ein Augenzeuge.

Jedes Jahr gibt es in China tausende Straßenproteste und Streiks. Solange die Konflikte lokal begrenzt sind, halten sich die Behörden zurück. Beim Schweißmaschinenhersteller Jasic Technology in Südchina wehrt sich die Belegschaft seit Monaten gegen fehlende Sozialleistungen und ein willkürliches Management. Die Arbeiter wollen eine eigene Gewerkschaft bilden, frei von der Obrigkeit. Unabhängige Arbeitnehmervertreter wurden gewählt. Es gab Verhaftungen und Solidaritätsaktionen für die Inhaftierten.

Über die sozialen Medien wurde der Arbeitskampf bei Jasic Technology in ganz China bekannt. An den Instituten für Marxismus-Studien in Nanjing, Schanghai, Guangzhou, Shenzhen und Peking organisierte sich eine „Jasic Workers Solidarity Group". Dutzende Studenten reisten nach Shenzhen, um die Belegschaft zu unterstützen. Auf Fotos sind vor den Fabriktoren ältere Demonstranten mit Mao-Postern zu sehen. Die Jüngeren tragen T-Shirts mit Solidaritätsaufschriften und ballen die Fäuste. Am 27. August stürmte die Polizei eine Wohnung in Shenzhen, die von den Jugendlichen benützt wurde.

Erstaunlich ist die Furchtlosigkeit, mit der die jungen Aktivisten auftreten. Der harte Kurs von Präsident Xi Jinping ist auch an den Unis zu spüren. In deren Cafés hängen Überwachungskameras. Professoren klagen über Spitzel in Vorlesungen. Trotzdem hat die „Jasic Workers Solidarity Group" online und auf Flugblättern für die Freilassung der Verhafteten geworben. Erstmals interessiert sich die akademische Jugend für die Realitäten der Fabriken, die von den Versprechungen des „Sozialismus mit chinesischen Eigenschaften" weit entfernt sind. Zentren sind die Vereinigungen der Studierenden an den Marxismus-Instituten der Universitäten.

Präsident Xi hat Karl Marx zum 200. Geburtstag als Übervater für Chinas Entwicklung feiern lassen. Dass die rebellische Botschaft des „Kommunistischen Manifests" tatsächlich wirkt, war nicht vorgesehen. 2015 hatten die Behörden durch die Festnahme von 248 Menschenrechtsanwälten das damals noch bunte Feld der NGOs eingeschüchtert. Die aktuelle Kampagne gegen die Marxismus-Studenten richtet sich gegen eine neue Welle der Unruhe.

Von Polizeistaatmethoden, wie sie Xinjiang und auch Tibet erleben, sind Chinas Unis weit entfernt. Trotzdem hat die Cornell University in den USA ihre Partnerschaft mit der Pekinger Volksuniversität aufgekündigt, weil diese gegen Studenten vorgeht, die für freie Gewerkschaften kämpfen. Auch andere Bildungsinstitutionen schränken ihre Kontakte ein. Das sind problematische Schritte. Internationale Kooperationen mit Institutionen eines autoritären Regimes sind schwierig, aber besonders wichtig, wenn sich das politische Klima verschärft.

Wohlstand für Unfreiheit

Das chinesische Wirtschaftswunder ist die Basis der Zustimmung der Bevölkerung für die Staatsführung unter Präsident Xi Jinping. Die weltweiten Hindernisse für die Exporte chinesischer Waren stellen dieses Modell auf die Probe.

Falter 11/2019 vom 13.3.2019

Der Volkskongress in Peking, die gesetzgebende Versammlung für ein Fünftel der Menschheit, symbolisiert die Widersprüche des modernen China. Über dem gigantischen Sitzungssaal in der Großen Halle des Volkes leuchtet ein riesiger roter Stern. Die 5000 Delegierten, die zu ihrer Jahrestagung zusammenkommen, sind auf eine neue Ära des Sozialismus eingeschworen. Die obersten Führer sitzen dicht gedrängt auf der Regierungsbank. Amtsdiener füllen die Teetassen der Chefs. Nur der Vorsitzende, Präsident Xi Jinping, bekommt jedes Mal eine eigene, ganz neue Schale. Das mysteriöse Ritual verfolgen hunderte Millionen im Fernsehen.

Die Kommunistische Partei Chinas hat laut Uno 700 Millionen Bürger aus extremer Armut befreit. Es ist der größte Aufstieg für so viele Menschen in so kurzer Zeit. Wieder und wieder ist diese Formel von Regierungsseite zu hören. Sie ist richtig. Gleichzeitig wurden die Unterschiede zwischen Arm und Reich so groß wie noch nie zuvor. In Chinas Volkskongress findet man mehr Milliardäre als im Kongress der kapitalistischen USA.

Jetzt läuft das Modell aus, das bisher so erfolgreich war. Der Stress ist der Staatsspitze deutlich anzumerken. Premierminister Li Keqiang warnt vor den sich auftürmenden Schwierigkeiten. Der Handelskrieg der unberechenbaren US-Administration verunsichert das Reich der Mitte.

Das entscheidende Vehikel für den Erfolg des chinesischen Staatskapitalismus waren die Exporte nach Asien, Amerika und Europa. Der weltweite Freihandel machte es möglich. Die entfesselte Marktwirtschaft katapultierte die sozialen Unterschiede in die Höhe. Gemessen am sogenannten Gini-Koeffizienten, der die Verteilung der Ungleichheit eines Landes misst, rangiert die

Volksrepublik unter den Staaten mit den größten Gegensätzen. Aber auch die Ärmsten haben ihr Leben drastisch verbessert. Junge Wanderarbeiter in den Fabriken der boomenden Städte konnten sich hocharbeiten und schickten Geld nach Hause.

Mit dem grassierenden Protektionismus stößt das chinesische Modell an seine Grenzen. Der Westen sieht das Reich der Mitte als Konkurrenten und setzt Gegenmaßnahmen. Bauunternehmen und Hightech-Firmen aus Peking stoßen weltweit auf Widerstand.

Für den Technologiekonzern Huawei ist die feindliche Atmosphäre existenzgefährdend. Huawei entwickelt Bausteine für mobile Internetverbindungen der Zukunft. Die 5G-Netze, die jedes Land haben will, werden Daten bis zu 100 Mal schneller transportieren, als wir das gewohnt sind. Die USA blockieren Huawei mit dem Argument, dass die nationale Sicherheit gefährdet sei, weil der chinesische Staat Zugriff auf alle Daten bekommen kann. Die Europäer könnten nachziehen.

Tatsächlich kann in China kein privates Unternehmen ohne Draht zur politischen Macht groß werden. Aber staatsnahe Unternehmen gibt es überall. Hinter den Vorbehalten gegen „Made in China" steht ein Machtkampf um Einfluss in der Welt. Die Führung in Peking reagiert auf die neue Situation mit einem autoritären Kurs. Das Wirtschaftswachstum wird jedes Jahr geringer. Der Gesellschaftsdeal, wonach die Bürger die Obrigkeit akzeptieren, weil sie materiell jedes Jahr vorankommen, läuft aus.

Das rigide Einparteiensystem steht im Widerspruch zur bunten Vielfalt des Lebens. Die Führung setzt auf Kontrolle von oben, während sich die Gesellschaft diversifiziert. Umerziehungslager nach maoistischem Vorbild in der von islamischen Uiguren bewohnten Provinz Xinjiang sind zum internationalen Skandal geworden. Groteske Züge nimmt die Zentralisierung der Macht um die Person des Staatspräsidenten Xi Jinping an, bei dessen Einzug im Volkskongress die Nationalhymne erklingt. Professoren der prestigeträchtigen Chinesischen Sozialakademie CASS sind verpflichtet, Reden des Vorsitzenden wortwörtlich abzuschreiben. Die Liste der Peinlichkeiten in Richtung Personenkult für Xi Jinping ließe sich fortsetzen.

Jedem Besucher in China fällt auf, wie groß trotzdem die Zuversicht der Bürger ist. Nach den Katastrophen des Maoismus sind die Menschen überzeugt, dass sie auch mit den Hürden des kommunistisch gelenkten Turbokapitalismus fertigwerden. Am 4. Juni jährt sich die Niederschlagung der Demokratiebewegung des Tian'anmen-Platzes von 1989, bei der die Jugend einst für politische Freiheit demonstriert hat. Der Volkskongress kaschiert nur notdürftig, wie verunsichert das System 30 Jahre später von Neuem geworden ist.

Durch eine strenge Null-Covid-Strategie in der Corona-Pandemie schottet sich die Volkswirtschaft seit 2020 vom Rest der Welt ab. Die Pandemie unterbricht internationale Lieferketten und belastet die Weltwirtschaft. Die Größe des chinesischen Marktes hält die Auswirkungen der Krise jedoch in Grenzen. Chinesische Ökonomen diskutieren ein Modell der nationalen Kreislaufwirtschaft, nach dem sich China von der Weltwirtschaft verabschiedet und auf den eigenen Markt konzentriert.

Pekings Archipel Gulag für die Uiguren

Die Repression gegen die Minderheit der Uiguren war die Antwort auf Zeichen einer islamistischen Radikalisierung in der Provinz Xinjiang. Zu den Polizeistaatmethoden gehören Umerziehungslager, in die hunderttausende Menschen gezwungen werden.

Falter 48/2019 vom 27.11.2019

Wer die westchinesische autonome Provinz Xinjiang besucht, erlebt ein besetztes Land. Polizeistationen an jeder zweiten Kreuzung prägen das Straßenbild. Alle paar Kilometer trifft man auf Checkpoints von Polizei und Militär. Am Eingang der Geschäfte lehnen Schilder und hölzerne Lanzen zur Abwehr von Messerattentätern. Auf den Fernsehmonitoren des Basars läuft eine martialische Militärparade. Zweisprachig, in uigurischer und chinesischer Schrift, verspricht Chinas Staatspräsident Xi Jinping auf Plakaten Sicherheit und eine helle Zukunft.

Über die gesamte Provinz Xinjiang verstreut stehen Internierungslager für angebliche Extremisten der uigurischen Minderheit. Die Uiguren sind ein islamisches Turkvolk. In den letzten Jahren war es zu mehreren blutigen Anschlägen gekommen. Den Kampf gegen den Fundamentalismus führen die Behörden mit Zwangsmaßnahmen, die es seit den schlimmsten Zeiten des Maoismus nicht gegeben hat. Bis zu einer Million Menschen werden in den Lagern festgehalten. Das sind zehn Prozent der gesamten Volksgruppe.

Erstmals sind jetzt Dokumente über die kollektive Bestrafung der islamischen Minderheit an die Öffentlichkeit gelangt. Unter dem Titel „China Cables" veröffentlicht das Internationale Konsortium investigativer Journalisten, an dem unter anderem die *Süddeutsche Zeitung* beteiligt ist, Informationen, die belegen, dass diese Lager wie Gefängnisse funktionieren. Das offizielle China spricht von Fortbildungseinrichtungen, damit die Insassen Chinesisch lernen und Qualifikationen für den modernen Arbeitsmarkt erwerben können.

Tatsächlich läuft in den Lagern, von denen die „China Cables" berichten, ein Programm der Umerziehung, das den Insassen totale Treue zum Staat und zur KP einhämmern soll. Freiwillig ist daran nichts. Zimmer und Gänge sind abgesperrt.

Schon zuvor hatte die *New York Times* interne Dokumente veröffentlicht, die den Entscheidungsprozess der obersten Führung zum Aufbau der Repressionsmaschinerie dokumentieren. 2009 hatten Zusammenstöße zwischen Uiguren, Han-Chinesen und der Polizei in der Provinzhauptstadt Urumtschi hunderte Tote gefordert. 2013 kam es zu einem Selbstmordanschlag am Tian'anmen-Platz in Peking. Ein Jahr später töteten Messerattentäter am Bahnhof von Kunming in der Provinz Yunnan 31 Menschen. Europa wurde damals von Terroranschlägen erschüttert. Die Führung in Peking fürchtet ein Übergreifen des Dschihadismus aus dem benachbarten Afghanistan nach Xinjiang.

Präsident Xi Jinping persönlich verlangt einen „erbarmungslosen Kampf" gegen „Terrorismus, Infiltration und Separatismus". Zu diesem Zweck schickt die Partei ihren härtesten Mann nach Xinjiang. Parteichef wird Chen Quanguo, der zuvor mit eiserner Hand in Tibet regiert hat. Chen Quanguo macht die Unruheprovinz zu einem Polizeistaat. Die administrative Internierung Hunderttausender, ohne jedes Gerichtsurteil und ohne Straftat, allein auf den Verdacht unbotmäßiger islamischer Religiosität hin, ist der Kern des Modells. Hunderttausende Kameras, das Absaugen von Handydaten bei Straßensperren, der Einsatz von Gesichtserkennung und andere High-Tech-Überwachungsinstrumente kommen zum Einsatz.

Nach Pekinger Lesart hat die Repression die islamistische Radikalisierung in Xinjiang gestoppt. Der Westen sollte sich ein Beispiel nehmen, heißt es in Peking. Die Millionen Bürger, die rechtlos geworden sind, spielen in dieser Gedankenwelt keine Rolle.

Die *New York Times* hatte die Interna von einem Whistleblower aus dem chinesischen Establishment erhalten. Die Massenrepression wird in den höchsten Regierungskreisen nicht nur gutgeheißen.

Ganz in der Tradition stalinistischer Säuberungen haben die Lokalbehörden Vorgaben, wie viele Feinde sie entlarven müssen und welcher Prozentsatz der Bevölkerung zu internieren ist.

Auch dagegen gibt es Widerstand. Die *New York Times* berichtet von einem Parteisekretär namens Wang Yongzhi, der den repressiven Wahnsinn nicht mitmachen wollte und 7000 Internierte freiließ. Der Mann wurde gestürzt und musste Selbstkritik üben.

China sieht die Repression in Xinjiang als Teil des Antiterrorkriegs, den es auch im Westen gibt. Aber zur Bestrafung ganzer Volksgruppen ist es in den USA und in Europa nicht gekommen. Wie der Kampf gegen den Terrorismus geführt wird, sagt viel über das Wesen eines Staates aus.

Die Tragödie der Uiguren zeigt, wie rasch die Weltmacht China zum Polizeistaat wird, wenn die Zentralregierung ihre Macht gefährdet sieht.

Proteste gegen die islamophobe Repression in Xinjiang ist Teil der Auseinandersetzung um die Menschenrechte mit der Volksrepublik China geworden. Zu Recht. Die Glaubwürdigkeit der westlichen Vorhaltungen gegen Peking wäre größer, wenn der Westen ähnliche Kriterien auch gegenüber der Regierung Indiens anwenden würde, die im mehrheitlich islamischen Kaschmir nicht viel anders vorgeht als die chinesischen Behörden in Xinjiang. Der neue China-Korrespondent des „Spiegel" hatte bei einem Antrittsbesuch in Xinjiang 2021 den Eindruck, dass sich die Atmosphäre gelockert hat. Uno-Menschenrechtskommissarin Michelle Bachelet hat grünes Licht für eine Inspektionsreise in die Region. Unabhängig recherchieren und berichten können Journalisten aus der Krisenprovinz nicht.

Hongkongs erwürgte Freiheit

Mit der Verhaftung von Journalisten und politischen Oppositionellen zerstört die Stadtverwaltung auf Geheiß Pekings die Freiheiten, die der Stadt im Übergabevertrag von Großbritannien an China zugesichert wurden. Die Unterdrückung verschärft die Gegensätze zu den USA. Ausgangspunkt der Repressionswelle war ein Beschluss des chinesischen Volkskongresses 2020.

Falter 24/2020 vom 10.6.2020

Im Namen der nationalen Sicherheit verabschiedeten die Delegierten des chinesischen Volkskongresses ein Gesetz, mit dem der Freiheitsspielraum Hongkongs dramatisch reduziert wird. 2878 Pro-Stimmen gab es, eine Gegenstimme und sechs Enthaltungen. Washington bereitet Sanktionen gegen China vor, die an die Zeit des Kalten Krieges erinnern. Europa hält sich diesbezüglich zurück, kann diesen Konflikt aber nicht ignorieren.

Die Sachlage ist klar. Hongkong ist seit der Übergabe 1997 Teil der Volksrepublik China. An Chinas Souveränität über die ehemalige britische Kronkolonie ist nicht zu rütteln. Aber ein Sicherheitsgesetz, das von Peking verordnet ist, widerspricht dem Geist des Autonomiestatuts, das bis 2047 mit internationalen Verträgen abgesichert ist. Offiziell hatten die Polizeibehörden vom Festland keinen Zugriff auf Hongkong. Dieser Freiraum schwindet.

Chinas Volkskongress ist eine große Show, in der die Staatsmacht ihre Erfolge feiert und das Volk auf neue Herausforderungen vorbereitet. Die Richtung bestimmt die Kommunistische Partei. 2020 ist das Jahr der Pandemie. Die jährliche Plenartagung musste verschoben werden, erstmals seit Jahrzehnten. Die Masken der Delegierten, die alle Funktionäre außer Präsident Xi Jinping tragen mussten, symbolisieren die Ausnahmesituation.

Dank der Führung der Kommunistischen Partei hat China den Krieg gegen die Pandemie gewonnen, während die USA mit dem inneren Chaos nicht fertigwerden, lautet die Botschaft. Die Staatsführung bereitet das Land auf eine Phase harter internationaler Auseinandersetzungen vor.

Das Sicherheitsgesetz für Hongkong ist Teil einer Gegenoffensive gegen die USA, die sich demonstrativ auf die Seite der jugendlichen Demonstranten in der südchinesischen Metropole gestellt haben.

Hongkong genoss bisher weitgehende Freiheiten. Mindestens bis 2047 sollte vertraglich abgesichert das Prinzip „Ein Staat, zwei Systeme" gelten. Die Protestbewegung gegen den wachsenden Einfluss der Volksrepublik ist nach Pekinger Lesart von den USA ferngelenkt. Die Aktivisten gelten als Terroristen. Scharmützel mit der Polizei und auch Gewalt gab es tatsächlich. Aber Millionen waren auf der Straße. Die Proteste der Hongkonger Jugend gegen die Bevormundung durch die Zentralregierung haben sich über Jahre erstreckt. Die letzten Bezirkswahlen brachten einen Erdrutschsieg für die Opposition. Die in Peking verbreitete Version, das alles sei von Amerika ferngelenkt, ist absurd.

Mit einer Mischung von Repression und Duldung ist es Hongkongs Regierungschefin Carrie Lam nicht gelungen, die Demokratiebewegung niederzuwerfen. Sicherheitskräfte vom Festland waren entsprechend dem Modell „Ein Land, zwei Systeme" in Hongkong bisher nicht erlaubt. Das wird anders werden, wenn das Sicherheitsgesetz in Kraft ist. Es wäre eine grundlegend neue Situation für Hongkong. Die Aktivisten malen die Gefahr einer gewaltsamen Niederschlagung wie 1989 am Tian'anmen-Platz in Peking an die Wand.

Der China-Korrespondent der *New York Times,* Steven Lee Myers, vergleicht Pekings Schlag gegen die Halbautonomie Hongkongs mit der diplomatischen Sprengkraft, die Russlands gewaltsame Annexion der Krim vor sechs Jahren hatte. Die bevorstehende Eiszeit zwischen China und dem Westen hat man in Peking einkalkuliert, vermutet der versierte Korrespondent. Der große Unterschied zum Konflikt mit Russland oder gar zum Kalten Krieg ergibt sich aus den engen wirtschaftlichen Verbindungen zwischen China, den USA und Europa. Ein anhaltender Konfrontationskurs der beiden Supermächte hätte verheerende Folgen für die Weltwirtschaft.

In der Vergangenheit konnte sich ökonomische Vernunft gegen die Dynamik der Großmachtrivalität häufig nicht durchsetzen, erinnert Kolumnist Martin Wolf in der *Financial Times*. Die wachsende Feindschaft zwischen der etablierten Supermacht Amerika und dem aufstrebenden China vergleichen die amerikanischen Forscher Markus Brunnermeier, Rush Doshi und Harold James von der Universität Princeton mit den Spannungen zwischen dem britischen Empire und dem aufstrebenden Deutschland vor dem Ersten Weltkrieg. Covid-19 beschleunigt die gefährlichsten Trends in der Weltpolitik.

Hongkongs Umbrella Movement, die Regenschirm-Bewegung, ab 2014 wird als Fanal für Demokratie und Freiheit in die Geschichte eingehen. Die Kommunistische Partei fürchtete ein Überspringen des Geists der Revolte auf das Festland und verschärfte die Zensur. Seit 2020 läuft eine Repressionswelle, die Studentenführer Joshua Wong, den Herausgeber von Apple Daily Jimmy Lai und viele andere ins Gefängnis gebracht hat. Die Opposition ist zerstört. Hongkong ist „normalisiert", wie in Europa der Begriff für die Verhältnisse in der Tschechoslowakei nach der Niederschlagung des Prager Frühlings 1968 hieß. Hinter der erstarkten Staatsmacht stehen nicht nur die überlegenen Repressionsapparate der Volksrepublik, sondern auch die geballte Wirtschaftsmacht Chinas. Der kapitalistische Finanzplatz Hongkong soll erhalten bleiben. Der Staatskapitalismus unter der Führung der Kommunistischen Partei ist das Modell, mit dem Peking die Systemkonkurrenz mit dem Westen bestreitet.

KAPITEL 5
REVOLUTIONEN UND GEGENREVOLUTIONEN

Den globalen Süden hat man in der Zeit des Kalten Krieges als Dritte Welt bezeichnet, in Abgrenzung zum westlichen Kapitalismus und den Staaten des sogenannten real existierenden Sozialismus. Über alle kulturellen Unterschiede hinweg ist Armut von Lateinamerika bis in den Nahen Osten und Asien der Hintergrund der politischen und sozialen Instabilität. Die revolutionären Emanzipationsbewegungen des 20. Jahrhunderts sind Vergangenheit.

Der globalisierte Diktator Pinochet

Der Putsch gegen die linke Regierung unter Salvador Allende in Chile 1973 hat Augusto Pinochet zum Symbol für Lateinamerikas Militärdiktaturen gemacht. Pinochet regierte von 1973 bis 1990. 1998 wird er in Großbritannien auf Grund eines spanischen Haftbefehls wegen Völkermord, Staatsterrorismus und Folter festgenommen. Die Hoffnung ist groß, dass mit Hilfe internationaler Menschenrechtsstandards ein Schlussstrich unter die Zeit der Militärdiktaturen in Lateinamerika gezogen wird.

Falter 46/1998 vom 11.11.1998

Die chilenische Politik ist voll der Paradoxe: Im regierenden Mitte-Links-Kabinett dominieren ehemalige Lagerinsassen und Exilanten. Der christdemokratische Präsident Eduardo Frei ist Sohn des gleichnamigen früheren Staatschefs, der mit seiner ganzen Familie von Augusto Pinochet aus dem Land vertrieben worden war. Aber kaum durchquert man als Korrespondent in Santiago ein Kasernentor, ist man in einer anderen Welt: Hier herrscht faschistischer Korpsgeist, kaum angekränkelt von den demokratischen Ideen der Zeit. Mühsam versuchen US-amerikanische Instruktoren, den chilenischen Kollegen Respekt vor genau jener zivilen Staatsmacht schmackhaft zu machen, an deren Zerstörung ihre Vorgänger vor 25 Jahren so führend beteiligt waren. Augusto Pinochet, bis vor kurzem noch oberster Armeechef, hängt in allen Amtsstuben des Militärs. Ungeniert bekennt sich das chilenische Offizierskorps zur blutigen Unterdrückung der siebziger und achtziger Jahre: Die Streitkräfte hätten damals das Land vor Chaos und Zerfall gerettet, lautet die Erklärung.

Es ist, als wäre in Deutschland Hermann Göring in der BRD noch bis 1955 Chef der Bundeswehr geblieben. Anders als die Kollegen in Argentinien (dank Maggie Thatchers kolonialistischem Falklandkrieg) sind die chilenischen Militärs nie geschlagen worden. Augusto Pinochet ist 1990, nach einem verlorenen, aber von ihm selbst angesetzten Referendum vom höchsten Amt im Staat zurückgetreten. Die von ihm geschriebene Verfassung inklusive der großzügigen Amnestie für die Militärs gilt heute noch.

Die große Rechtfertigung der chilenischen Rechten für die Diktatur ist die wirtschaftliche Erfolgsstory, die Augusto Pinochet mit seinen amerikanischen Wirtschaftsberatern angeblich möglich gemacht hat.

Tatsächlich schlägt Chile in puncto Wirtschaftswachstum seine lateinamerikanischen Nachbarn um Längen. Ein gutes Drittel der Bevölkerung ist der Meinung, dass Pinochet der Vater dieses Wirtschaftswunders ist.

Angesichts dieser unbewältigten Vergangenheit wirkt die Verhaftung des greisen Ex-Diktators im fernen Europa auf Chile so ähnlich wie einst auf heimische Gefilde der amerikanische Bannspruch gegen einen Ex-Oberstleutnant der deutschen Wehrmacht namens Kurt Waldheim. Groß ist im konservativen Blätterwald Chiles die patriotische Empörung über das hohe moralische Ross, auf das sich die Herren auf dem anderen Kontinent da schwingen. „Andere Zeiten" werden angeführt, auf die man Rechtskriterien von heute nicht einfach anwenden könne. Rachsucht und Ignoranz seien die Triebkraft einer von fremden Interessen geleiteten ungerechtfertigten Hexenjagd. Überhaupt sei die Frage, wieso sich das Ausland in ein Arrangement in puncto Vergangenheit einmische, mit dem das Land bislang doch gut gefahren sei.

Die Linke hingegen triumphiert. Auf dem Friedhof von Santiago steht ein großes Memorial mit den Namen der 3000 Opfer. Gerechtigkeit ist ausgeblieben. Die ungesühnten Verbrechen der Vergangenheit liegen als Schatten über dem politischen Alltag Chiles: Selbst die Sozialistische Partei Isabel Allendes (die politisch ambitionierte Tochter Salvador Allendes, nicht zu verwechseln mit der schreibenden Nichte gleichen Namens) ist als Regierungspartei Teil des Arrangements mit den Militärs.

Dass die chilenische Linke es aus eigener Kraft nicht geschafft hat, die erfolgreiche Verdrängung zu durchbrechen, sollte nicht verwundern: Bedarf es schließlich auch hierzulande nach fünf Jahrzehnten immer noch des Zwangs von außen, damit Banken, Museen und Politiker sich dazu bequemen, geraubtes Gut zurückzugeben.

In der spanischen Tageszeitung *El Pais* spricht der chilenische Schriftsteller Ariel Dorfman von einem „außerordentlichen Geschenk" der spanischen Justiz durch die Auslieferungsforderung für Pinochet an sein Land. Es werde Zeit, dass Chile aufhört, Geisel Pinochets zu sein: „Die Einmischung in unsere inneren Angelegenheiten ist die Folge unseres eigenen fehlenden Mutes."

Konnte man ähnliche Stimmen nicht auch um Alfred Hrdlickas Holzpferd in den heißen Zeiten des Waldheim-Streits hören? Und klingt nicht auch der Schweizer Jean Ziegler ähnlich, wenn er sich über die mächtige amerikanische Hilfe bei seinem Feldzug gegen die Schweizer Banken zufrieden zeigt?

Europa wird nun endgültig zu einem gefährlichen Boden für Diktatoren, ob aktiv oder pensioniert, freut sich die konservative spanische Tageszeitung *ABC*. Genauso wie die USA für Kunstgüter oder Bankkonten dubiosen Ursprungs aus Europa, könnte man hinzufügen. Wir erleben offensichtlich einen neuen Schub in Richtung Globalisierung: die Globalisierung der herrschenden Ideen von Moral, Gerechtigkeit und Justiz.

Gegen aktuelle Machtträger vorzugehen ist nach wie vor nicht die Stärke der Justiz. Königin Elisabeth droht wohl in Kenia oder Malaysia kaum, von den in ihrer Regentschaft geführten Kolonialkriegen eingeholt zu werden. Selbst vom mutigen spanischen Richter Baltasar Garzón sind keine Ermittlungen in Richtung der (inzwischen dokumentarisch lückenlos belegten) US-amerikanischen Auftraggeber der chilenischen Putschisten von 1973 bekannt.

Augusto Pinochet entgeht 2000 nach langem Tauziehen der Auslieferung nach Spanien. Er kann nach Chile zurückkehren. Gegen den Ex-Diktator werden in Chile mehrere Verfahren angestrengt. Zu einer Verurteilung kommt es nicht. In Chile, Argentinien, Peru, Brasilien und anderen lateinamerikanischen Staaten werden die Verbrechen der Militärs im schmutzigen Krieg gegen die Linke untersucht und offengelegt. 2021 verliert ein ultrakonservativer Anhänger Pinochets die Präsidentenwahl in

Chile. Der aus der linken Studentenbewegung kommende neue Präsident Chiles, Gabriel Boric, verspricht einen Bruch mit der aus der Zeit der Diktatur stammenden ultraliberalen Wirtschaftspolitik. Er macht die Enkelin des 1973 gestürzten demokratisch gewählten Präsidenten Salvador Allende, Maya Fernandez Allende, zur Verteidigungsministerin. In den Kasernen der drei chilenischen Waffengattungen hängen nach wie vor die Porträts Pinochets.

Ches bolivianische Erben

In Bolivien gewinnt 2006 der linke Politiker und Indioaktivist Evo Morales die Präsidentschaftswahlen. Nach Jahren rechter Diktaturen kündigt sich für den bitterarmen Andenstaat ein neues Zeitalter an.

Falter 4/2006 vom 25.1.2006

Nach dem Vorbild Fidel Castros und Che Guevaras wollte einmal eine ganze Generation lateinamerikanischer Linker die Vorherrschaft der Oligarchien im bewaffneten Kampf brechen. Der letzte Versuch Che Guevaras, einen Guerillakrieg zu entfachen, scheiterte in Bolivien. Das ikonenhafte Porträt des Revolutionärs ist in La Paz an vielen Wänden zu sehen. Jetzt kommen die politischen Erben der Guerilleros auf höchst friedlichem Weg über Wahlerfolge an die Macht. Der Amtsantritt des ersten Indiopräsidenten in der Geschichte Boliviens ist dafür ein spektakuläres Beispiel.

Evo Morales, der den Sprung vom Anführer der Coca-Bauern an die Staatsspitze geschafft hat, musste als Kind im Andenhochland Lamas hüten. Vier seiner fünf Geschwister haben ihr erstes Lebensjahr nicht überlebt. In den Straßen des benachbarten Argentinien musste Morales später selbstgemachte Süßigkeiten verkaufen. Es ist eine Lebensgeschichte, die an den Aufstieg des brasilianischen Präsidenten Inácio „Lula" da Silva vom Straßenkind zum Staatschef erinnert. „Lula" ist ein Produkt der brasilianischen Gewerkschaftsbewegung. Evo Morales hingegen hat seine Wurzeln im Politisierungsprozess der Aymara und Quechua, der größten Indiovölker Boliviens. Er preist Fidel Castro als den „großen Weisen" des Kontinents, und die erste Reise nach der Wahl führte Boliviens neuen Präsidenten denn auch nach Havanna.

Flashback: Vor bald 40 Jahren rieben bolivianische Militärs mit US-amerikanischen Beratern ein stark dezimiertes Grüppchen von aus Kuba eingeschleusten Guerillakämpfern auf, die monatelang vergeblich versucht hatten, die Campesinos zum Aufstand zu bewegen. Die stolze Soldateska präsentierte der Weltöffentlichkeit den Leichnam des ermordeten Che Guevara, zur Abschreckung für potenzielle Nachahmer.

2006 hat Bolivien einen Vizepräsidenten, Álvaro García Linera, der politische Wurzeln in der Indio-Guerillaorganisation Túpac Katari hat. Die Neunzigerjahre des letzten Jahrhunderts verbrachte der Linkspolitiker nach Bombenanschlägen und Banküberfällen im Gefängnis. Der Mythos des im Untergrundkampf geformten Intellektuellen als Partner von Evo Morales war ein wichtiger Faktor für den Erfolg der Linken an den Urnen.

Erstmals in der wechselvollen Geschichte Boliviens regiert mit der „MAS-Bewegung zum Sozialismus" eine Indiopartei das Land. Der neue Präsident ließ sich vor der offiziellen Amtseinführung bei den Ruinen des aus der Vor-Inka-Zeit stammenden Tiwanaku-Tempels beim Titicacasee nach alten indianischen Riten zum Führer seines Volkes weihen.

Zu den erklärten Feinden der neuen Regierung gehören die USA: Der von Washington aus gelenkte Antidrogenfeldzug hatte immer wieder zu blutigen Zusammenstößen mit militanten Coca-Bauern geführt. In Chapare, der großen Anbauregion des Landes, haben sich auch frühere Bergarbeiter aus den aufgelassenen Silberminen niedergelassen. Die Arbeit im Bergbau war hart, erfährt man als Reporter, aber die unsichere Coca-Pflanzung unter den tropischen Bedingungen wird als Abstieg empfunden.

Evo Morales möchte die Einschränkungen beim Anbau von Coca-Blättern lockern, seine Wahlkundgebungen schloss er gerne mit „Yankee no!"-Parolen. Dazu kommen geopoliti-sche Überlegungen: Washington fürchtet eine Achse Bolivien–Venezuela–Kuba, die zu einem antiamerikanischen Gegenpol für ganz Lateinamerika werden könnte. Evo Morales verfügt zwar weder über die Finanzmittel des ölreichen Freundes Hugo Chavez noch über die revolutionäre Infrastruktur Fidel Castros. Aber das notorisch instabile Bolivien liegt im Herzen Lateinamerikas. Nicht zufällig wollte Che Guevara von hier aus seine kontinentale Revolution starten. Für die Linke schafft die durch das kraftraubende Irak-Abenteuer ausgelöste Lähmung der US-Lateinamerikapolitik günstige Rahmenbedingungen, von denen auch Boliviens neue Führung jetzt profitiert.

Die Probleme, vor denen Evo Morales steht, sind trotzdem gigantisch: Weder seine MAS, die eher einer Sammlung von Indio-Basisgruppen als einer Partei gleicht, noch seine engsten Mitarbeiter verfügen über Regierungserfahrung. Die Bewe-gung für Sozialismus MAS stützt sich auf die kollektivistischen Traditionen der Indiogemeinschaften. Bei der Bewältigung der aktuellen Probleme wird die Regierung über ideologische Vorstellungen hinausgehen müssen. Seit seiner Wahl hat der neue Präsident Pragmatismus versprochen. Auch ausländische Unternehmen seien unter seiner Regierung in Bolivien will-kommen. Aber die Nationalisierung der von europäischen und brasilianischen Firmen kontrollierten Erdgasförderung war die zentrale Forderung jahrelanger Massenmobilisierungen. Die-ses Versprechen umzusetzen, ohne ausländische Investoren vor den Kopf zu stoßen, wird ein schwieriges Unterfangen. Wie lange die scharfen sozialen Gegensätze durch die augenblick-liche Morales-Begeisterung zugedeckt bleiben, kann niemand sagen. Aber Evo Morales stellt für die Millionen ignorierter Indios Lateinamerikas unzweifelhaft die größte Hoffnung seit Jahrzehnten dar.

Unverständlich ist die kühle Aufnahme des ersten Indio-präsidenten in Europa. In den Straßen von La Paz erinnern sich manche Ältere noch an die Schützenpanzer „Made in Austria", die das Militär in den Siebzigern gerne gegen Demonstranten zum Einsatz brachte. Der österreichischen EU-Präsidentschaft war die Amtseinführung des Indiopräsidenten im ärmsten Land Lateinamerikas nicht die Entsendung eines Regierungsmitgliedes wert. Die Bolivianer behalfen sich, indem sie zu ihrem Staatsakt eher ungewöhnliche Gäste einluden: Indio-Aktivisten der mexikanischen Zapatistenbewegung, Streikführer aus Argentinien, die „Piqueteros", und Vertreter der brasilianischen Landlosenbewegung. Sein Präsidentengehalt von umgerechnet 2890 Euro im Monat will Morales übrigens halbieren, um mit der Differenz zehn Lehrer anzustellen.

Evo Morales bleibt 13 Jahre bolivianischer Präsident. 2019 wird er nach Unregelmäßigkeiten bei der angestrebten Wiederwahl ins Exil gezwungen. 2021 erlebt das Land neuerlich einen Wahlsieg der Linken. Evo Morales kehrt als Ex-Präsident zurück und ist einer der populärsten Politiker Boliviens.

Ägypten in der Revolte

Am 17. Dezember 2010 löst der tunesische Straßenhändler Mohamed Bouazizi mit seiner Selbstverbrennung aus Protest gegen die Schikanen der lokalen Polizeimafia eine Protestwelle gegen Diktatoren in der arabischen Welt aus. Der Arabische Frühling erreicht mit dem Ende des Regimes von Langzeitdiktator Hosni Mubarak in Ägypten im Februar 2011 einen Höhepunkt.

Falter 7/2011 vom 16.2.2011

Wie ein Tsunami fegt der Aufstand der Jugend gegen die verkrusteten Diktaturen wdurch die arabische Welt. Ein Ende ist auch nach dem Sturz Mubaraks im Schlüsselland Ägypten nicht in Sicht. Der Showdown zwischen der jungen Bevölkerung, der das Internet und Al Jazeera den Blick hinaus in die Welt ermöglichen, und den anachronistischen Regimes der Region eröffnet eine neue Ära.

Während sich die Völker in Lateinamerika und Asien in den 90er-Jahren immer mehr aus dem Würgegriff der Diktaturen befreien konnten und die Grundlagen zum wirtschaftlichen Aufschwung legten, versank die arabische Welt in Unbeweglichkeit und Korruption. Die nationalistische Welle nach dem Debakel gegen Israel im Sechstagekrieg 1967 hatte flächendeckend in der Sackgasse autoritärer Machthaber geendet. Der Islam mache die Menschen immun gegen das Virus der Demokratie, hieß es selbstgerecht bei den Meinungsmachern des Westens.

Jetzt erlebt der arabische Kulturkreis sein 1989. Der Aufstand widerlegt schlagend alle Thesen über den angeblichen Zusammenstoß der Kulturen. Der Philosoph Slavoj Žižek hat Recht: Die universellen Werte von Freiheit und Gerechtigkeit sind die Triebkräfte der Bewegung. Der Tahrir-Platz im Zentrum Kairos wurde zu einem weltweiten Symbol der Menschenwürde, nachvollziehbar in Peking, Moskau und São Paulo. So wie in Osteuropa vor 22 Jahren bestimmen demokratische Massenbewegungen die Entwicklung. Keine politische Partei stand hinter den Demonstranten in Kairo, genauso wie bei der samtenen Revolution in Prag oder im Herbst 1989 in Leipzig. Twitter und Facebook ersetzen heute die Mundpropaganda des bröckelnden Ostblocks. Aber ganz so wie damals verbindet sich die Spontaneität der Massen mit großer politischer Klugheit. Die ägyptische Bewegung ließ sich weder durch die Schläger des Regimes einschüchtern noch einlullen durch die Konzessionen des Diktators. Das öffentliche Freitagsgebet auf dem Tahrir-Platz erinnerte an die Papstmessen im von der Kommunistischen Partei regierten Polen.

Der Umsturz schafft noch keine demokratischen Verhältnisse. Da hatte Osteuropa 1989 aufgrund der riesigen Anziehungskraft Westeuropas einen immensen Vorteil. Jahrelang wurden in Ägypten gezielt linke und laizistische Gruppen ausgeschaltet. Das Regime Mubaraks sah es gerne, wenn an den Universitäten die Islamisten aus den Moscheen den Aktivisten der Linken zusetzten. In rasendem Tempo werden sich jetzt Parteien, Gewerkschaften und Organisationen der Zivilgesellschaft bilden. Gleichzeitig muss mit den Militärs der Weg zu freien Wahlen und zu einer neuen Verfassung gefunden werden. Eine Titanenaufgabe für die politisch unerfahrene Opposition.

Der Streitkräfterat, dem Hosni Mubarak die Macht übergeben hat, ist mit einem „Kommuniqué Nr. 1" an die Öffentlichkeit getreten. Die düstere Nummerierung erinnert an die Militärjuntas früherer Zeiten. Dort war das Kräfteverhältnis allerdings völlig anders, die Militärs verkündeten ihre Kommuniqués nach blutigen Niederlagen der Linken. Dagegen versuchen sie in Tunesien und Ägypten die Macht der Eliten unter den Bedingungen des sprunghaft gestiegenen Selbstbewusstseins der Bürger so weit wie möglich zu retten.

Die ägyptische Februarrevolution war extrem rasch erfolgreich. Die Differenzierung wird erst jetzt beginnen, wenn die gesellschaftlichen Gegensätze nicht mehr durch Zensur und Geheimpolizei verdeckt sind. Spannungen mit den auch ökonomisch privilegierten Militärs sind unvermeidlich.

Weil es um die Zukunft der ganzen Region geht, werden die konservativen, ölreichen Staaten, angeführt von Saudi-Arabien, versuchen die Uhren wieder zurückzustellen. Entscheidend wird letztlich sein, wie rasch der Funke der Revolte auf weitere Teile der arabischen Welt überspringt. Die Chance auf einen dauerhaften Bruch mit den autoritären Traditionen war nie zuvor so groß wie jetzt.

Bei freien Wahlen in Ägypten 2012 siegt der Kandidat der Muslimbrüder Mohammed Al Mursi. Mit dem Versuch, das Land zu islamisieren, löst er Massenproteste aus. Im Juli 2013 wird der erste frei gewählte Präsident Ägyptens durch einen Militärputsch des damaligen Generals Abdel Fattah al-Sisi gestürzt. Die große Hoffnung auf einen Neuanfang ist geplatzt.

Das Comeback der Diktatoren in der arabischen Welt

Der Arabische Frühling hatte anfangs ungeahnte Freiheiten geschaffen. Autoritäre Regierungen und Diktatoren mussten um ihr Überleben kämpfen. In Syrien, Libyen und autoritär geführten Staaten wie Jordanien oder Marokko standen die Herrschenden vor der Alternative, Reformen zuzulassen oder einen Bürgerkrieg zu riskieren. Noch bevor sich aus den Protesten neue politische Organisationen festigen können, setzt das Rollback des Militärs und der von den Streitkräften unterstützten Herrscher ein.

Falter 31/2013 vom 31.7.2013

Die Konterrevolution marschiert. Im dritten Jahr nach dem Beginn des Arabischen Frühlings gewinnen die alten Mächte an Terrain. Das Baath-Regime in Syrien hat sich stabilisiert. Die Aufständischen mussten wichtige Positionen räumen. Noch vor einem Jahr wollte der Westen die Beseitigung Assads zur Vorbedingung von Verhandlungen machen. Jetzt muss der US-amerikanische Generalstabschef Martin Dempsey zugeben, dass der syrische Diktator auch in einem Jahr noch an der Macht sein wird. Die Kontrolle über wichtige Teile des Landes wird das Regime behalten, glaubt der oberste Militär der USA.

In Ägypten hat der Putsch der Armee ein Blutbad ausgelöst. Die Hoffnung, die Entmachtung der Muslimbrüder könnte zu einer Regierung aufgeklärter Zivilisten werden, muss man begraben. Das Ziel der Militärs ist klar: Die islamistische Partei, die immerhin die einzigen freien Wahlen gewonnen hat, soll zerschlagen werden. Der Schauprozess, den die Machthaber gegen Mohammed Mursi vorbereiten, soll zum Symbol des Untergangs der Muslimbrüder werden.

Der Coup kann nicht gelingen. Die Islamisten haben katastrophal regiert. Aber sie sind fest in der Bevölkerung verankert. Die Freiheitsbewegung gegen die Diktatur Mubaraks war auch deshalb erfolgreich, weil die städtische Jugend und die Prediger aus den Moscheen gemeinsam auf die Straßen gingen.

Die ägyptische Armee stellt sich mit dem Putschkurs ihres Oberbefehlshabers al-Sisi gegen den Aufbruch eines großen Teils des Volkes. Seit der nationalistischen Revolution Gamal Abdel Nassers Mitte des vergangenen Jahrhunderts war die Armee die Verkörperung der gesamten Nation. Jetzt lässt die Armeeführung gegen das eigene Volk schießen.

Die Gegenrevolution wird von großen Teilen des Volkes unterstützt. Sogar in Syrien fürchten nach 100.000 Toten religiöse Minderheiten, Christen und Alawiten, zu denen der Präsidentenklan gehört, die Al-Kaida-nahen Extremisten in der Opposition mehr als den Diktator. In Ägypten sind Millionen dem Aufruf gefolgt, sich hinter die Armee zu stellen.

Die Revolutionäre blieben nach den raschen Erfolgen der ersten Monate führerlos. Jede neue Wendung hat die Spaltung vertieft. In Syrien ist ein Krieg im Krieg ausgebrochen. Radikale Islamisten kämpfen mit gemäßigten Gruppen um Positionen.

Der Konflikt zwischen religiösen Parteien und säkularen Gruppen spaltet auch die postrevolutionären Gesellschaften in Tunesien und Libyen. In Libyen wurde der prominenteste öffentliche Kritiker der Islamisten ermordet. In Tunesien fiel der Oppositionsführer einem Attentat zum Opfer.

Fieberschübe sind keine Besonderheit der arabischen Welt. Im Jahr drei der großen Französischen Revolution bereiteten die Jakobiner ihre Terrorherrschaft vor. Zwei Jahrzehnte später regierten in Paris wieder die Bourbonen. Als 1849 nach der Niederschlagung der Märzrevolution der Kaiser wieder Wiener Boden betrat, erscholl das „Te Deum" aus allen Kirchen. Die demokratischen Pläne der Nationalversammlung in der Frankfurter Paulskirche waren vergessen. Aber das Ancien Régime der Aristokratie war überwunden. In den Revolutionen des 21. Jahrhunderts der arabischen Welt wird das nicht anders sein.

Die aus der Konterrevolution gegen die Freiheitsbewegung des Arabischen Frühlings hervorgegangenen Regimes stabilisieren sich, auch mit ausländischer Unterstützung. Waffen und Berater aus Russland und dem Iran stärken dem Assad-Regime den Rücken.

Mit der Diktatur al-Sisis hat sich der Westen rasch abgefunden. Auf eine konzertierte Protestwelle gegen die Repression aus Europa und den USA wartet man vergeblich. Das Bewusstsein, dass Revolutionen engagierter Menschen Tyrannen besiegen können, lässt sich nicht auslöschen.

Nelson Mandelas Erbe

2013 liegt Nelson Mandela im Sterben, 14 Jahre nach seiner Präsidentschaft in Südafrika und mehr als 20 Jahre nach dem Ende des Apartheidsystems. Dass seine Organisation, der African National Congress (ANC), wegen ihres bewaffneten Kampfes im Westen früher als terroristisch gegolten hat, wird bei den Elogen auf den historischen Freiheitshelden gerne verdrängt.

Falter 27/2013 vom 3.7.2013

Nelson Mandela wird weltweit verehrt, in ganz Afrika geliebt, in seiner südafrikanischen Heimat sogar vergöttert. Ob in den Slums von Rio oder bei den Herren des großen Geldes in der Wall Street, im fernen Asien, in Europa oder in den Diamantenminen des eigenen Landes: Das langsame Sterben des 94-Jährigen bewegt Menschen aller Volksgruppen und Klassen.

Der Freiheitskämpfer ist das einzige unumstrittene politische Idol der globalisierten Welt. Eine erfreuliche Tatsache, denn Mandela steht sowohl für unbeugsamen Widerstand gegen extreme Ungerechtigkeit als auch für die seltene Großzügigkeit von Siegern nach der erfolgreichen Revolution.

Das Apartheidregime unterschied sich von anderen Diktaturen durch die rassistische Theorie von der Überlegenheit der weißen Minderheit gegenüber der schwarzen Mehrheit. Die zuerst friedliche und dann bewaffnete Auflehnung der Schwarzen gegen den Pariastatus im eigenen Land war die legitimste Rebellion ihrer Zeit. In den unendlich langen 27 Jahren auf Robben Island wurde Nelson Mandela der prominenteste politische Gefangene des Globus.

Die Anti-Apartheid-Bewegung wollte gleiches Wahlrecht für alle. Wo Gut und Böse lagen, schien sonnenklar. Aber die westlichen Demokratien standen auf der falschen Seite. Es war Kalter Krieg, und Pretoria galt als Bündnispartner gegen den Kommunismus. Die USA und Israel lieferten Waffen, Geheimdienstinformationen und Atomtechnologie, ungeachtet aller Boykottmaßnahmen. Nie brachen die Geschäfte mit dem Apartheidregime völlig ab. Die Jugendorganisation der britischen Tories hätte Nelson Mandela am liebsten hängen gesehen; David Cameron musste sich dafür später entschuldigen. Für Margaret Thatcher war Mandelas Partei ANC eine terroristische Organisation.

Tatsächlich wurde der südafrikanische Befreiungskampf massiv von der Sowjetunion unterstützt. Die Südafrikanische Kommunistische Partei war die treibende Kraft; Geld, politisches Know-how und Waffen kamen aus Ostberlin, Moskau und Havanna.

Nelson Mandela selbst gehörte vor seiner Verhaftung zum ZK der Kommunistischen Partei. Die Entscheidung zum bewaffneten Kampf nach dem Massaker von Sharpeville 1960 fiel nach einem Besuch bei Mao Zedong.

Die Guerillaangriffe richteten sich nicht gegen die weiße Bevölkerung an sich, sondern gegen Polizeistationen, eine Ölraffinerie und ein Atomkraftwerk. Zivile Opfer nahm man aber bewusst in Kauf. Sogar grausige Geheimgefängnisse des African National Congress gab es damals. Der ANC bewährte sich als breite Regenbogenallianz, die von schwarzen Nationalisten über linke Gewerkschaftler bis zu weißen Intellektuellen reichte. Fünf Jahre lang hat Mandela die Angebote Pretorias abgelehnt, für die Abkehr vom bewaffneten Kampf freizukommen.

Revolutionsführer an der Macht sind häufig eine Katastrophe, auch ganz ohne stalinistische Tradition. Das belegt Robert Mugabe in Simbabwe. Nelson Mandela ist das Gegenbeispiel. Die Unnachgiebigkeit in der Haft verschaffte ihm die Legitimität zum Dialog mit dem Reformer Frederik de Klerk. Nur er konnte die schwarze Mehrheit davon überzeugen, die Verständigung selbst mit den radikalsten Rassisten zu suchen.

Historiker streiten gerne über die Rolle der Persönlichkeit in der Geschichte. Im Fall Südafrikas ist die Sache ziemlich klar. Ohne Nelson Mandela hätte das Ende der Apartheid im blutigen Chaos geendet. Separatistische Zulus und paramilitärische Weiße bedrohten die Einheit des Landes. In brutalen Kämpfen gab es hunderte Tote. Nelson Mandela setzte auf Verhandlungen. Er erwies sich als brillanter Politiker.

Als er 1994 der erste Präsident des demokratischen Südafrikas wurde, hatte er seinem Volk einen langen Bürgerkrieg erspart. Die weiße Herrenkaste akzeptierte die schwarze Mehrheit und die Herrschaft des African National Congress.

In 20 Jahren ist eine schwarze Mittelschicht entstanden. Die Hautfarbe spielt keine große Rolle mehr im gesellschaftlichen Leben. Aber die Emanzipation der breiten Masse ist misslungen: Die Townships haben sich wenig verändert, Gewalt ist allgegenwärtig. Im regierenden ANC kämpfen die Clans um die materiellen Vorteile, die Staatsbürokratie ist korrupt und ineffizient. Präsident Zuma lebt in einer Luxusfestung mit Helikopterlandeplatz und Fußballfeld, er hat viele Millionen Rand unterschlagen.

Um zu protestieren hätte die Jugend Südafrikas viele Gründe. Vielleicht erinnert sie sich einmal an die Anfänge des Vaters der Nation als Rebell gegen Ungerechtigkeit und Elend.

Mit der Wahl von Cyril Ramaphosa zum Präsidenten 2018 versucht der regierende African National Congress das Image der korrupten Staatspartei zu korrigieren. Ex-Präsident Zuma kommt vor Gericht und wird zu einer Gefängnisstrafe verurteilt. Der ANC kann seine absolute Mehrheit verteidigen.

Wenn Nicaraguas Freiheitskämpfer zum autoritären Führer wird

In Nicaragua wehrt sich das Regime von Präsident Daniel Ortega im Sommer 2018 mit einer blutigen Repressionswelle gegen Proteste der Jugend. 1979 war er Führer der sandinistischen Revolution gegen die Somoza-Diktatur gewesen.

Falter 31/2018 vom 1.8.2018

Nicaraguas sandinistischer Präsident Daniel Ortega hat den Sturm auf den Straßen vorläufig überstanden. Die Barrikaden, mit denen sich die protestierenden Studenten gegen die bewaffneten Paramilitärs der Regierung zur Wehr gesetzt haben, sind abgebaut. Die Regierung hat die Kontrolle wiederhergestellt.

Nach Wochen des Schweigens hat sich Ortega im amerikanischen TV-Sender Fox News zu Wort gemeldet und einen Rücktritt ausgeschlossen. Aber die politischen Bruchlinien gehen tief. Sein Bruder Humberto Ortega, einst ebenfalls sandinistischer Kommandant, verlangt die Auflösung der von der Regierung gesteuerten Milizen. Linke Intellektuelle in Europa fordern eine internationale Untersuchung der Massaker an den Demonstranten und Neuwahlen.

Noch vor ein paar Wochen sind in dem mittelamerikanischen Kleinstaat Hunderttausende gegen die Regierung auf die Straße gegangen. Es waren die größten Demonstrationen, die es in Zentralamerika je gegeben hat. Die Protestbewegung, die als Widerstand gegen Kürzungspläne im Pensionssystem begonnen hatte, drohte zu einem Arabischen Frühling im Kleinen auf Lateinamerikanisch zu werden. Diese Gefahr ist für die Regierung gebannt.

Die blutige Repression, mit der Ortega seine Macht verteidigt, hat das Regime verändert. Vor 40 Jahren befreiten die Sandinisten das Land von der Herrschaft der Oligarchie unter Langzeitdiktator Somoza. Diese emanzipatorische Kraft ist zerstört. Schon in den letzten Jahren hat sich der ehemalige

Guerillaführer von vielen ehemaligen Mitkämpfern getrennt. Ein Bündnis mit Unternehmerverbänden und der Schulterschluss mit den reaktionärsten Teilen der Amtskirche für ein strenges Abtreibungsverbot verstörten die Linke. Diese Zweckbündnisse sind jetzt Makulatur. Kirche und Bürgertum geben sich als Refugien für die demonstrierende Jugend. Seine medial allgegenwärtige Frau Rosario Murillo hat Ortega zur Vizepräsidentin gemacht, sie soll ihm im Amt nachfolgen.

Ortega und Murillo sind zu gewöhnlichen lateinamerikanischen Caudillos geworden. Menschenrechtsorganisationen sprechen von 300 bis 450 erschossenen Demonstranten. 600 Jugendliche sind verschwunden, sie wurden während der Proteste von Paramilitärs entführt. Es ist eine schreckliche Bilanz für ein Land mit nur sechs Millionen Einwohnern. Seit dem Ende des von den USA unter Ronald Reagan angezettelten Krieges der Contras gegen die Sandinisten in den 1980er-Jahren hat es keinen derartigen Blutzoll mehr gegeben.

Nicaragua gehört unter Ortega mit Kuba, Venezuela und Bolivien zu einer nach dem Freiheitshelden Bolivar benannten bolivarischen Allianz der Antiimperialisten, die gegen die USA Front machen. Diese Staaten werden durch Erdöl aus Venezuela unterstützt. Aber der venezolanische Machthaber Maduro wird im eigenen Land mit einem wirtschaftlichen Desaster historischen Ausmaßes nicht fertig. Die Inflation ist unvorstellbar hoch, die Versorgung in dem ölreichen Land ist zusammengebrochen.

Aus der von Venezuela finanzierten Allianz ist seit einem Präsidentenwechsel in Quito Ecuador ausgeschert. Präsident Lenín Moreno will die Annäherung an die USA. Opfer dieses Kurswechsels könnte Wikileaks-Gründer Julian Assange werden, dessen Asyl in der ecuadorianischen Vertretung in London gefährdet ist. Wenn Ecuador das seit 2012 andauernde Botschaftsasyl beendet, könnte Assange an die USA ausgeliefert werden, wo ihm ein Verfahren wegen der Veröffentlichung von Militärgeheimnissen droht. Egal, was man von ihm halten mag, eine Übergabe Assanges an die US-Justiz wäre ein Anschlag auf die Pressefreiheit.

Kuba, Venezuela und Bolivien stellten sich in Nicaraguas Krise auf die Seite Ortegas. Die Demonstrationen sind für sie ein konterrevolutionärer Umsturzversuch, geschürt von den USA. Ähnlich argumentierte Ortega in seinem Interview auf Fox News. Tatsächlich hat das US-Außenministerium wiederholt gegen die Repression Stellung bezogen. Linke Verteidiger der nicaraguanischen Führung verweisen darauf, dass die Armut im Land deutlich stärker zurückgegangen ist als in den Nachbarstaaten. Schulen und Spitäler für das Volk sind gratis. Die Trinkwasserversorgung und das Kanalisationssystem wurden verbessert. Den sandinistischen Schießbefehl auf Demonstranten macht die Kritik aus Washington daran nicht besser. Die Logik ist aus dem Kalten Krieg bekannt: Der Außenfeind Amerika war im sowjetischen Machtbereich die wichtigste Legitimation, um gegen Protest im eigenen Land vorzugehen. Menschenrechtsaktivisten wurden als US-Agenten denunziert. Umgekehrt galten Linke im Westen als Handlanger Moskaus.

Die autoritären Regime der lateinamerikanischen Linken reproduzieren die hässlichsten Reflexe des Stalinismus. Sie beweisen damit, wie existenziell die Krise ist, in der sie stecken.

Umstrittene Wahlen im November 2021 bescheren Daniel Ortega eine vierte Amtszeit als Präsident Nicaraguas. Seine Frau Rosario Murillo ist wieder Vizepräsidentin. Mitbewerber sind ins Exil getrieben worden oder wurden verhaftet. Die USA sprechen von einer Scheinwahl. Nicaragua ist unter den Ortegas international isoliert wie selten zuvor.

Die Putschisten in Myanmar drehen die Zeit zurück

Vor zehn Jahren war die Öffnung des südostasiatischen Staates Myanmar, das frühere Burma, das Zeichen eines Aufbruchs. Die Militärs hatten das Land in totale Isolation geführt, die nur von Nordkorea übertroffen wurde. Tausende wurden Opfer der blutigen Repression. Die Freilassung der Friedensnobelpreisträgerin Aung San Suu Kyi 2010 und ihr Aufstieg zur demokratisch legitimierten Führerin war das Ende eines Albtraums. Die neuerliche Machtübernahme durch die Generalität im ehemaligen Burma zerstört den Glauben an eine friedliche Zukunft des Landes.

Falter 6/2021 vom 10.2.2021

Sechs Jahre nach dem Militärputsch in Thailand haben im benachbarten Myanmar die Generäle die Macht an sich gerissen. Die Führungsriege der Nationalen Liga für Demokratie ist in Haft. Aung San Suu Kyi, die „Lady", wie die prominenteste Bürgerin des Landes respektvoll genannt wird, steht unter Hausarrest.

Trotz Blockade des Internets gehen Zehntausende gegen die Militärherrschaft auf die Straße. Der Putsch in dem südostasiatischen Vielvölkerstaat mit den spektakulären goldenen Pagoden signalisiert eine dramatische Wende.

Die Putschisten um Oberbefehlshaber Min Aung Hlaing drehen das Rad der Geschichte zurück. Sie stellen sich frontal gegen das Volk. Bei den Parlamentswahlen im vergangenen Herbst war die Partei der Streitkräfte auf sieben Prozent der Stimmen geschrumpft. Aung San Suu Kyis Liste erreichte 83 Prozent. Die Generäle in Myanmar bedienten sich der Trickkiste des ehemaligen US-Präsidenten Donald Trump. Weil ihnen das Wahlergebnis nicht passt, bezeichnen sie den ganzen Urnengang als gefälscht.

Myanmar ist ein kompliziertes Land. Es gibt mehr als 100 Volksgruppen, mit eigenen Sprachen und eigenen Schriften. In einigen Teilstaaten kämpfen separatistische Rebellen. Wahlen verlaufen chaotisch. Am Triumph der Partei Aung San Suu Kyis besteht jedoch kein Zweifel. Die nunmehr inhaftierte Chefin der zivilen Regierung verkörpert unverändert die Hoffnung auf ein Ende von Willkür und Armut.

Anders als beim Militärputsch in Thailand 2014 oder dem in Ägypten 2013 kann sich General Min Aung Hlaing in Myanmar nicht auf eine Krisensituation berufen. Die Burmesen haben Erfahrung im Widerstand gegen Diktaturen. Viele junge Leute sind bereit, ihr Leben für die „Lady" zu riskieren, trotz der Soldaten auf den Straßen. Eine Welle der Gewalt durch Militär und Polizei hat begonnen.

Selten ist das Schicksal einer Person so eng mit der Erfahrung eines Volkes verbunden wie bei Aung San Suu Kyi. Ihr Vater Aung San war ein Vorkämpfer für die Unabhängigkeit Burmas von den Briten und oberster militärischer Führer. Er wurde in einer Kabinettssitzung von Putschisten ermordet. Überall im Land stehen Denkmäler für den burmesischen Nationalhelden. Aung San Suu Kyi hat dieser Nimbus geholfen, sich in Haft gegen die Willkürherrschaft der Militärs zu wehren. Sie ist zur Volksführerin geworden und wird wie eine Heilige verehrt. An Häuserwänden, in Geschäften und Wohnungen hängen ihre Porträts. Millionen wollten unter ihrer Führung die Schrecken der Militärherrschaft überwinden. Hunderttausende waren tagelang unterwegs, um sie in Freiheit zu sehen und zu hören. Jetzt ist Aung San Suu Kyi wieder Gefangene der Generäle.

Ihre Strategie, das Militär in der Zeit der Demokratisierung nicht frontal anzugreifen, sondern zu neutralisieren, hat die Liberalisierung der letzten Jahre ermöglicht. Die Sturheit, die Aung San Suu Kyi geholfen hat, als verfolgte Dissidentin durchzuhalten, war in der Funktion der Regierungschefin nicht immer ein Vorteil. Warnsignale aus dem Militär hat sie ignoriert. Mit dem Putsch der letzten Tage ist ihr Projekt gescheitert.

Dass sich die Friedensnobelpreisträgerin beim Völkermord an den Rohingyas schützend vor die Streitkräfte gestellt hat, hat Menschenrechtsorganisationen schockiert. 700.000 Angehörige der muslimischen Minderheit waren 2017 aus dem nordwestlichen Bundesstaat Rakhine vertrieben worden.

Aung San Suu Kyi nahm Rücksicht auf die Islamophobie der buddhistischen Mehrheitskultur und die Sensibilitäten des Militärs und bestritt den Völkermord. Die halbzerstörten Dörfer und militärisch zernierten Rohingya-Bezirke in der Provinzhauptstadt Sittwe, die Auslandsjournalisten noch vor ein paar Jahren besuchen konnten, wurden demoliert. Die Hoffnungen, die man auch dort in Aung San Suu Kyi gesetzt hatte, wurden enttäuscht.

Die Generäle kontrollieren den Staatsapparat, aber nicht die Gesellschaft. Eine vom britischen *Economist* zitierte Umfrage ergab 2019, dass viele Burmesen den Streitkräften zwar eine wichtige Rolle im Land zugestehen, aber 87 Prozent wünschen demokratische Verhältnisse.

Den Gegensatz zwischen Militärs und Zivilgesellschaft gibt es in mehreren Staaten Südostasiens. In Thailand geht Militärmachthaber Prayut zunehmend aggressiv gegen Studentenproteste vor. Mit dem Staatsstreich von Armeeführer Min Aung Hlaing in Myanmar erfasst ein eisiger Wind der Repression die Region.

Castros Nachfolger stehen vor einer Weichenstellung

Im Sommer 2021 erlebt Kuba landesweite Proteste gegen die kommunistische Regierung. Auslöser sind die verheerenden Auswirkungen der Corona-Pandemie.

Falter 33/2006 vom 16.8.2006; Falter 29/2021 vom 21.7.2021

Am Wochenende des 11. Juli 2021 haben in mehr als 50 Städten Kubas tausende Bürger gegen die kommunistische Regierung demonstriert. Es war die größte Protestbewegung auf der Insel seit 30 Jahren. 1994 konnte Fidel Castro die Lage durch seinen persönlichen Einsatz vor den Demonstranten unter Kontrolle bringen. Er öffnete die Schleusen für Flüchtlinge nach Miami.

Erstmals seit mehr als 60 Jahren steht in Kuba kein Castro an der Spitze. Der überrumpelte Nachfolger Miguel Díaz-Canel hat zunächst behauptet, dass die Proteste von den USA organisiert und finanziert seien, schließlich aber auch Fehler eingestanden und Korrekturen versprochen. Wie die Kommunistische Partei Kubas unter der neuen Führung auf die Krise reagiert, wird über ihr Schicksal entscheiden.

Auslöser der Demonstrationen waren die dramatischen Auswirkungen der Pandemie auf das Leben der Menschen. In den staatlichen Geschäften sind die Regale leer. Die medizinische Versorgung, die als Errungenschaft der Revolution galt, liegt wegen Covid darnieder. Stromausfälle gehören zum Alltag. Corona hat den Tourismus zerstört, der lebenswichtige Devisen ins Land brachte und Millionen Kubanern Jobs verschafft hat. Unter Donald Trump haben die USA das unter Obama gelockerte Wirtschaftsembargo verschärft. Western Union, die Firma, die es Exilkubanern ermöglicht hat, ihren Verwandten auf der Insel Dollarbeträge zu schicken, musste ihre Schalter schließen.

Für die KP-Führung war es ein Schock, wie rasch sich die Protestbewegung ausgeweitet hat. In Windeseile verbreiteten sich die Parolen über das Internet. „Patria y vida", „Vaterland und Leben", wurde zum dominanten Slogan. „Patria o muerte", „Vaterland oder Tod", war ein Kampfruf der Revolutionäre um Fidel Castro und Che Guevara gewesen. Rapmusiker hatten die Worte ausgewechselt und einen Song mit regierungskritischem Text daraus gemacht. Aus mehreren Städten wurden Plünderungen gemeldet, aber die politische Stoßrichtung ist unüberhörbar. Unter den Demonstranten sind Vertreter einer kritischen Künstlergruppe der Bewegung San Isidro, die mit Forderungen gegen Zensur und bürokratische Willkür hervorgetreten sind. Einige der verhafteten Intellektuellen waren wenige Tage später wieder frei. Optimisten sehen die Chance, dass Parteichef Miguel Díaz-Canel doch keine karibische Ausgabe des weißrussischen Diktators Alexander Lukaschenko werden will und den Dialog mit den Unzufriedenen suchen wird.

Kuba ist eine kommunistische Einparteiendiktatur, die ihre Legitimität aus der Revolution gegen das korrupte Regime des

Diktators Batista bezieht. Revolutionäre Sinnsprüche sind auf Kuba genauso allgegenwärtig wie Porträts des Staatsheiligen Ernesto „Che" Guevara. Aber Denkmäler für sich selbst hat Fidel Castro in den 48 Jahren seiner Herrschaft streng verboten. Es hat zahlreiche Destabilisierungsversuche aus den USA gegeben. Die Mordanschläge des CIA gegen Fidel Castro mit vergifteten Zigarren gehören zur Politfolklore Lateinamerikas. Auch jetzt provoziert der Bürgermeister von Miami mit der Forderung von US-Militärangriffen gegen Kuba. Die Vorstellung, dass die Konterrevolutionäre aus Miami wieder ihre Latifundien, Fabriken und Häuser zurückfordern könnten, hat den Castros geholfen, das Volk bei der Stange zu halten. Ob dieses Drohszenario auch Jahrzehnte später noch wirkt, ist unsicher.

Der Umbau der kubanischen Führung hatte mit der Pensionierung von Langzeitherrscher Fidel Castro 2006 begonnen. Das von der castristischen Revolution begründete Regime erwies sich als widerstandsfähiger, als viele erwartet haben. Tatsächlich sind die kubanischen Kommunisten in einer ganz anderen Situation als die osteuropäischen Bürokraten vor 1989. Nicht die Truppen einer fremden Armee haben die antikapitalistische Umwälzung vorangetrieben, wie das nach dem Zweiten Weltkrieg in dem von der Roten Armee besetzten Teil Europas der Fall war, sondern eine echte Volksrevolution. Und die Legitimation des Regimes auf Kuba liegt in der Frontstellung gegen den großen Bruder USA. In Lateinamerika ist das Streben nach einer Alternative zum nordamerikanischen Einfluss lebendiger denn je, während in Prag, Budapest oder Berlin am Ende nicht einmal mehr das Politbüro an den offiziellen Marxismus-Leninismus glaubte.

Nach dem Ende der Sowjetunion konnte Kuba auf günstiges Erdöl aus dem befreundeten Venezuela zählen. Aber Venezuela ist selbst in größten Schwierigkeiten. Benzin für Busse und Notstromaggregate in Kuba bleibt aus. Russlands Putin oder Chinas Xi Jinping müssten einspringen, um die Lücke zu füllen. Eine solche Option hat sich bisher nicht aufgetan. Vor Wirtschaftsreformen mit größerem Spielraum des Privatsektors ist die kubanische Führung bisher zurückgeschreckt. Die Sorge überwog, dass über kapitalistische Betriebe subversive Kräfte aus der Exilcommunity in den USA Fuß fassen könnten. Diese Ängste muss Havanna überwinden, um aus der Krise herauszufinden. Auf Dauer wäre eine Koexistenz der finanzkräftigen Exilkubaner in den USA und eines postrevolutionären Regimes auf Kuba die einzig sinnvolle Lösung. In der aufgeheizten aktuellen Stimmung wagt kaum jemand so zu denken. Eine Voraussetzung wäre das Ende des US-Wirtschaftsembargos, das ein übles Relikt des Kalten Krieges ist.

Die Europäische Union und die USA kritisieren zu Recht die kubanische Repression gegen die Demonstranten vom Sommer 2021. Von der Biden-Administration sollten die Europäer auch ein Ende des Embargos fordern. In den USA verlangt die linke Kongressabgeordnete Alexandria Ocasio-Cortez von Joe Biden, an die Entspannungspolitik seines Vorgängers Obama anzuknüpfen.

Mit dem Sieg der Taliban in Afghanistan endet eine Ära

Der Krieg gegen den Terrorismus, den George W. Bush 2001 nach den Angriffen des 11. September ausgerufen hat, findet im Sommer 2021 in einem Desaster des Westens sein Ende.

Falter 34/2021 vom 25.8.2021

Die Anschläge des 11. September gegen die USA, durchgeführt von El Kaida, sind von afghanischem Territorium ausgegangen, das von den Taliban beherrscht wurde. Die Taliban waren die ersten Ziele des amerikanischen Gegenschlags. 20 Jahre später sind die Islamisten die Sieger im Kampf um Afghanistan. Die Selbstmordanschläge mit Passagiermaschinen gegen das World Trade Center und das Pentagon 2001 hatten der Welt vor Augen geführt, wie verwundbar die USA gegenüber der hybriden Kriegsführung hochmotivierter Terrorgruppen sind. Das Comeback der Gotteskrieger und die panikartige Flucht Amerikas und seiner Verbündeten am Hindukusch belegen, wie verheerend sich die Supermacht verrannt hat.

9/11 löste eine Welle der Solidarität mit den USA aus. Die Nato erklärte den Bündnisfall. Russland und China stellten sich an die Seite der angegriffenen Weltmacht. Die Invasion Afghanistans ist von der internationalen Staatengemeinschaft unterstützt worden. Sogar Saudi-Arabien applaudierte, heilfroh, dass die saudische Staatsbürgerschaft der meisten Attentäter von 9/11 im Hintergrund blieb.

Mit ihren Kriegen seither haben die US-Administrationen dieses Potenzial verspielt. Das Debakel gegen die Taliban erschüttert die imperiale Stellung der USA in der Welt, ermutigt alle Gegner und schürt Misstrauen zwischen den westlichen Verbündeten.

Die Taliban haben 2001 ihren Sturz riskiert, weil sie sich weigerten, Osama bin Laden und seine globale Dschihadistenorganisation El Kaida auszuliefern. Der Gotteskrieger aus einer großen saudischen Familie ist tot. El Kaida ist ein Schatten ihrer selbst. Ihre Territorien in Syrien und dem Irak haben die Dschihadisten verloren. Afghanistan gehört jedoch zu den Gebieten, in denen dschihadistische Fraktionen neue Kräfte sammeln, auch wenn die Organisationen untereinander verfeindet sind.

Der Triumph der Taliban gibt den Dschihadisten weltweit neuen Auftrieb. Die Kontrolle der Taliban über Afghanistan seit dem Fall von Kabul am 15. August ist vollständiger als je zuvor. 2001 konnten sich die Amerikaner auf die Verbündeten der Nordallianz stützen, die einen Teil des Landes beherrschten. Jetzt ist die gesamte Region fest in der Hand der Islamisten. Die Taliban hatten alles strategisch vorbereitet. Zug um Zug sind die Provinzhauptstädte zur Übergabe gebracht worden. Es fielen fast keine Schüsse. Die Lokalgrößen waren schon im Vorfeld gekauft worden. Nur das kleine Panjirtal leistet noch Widerstand.

Den neuen Herrschern fielen große Mengen modernen amerikanischen Kriegsgeräts in die Hände. Die übergelaufenen afghanischen Armeeangehörigen sind auf US-Waffen ausgebildet. Wenn die Taliban unter Mullah Abdul Ghani Baradar, dem letzten Überlebenden der Gründergeneration, in den nächsten Monaten keine groben Fehler machen, wächst am Hindukusch die stärkste islamistische Armee heran, die es je gab. Mit Soldaten, die für Milliarden Dollar von den USA trainiert wurden. Der britische *Economist* zitiert den Militärexperten Mike Martin vom King's College in London, der von der erfolgreichsten hybriden Kriegsführung einer Guerillaorganisation seit Jahrzehnten spricht. Die Taliban haben Terrorismus, reguläre militärische Kampfformen und Diplomatie gleichzeitig betrieben.

In der früheren Regierungszeit von 1996 bis 2001 waren die Taliban international isoliert. Die barbarische Interpretation der Scharia und das Zwangsregime gegen Frauen, basierend auf paschtunischen Stammestraditionen, hatten das Emirat in Verruf gebracht. Jetzt ist die Situation völlig anders. Die USA haben in aller Form mit den Terroristen von einst den Abzug ausgehandelt. In Peking, Moskau und bei einer wachsenden Zahl von Nachbarstaaten werden die Taliban als Gesprächspartner akzeptiert. Die Europäer sind empört, weil sie in die Verhandlungen genauso wenig eingebunden waren wie die inzwischen aufgelöste afghanische Regierung. In Peking höhnt die nationalistische Parteizeitung *Global Times,* die Flucht der USA aus Afghanistan sei ein Omen für Taiwan. Der chinesische Inselstaat kann sich der amerikanischen Unterstützung im Fall einer Invasion der Volksrepublik nicht sicher sein.

Gibt es so etwas wie Schlussfolgerungen aus dem Desaster des amerikanischen Antiterrorkriegs? Attentäter sind durch Einsätze von Polizei und Geheimdiensten auszuschalten. Aus einer Polizeiaktion einen militärischen Krieg gegen den Terror, gegen den politischen Islam oder andere politische Feindbilder zu machen ist eine verhängnisvolle Fehlentwicklung.

KAPITEL 6
**ERKUNDUNGEN
IM NAHEN OSTEN,
IN MAROKKO UND
NORDKOREA**

Israel, Palästina und der Libanon

Reisetagebuch: Hinter der Mauer, vor dem Zaun (2008)

Der Kampf zweier Völker, der jüdischen Israelis und der arabischen Palästinenser, um die gleiche Heimat prägt unverändert den Nahen Osten. Im Nachbarstaat Libanon gab es Kriege, israelische Invasionen, Raketenangriffe und Terroranschläge. Der Aufstieg religiöser Fundamentalismen und der Niedergang schwacher Staaten zerstören die Region. Mit meiner damals 20-jährigen Tochter, die sich als Maturageschenk eine politische Nahostreise gewünscht hat, besuche ich um die Jahreswende 2007/2008 den Libanon, Israel und die besetzten Palästinensergebiete, um mit Freunden aus der Friedensbewegung nach 35 Jahren, die wie ich den Konflikt verfolgen, Zwischenbilanz zu ziehen. Der Reisebericht beginnt in Beirut. Wir besuchen aus Israel kommend den zerrütteten Libanon.

Falter 8/2008 vom 20.2.2008

Die Zufahrt zu den Flüchtlingslagern von Sabra und Schatila im Süden von Beirut führt durch einen bösen libanesisch-palästinensischen Slum. Häuserruinen, Straßenhändler, eine stinkende Müllhalde. Die Straßen sind von grünen Plakaten gesäumt. Darauf sind Schiiten zu sehen, die 2006 im israelisch-libanesischen Krieg starben. Die Armenviertel im Süden der libanesischen Hauptstadt sind Hisbollah-Gebiet. Auf vielen Häuserwänden prangt überlebensgroß Hassan Nasrallah, der bärtige Führer der proiranischen Partei Gottes. Nach dem erfolglosen Feldzug Israels wird er in großen Teilen der arabischen Welt als Held gefeiert. Sein Bild hängt oft neben jenem von Ajatollah Khomeini, dem Führer der islamischen Revolution im Iran.

Vor 30 Jahren, als ich das erste Mal in Beirut war, dominierten in diesen Straßen radikale Palästinenserorganisationen. Auf den Plakaten wurden antiisraelische Selbstmordkommandos gefeiert. An jeder Ecke prahlte ein anderer Milizionär mit seiner Kalaschnikow. Ein Chaos, das im christlich-islamischen

Bürgerkrieg der Siebzigerjahre mündete. 1982 vertrieb der Libanonfeldzug Ariel Sharons die Palästinenserorganisationen, die langjährige israelische Besetzung des Südlibanons förderte den Aufstieg der schiitischen Hisbollah.

Checkpoints, Panzerstellungen, libanesische Soldaten: Beirut schaut aus, als stünde es erneut vor einem Bürgerkrieg. Doch die Palästinenser spielen in den Konflikten, von denen die libanesische Politik seit Monaten zerrüttet wird, keine Rolle mehr. Selbst in den verwinkelten Straßen von Sabra und Schatila erinnern nur verblichene Wandmalereien an die Zeit der Intifada. Sogar an der Gedenkstätte für die Opfer des Massakers von Sabra und Schatila, als christliche Milizen 1982 in einer drei Tage dauernden Orgie der Gewalt hunderte, wahrscheinlich tausende Menschen unter den Augen der israelischen Besatzungsarmee ermordeten, hängen grüne Hisbollah-Plakate. Der Platz steht unter Wasser, Besucher gibt es keine.

Persönliche Gründe haben mich nach Jahren wieder zu einer Reise quer durch den Nahen Osten an die Fronten eines Weltkonflikts geführt. Da ist der Wunsch meiner Tochter, Freunde auf allen Seiten zu besuchen. Und in den Bergen über Beirut liegt die libanesische Autorin, Verlegerin und Künstlerin Mai Ghoussoub begraben, mit der mich eine lange Freundschaft verbunden hat.

Mai Ghoussoub starb im Frühjahr 2007 unerwartet in London. Die Reiseroute hatten wir noch gemeinsam besprochen. Sie hatte darauf bestanden, dass wir auch ihre Heimatstadt, die lebendige levantinische Metropole Beirut, besuchen. Das freudlose, von Israel besetzte Ramallah oder Hebron würden einer jungen Besucherin aus Europa ein falsches Bild der arabischen Welt vermitteln. Diese Unterhaltung hatte vor dem Juli 2006 stattgefunden. Dann brach ein vierwöchiger israelisch-libanesischer Krieg aus.

Durch ihren Aufstieg wurde die schiitische Hisbollah zur treibenden Kraft im Zedernstaat. Im Nahostkonflikt haben sich die handelnden Parteien und Personen geändert. Aber auch Invasionen, Kriege und halbherzige Friedensverhandlungen, antiisraelischer Terror und israelischer Staatsterror führten keinen Millimeter näher an eine Lösung. Weder die nationalen Ziele der Palästinenser noch Sicherheit für die Bürger Israels wurden erreicht. Eine ernüchternde Bilanz, die sich durch unsere gesamte Reise ziehen wird.

Beim unabhängigen Verlag

Die legendären Bars und Nachtklubs nahe der Beiruter Strandpromenade sind ungeachtet der Spuren des zwei Jahre zurückliegenden letzten Krieges überfüllt. Erstaunlich rasch wurden die zerbombten Brücken und Gebäude wiederaufgebaut. Der Libanon profitiert von einem Wettlauf der Geberländer, die sich politischen Einfluss sichern wollen. Nur im Süden Beiruts, wo einmal das Hauptquartier der Hisbollah stand, liegen Häuserreihen noch immer in Schutt und Asche. Dass wir im „Sicherheitsdreieck" fotografieren, ruft in kürzester Zeit das schiitische Wachpersonal herbei. Glücklicherweise glauben sie uns, dass wir politisch interessierte Touristen sind und keine Agenten.

Die meisten Gebäuderuinen im Stadtzentrum stammen aus früheren Kriegen. Fast jeder Libanese weiß, welches Geschoß welche Zerstörung anrichtete. Um die Ruinen an der Place des Martyrs stehen Zelte jeder Größe. Hier versammeln sich Anhänger der Hisbollah und ihre christlichen Alliierten. Sie sind mit dem syrischen Assad-Regime verbündet und ringen mit der aktuellen prowestlichen Regierung um Einfluss. Auch nach Ende des Krieges herrscht permanenter Ausnahmezustand. Nach einer Serie politischer Morde sind Angst und Unsicherheit weit verbreitet. Ob er um sein Leben fürchtet? Das fragen wir einen Journalisten, der für seine Kritik an Syrien bekannt ist. Er zuckt nur mit den Schultern. Wehren könne man sich sowieso nicht. Wer die Killer schickt, weiß niemand genau. Je nach politischem Standpunkt vermuten Gesprächspartner einen der zahlreichen syrischen Geheimdienste, den Iran, Israel oder die CIA. Condoleezza Rice, die Nationale Sicherheitsberaterin unter George W. Bush, glaubte 2006 in den israelisch-libanesischen Wirren die „Geburtsschmerzen" eines neuen Nahen Ostens auszumachen. Geblieben sind Angst und Zerstörung.

Als wir die Bergstraße aus Beirut nach Beith Shebab entlangfahren, wo Mai Ghoussoub begraben liegt, verschwinden die Hisbollah-Poster. An ihre Stelle treten die Porträts von grimmig dreinblickenden Generälen und prominenten christlichen Opfern, die bei den jüngsten Attentaten starben. Mai Ghoussoub war in den Siebzigerjahren eine Aktivistin der Studentenbewegung. An ihre feurigen Slogans durch das Megafon erinnern sich selbst ergraute Funktionäre in Sabra und Schatila. Während des Bürgerkrieges betreute sie ein medizinisches Zentrum in den Armenvierteln Beiruts. Als ihre Gruppe die Korruption der PLO kritisierte, mussten sie vor Jassir Arafat Rede und Antwort stehen. Beim Krankentransport eines verwundeten Palästinensers wurde Mai Ghoussoub beschossen und verlor ein Auge. In den Achtzigerjahren baute sie im Londoner Exil Al Saqi auf, den inzwischen größten unabhängigen arabischen Verlag. Gewagte Titel über Sexualität, Kunst, religiöse Minderheiten und politische Outsider sind das Markenzeichen von Al Saqi.

In Hamra, dem Geschäftszentrum von Beirut, besuchen wir die Außenstelle des Verlages. Die Geschäftsführerin ist eine der wenigen, die Ermutigendes aus der arabischen Welt berichtet. Die wichtigsten Umsätze macht Al Saqi bei den großen Buchmessen. In Katar, Saudi-Arabien und anderen konservativen Staaten sind dies Großereignisse, die von privaten Besuchern richtiggehend überrannt werden, erzählt sie. Die Araber suchen Bücher, die sie im lokalen Handel nicht erhalten – vor allem Romane mit unkonventionellen Themen, aber auch Analysen politischer Querdenker. Dem Publikum genügt es nicht, immer nur Produkte der staatlichen Zensur oder Propaganda der Fundamentalisten zu lesen.

Drüben herrscht Normalität

Weil wir aus Israel gekommen sind, war die Reise in den Libanon recht kompliziert. In Wien hatten wir uns eigens einen Zweitpass besorgt. Denn wer bei der libanesischen Grenzkontrolle einen israelischen Stempel im Pass hat, darf nicht einreisen. Umgekehrt gilt das genauso. Wer von Israel in den

Libanon will, muss über die jordanische Hauptstadt Amman fliegen. „Mit den Brüdern verbindet uns eine heiße Leidenschaft", scherzte der israelische Mitarbeiter der Jordanien Airlines in Tel Aviv. Er wollte sicherstellen, dass beim Umstieg in Amman in Richtung Beirut alle Spuren israelischer Kontrollen entfernt werden. Seine Kollegen in Amman vergaßen natürlich glatt darauf und ließen zu unserem Schrecken die israelischen Sticker bis Beirut auf unseren Koffern. Glücklicherweise sahen die libanesischen Grenzer, die am Flughafen von der schiitischen Hisbollah kontrolliert werden, nicht so genau hin.

In den Libanon hatten wir schon Tage früher vom Süden aus durch den israelischen Grenzzaun geblickt. Von der prächtig erhaltenen Kreuzfahrerfestung Akko in Israel fuhren wir in Richtung Nordosten. Kyriat Schmona ist die größte israelische Stadt nahe der Grenze. 2006 schlugen die gefürchteten Katjuscha-Raketen der Hisbollah ein. Die gesamte Bevölkerung musste wochenlang im Süden Zuflucht suchen. In den Siebzigerjahren nahmen Palästinenserkommandos Dutzende Schulkinder als Geiseln. Die Kinder starben, als israelische Sondereinheiten versuchten sie zu befreien. Die Attentäter wurden in den Palästinenserlagern als Helden gefeiert. Die friedliche Atmosphäre der Shoppingmalls, Schulen und Cafés von Kyriat Schmona lassen die gewaltsame Geschichte nicht einmal erahnen.

Wir fahren einige Kilometer weiter in den Norden, in die unmittelbare Grenzstadt Metula. Vom Aussichtsposten hat man einen guten Blick auf die gegenüberliegenden libanesischen Dörfer El Kairi und Marjayoun. Als die israelische Armee Marjayoun 2006 einnahm, flüchteten tausende Bewohner. Die israelische Luftwaffe attackierte den Flüchtlingstreck – es gab Dutzende Tote und Verwundete. Auch jetzt sterben noch Menschen an den Splitterbomben, die Israel in den letzten Kriegstagen zu Tausenden abwarf. Ein Zaun mit der aus früheren Zeiten stammenden sinnigen Bezeichnung „Good Fence" trennt die Stadt vom Niemandsland. Israelisches Militär und weiße Uno-Panzer patrouillieren zwischen den verfeindeten Staaten, in der Ferne flattert eine gelbe Hisbollah-Fahne im Wind. Israelische Touristenbusse fahren bis zur Tafel mit der Warnung „No entry. Closed military area". Anscheinend gibt es hier auch Pazifisten. Einer der verlassenen Panzer ist bunt bemalt, am Heck prangt ein großes Friedenszeichen.

Wir treffen Joseph, einen Agrartechniker, der unbekümmert ein halbes Dutzend Katzen den Grenzzaun entlang spazieren führt. Joseph zeigt uns Neubauten auf der libanesischen Seite, die nur wenige hundert Meter von der Grenze entfernt in die Höhe schießen. Ein Zeichen, dass auch „drüben" die Normalität einkehrt, meint er. Er selbst bewohnt das allererste Haus nach der Grenze in Israel. Während des letzten Krieges ist er hiergeblieben, erzählt er. Die Hisbollah wollte Ziele möglichst weit im Landesinneren treffen. Die Raketen sind daher hoch über Metula hinweggeflogen. Die größte Veränderung, die er in den letzten Jahren festgestellt hat? Joseph rettet zwei Kätzchen, die sich im Zaun verheddert haben. In den Moschawim, den genossenschaftlichen Siedlungen der Region, kommen die Landarbeiter nicht mehr aus dem Libanon, meint er, sondern jetzt aus Thailand.

Panzer, Denkmäler für Gefallene, verstreute Hausruinen: Die Landstraße auf dem Golan erinnert an Kämpfe, die länger als der israelisch-libanesische Krieg zurückliegen. Wir übernachten hoch in den Bergen, in Majdal Shams, einem der vier verbliebenen Drusendörfer auf dem Golan. Die bunte drusische Fahne flattert in jeder Straße. Mit ihren vielen Farben erinnert sie uns deplatzierterweise an die heimische Regenbogenparade. Die Drusen sind eine religiöse Minderheit, die zerstreut in allen Staaten der Region leben. Die meisten Drusen des Golan sind im Sechstagekrieg 1967 nach Syrien geflüchtet und können seither nicht mehr zurück. Aus Protest organisieren Familienangehörige von beiden Seiten gemeinsame Feste direkt am Grenzzaun, der am Dorf vorbeiführt. Trotz der Feindschaft zwischen Syrien und Israel ist die Grenze durchlässiger geworden: Tausende drusische Jugendliche aus dem Golan studieren in Damaskus, die Stadt ist nur 40 Kilometer entfernt.

Salman Fakreddine, Chef des Al-Marsad Zentrums für Menschenrechte in Majdal Shams, erzählt vom hartnäckigen Widerstand gegen die israelischen Besatzer. Der Bürgermeister der Drusendörfer wird vom israelischen Innenminister ernannt. Gegenüber den israelischen Siedlern auf dem Golan fühlen sich die Drusen krass benachteiligt. Auf gewaltsame Proteste haben sie sich nie eingelassen. Das hat ihnen wahrscheinlich ermöglicht, als kleine Gruppe zu überleben. Offiziell ist der Golan von Israel annektiert. Aber wenn es einmal zu einem Friedensvertrag mit Syrien kommen sollte, weiß jeder, dass es neue Grenzen geben wird. Inzwischen arrangiert man sich. Der Golan verschafft den Israelis die einzige Möglichkeit zum Schifahren im eigenen Land. Die Drusendörfer bieten Zimmer zur Übernachtung. Langsam belebt der Tourismus die lokale Wirtschaft – ungeachtet aller politischen Spannungen. In Israel selbst gelten die heimischen Drusen, die mit den Glaubensbrüdern auf dem Golan nichts zu tun haben wollen, als patriotisch und dem Staat treu ergeben: In der israelischen Armee sind sie wegen ihrer arabischen Sprachkenntnisse gefragt.

Salman Fakreddine ist der Sprecher der Golan-Drusen. Über den Machtkampf zwischen den palästinensischen Gruppierungen, der islamistischen Hamas und der nationalistischen Fatah schüttelt er nur den Kopf. Den Menschen bleibe nur mehr die Wahl zwischen Gott und Korruption, meint er traurig. Die Hamas stehe für Gott, Fatah für Korruption. Salman ist nicht religiös, trotzdem akzeptiert ihn die Gemeinschaft. Ein Demokrat zwischen allen Stühlen: Mit den wachsenden religiösen Einflüssen in seinem Volk kann er wenig anfangen, die arabischen Regierungen verachtet er und die israelischen Besatzer will er loswerden.

Eine traurige Feier

Wir fahren am See Genezareth vorbei. Die leere Landstraße soll uns durch das Jordantal in der Westbank nach Jerusalem bringen. Wir wollen zu einer Demonstration der „Frauen in Schwarz", einer der ältesten israelischen Friedensgruppen, die ihren 20. Geburtstag begeht. Rechts und links der Straße Dutzende neue israelische Siedlungen. Eine junge Autostopperin ist auf dem Weg zu ihrem Militärersatzdienst. Wir fragen sie, ob sich die Siedler hier bewusst sind, dass sie das alles aufgeben müssten, sollte es einen Friedensvertrag geben. Irgendwie schon, meint sie. Aber man hoffe halt, dass es dazu nicht kommt.

Wer auf der Autostraße 90 in Richtung Jerusalem fährt, sieht nichts vom drakonischen Besatzungsregime, über das die Palästinenser klagen. Bequem durchquert man den nördlichen Teil der Westbank. Wo das besetzte Gebiet genau beginnt, merkt man nicht. Auf israelische Anbaugebiete folgen palästinensische Plantagen, auf jüdische Siedlungen arabische Dörfer. Dazwischen halb verlassene Checkpoints. Einmal weht die israelische Fahne, dann die palästinensische. Später erklärt man uns, dass Militärposten die Dorfbewohner aus der Umgebung immer wieder daran hindern, solche Schnellstraßen zu benutzen. Beim Durchfahren ahnt man das nicht. Trotzdem verstehe ich jetzt jene jüdischen und arabischen Intellektuellen besser, die ein Zweistaatenkonzept als Lösung des israelisch-palästinensischen Konflikts ausschließen. Sie halten einen gemeinsamen binationalen israelisch-palästinensischen Staat für realistischer, denn die beiden Gesellschaften seien viel zu stark miteinander verwoben. Daniel Barenboim, der israelische Pianist und Dirigent, hat deswegen heuer die palästinensische Staatsbürgerschaft angenommen. Die Schicksale von Israelis und Palästinensern ließen sich nicht mehr trennen, begründete er seinen Schritt. Nun ist er der erste israelisch-palästinensische Musiker.

Wir besuchen die „Women in Black", eine der unbeugsamsten Friedensgruppen Israels. Die Idee zu einem Frauenprotest gegen die Besatzung kam von den argentinischen „Müttern der Plaza de Mayo", die jahrelang gegen die Militärdiktatur auf die Straße gegangen waren. Jeden Freitag treffen sich die Demonstrantinnen am Jerusalemer Paris Square, nicht weit vom Sitz des Premierministers. An schlechten Tagen kommt nur eine Handvoll Aktivistinnen. Zum 20. Jahrestag sind es ein paar hundert Menschen.

Schwarz symbolisiert die Trauer über die Gewalt der Besatzer. Auch an diesem Tag dominiert diese Farbe. „End the Occupation" steht auf den Transparenten. Auf der anderen Straßenseite fordern rechte Gegendemonstranten die Todesstrafe für „Verräter". Nurit Peled-Elhanan, die Tochter des bekannten verstorbenen Friedensaktivisten und ehemaligen Generals Matti Peled, hält die erste Rede. Sie ist eine Symbolfigur der Friedensbewegung. Ihre eigene 13-jährige Tochter starb bei einem Selbstmordanschlag in der Fußgängerzone der Ben Yehuda Street in Jerusalem. Trotzdem kritisiert sie Hand in Hand mit palästinensischen Frauen das israelische Militär. „Wir werden oft als Schlampen beschimpft", sagt Ronni Hammermann, eine der Aktivistinnen. Aber inzwischen akzeptiert ein großer Teil der israelischen Gesellschaft, dass die Besatzung den Frieden verhindert. Ronni sieht darin auch einen Erfolg der hartnäckigen Protestbewegung.

Der verkaufte Kibbuz

Abgesehen von einer Minderheit unermüdlicher Aktivisten interessieren sich in Israel nur wenige Menschen für die Realität der Besatzung. Die mentale Distanz zur bitteren palästinensisch-israelischen Wirklichkeit ist vor allem in Tel Aviv deutlich zu spüren. In den Hauptstraßen der Stadt herrscht buntes Treiben, fast genauso wie in französischen oder italienischen Küstenstädten. Ramallah scheint hier so weit weg wie Kabul oder Tschetschenien.

Tel Aviv floriert. Hightech-Firmen schießen hoch, deren Geschäftspartner sitzen in Paris, San Francisco oder Schanghai. Die israelischen Kids denken international und erzeugen Dynamik für die ganze Gesellschaft. Israel geht es tatsächlich viel besser als noch vor wenigen Jahren. Doch aus dem einstigen Hort der sozialen Gerechtigkeit wurde ein Land mit enormen wirtschaftlichen Gegensätzen. Nur in den USA sind die Unterschiede zwischen Arm und Reich noch größer.

Einst blickte die idealistische junge Linke hoffnungsvoll auf die Kibbuzbewegung. Diese steht nun vor ihrem Ende. Nördlich von Haifa besuchen wir den Kibbuz Mabarot. Es ist eine der letzten Siedlungen, in denen die streng egalitären Prinzipien des linkssozialistischen Hashomer Hatzair angewendet werden. Mario, einer der führenden Funktionäre in Mabarot, begrüßt uns mit einer Hiobsbotschaft: Der Kibbuz hat vor wenigen Tagen die Babymilchproduktion, von der alle leben, mehrheitlich an den Weltkonzern Nestlé verkauft. Der Kaufvertrag enthält zwar eine Galgenfrist von zehn Jahren, bevor der Deal über die Bühne geht, doch allen ist klar, dass damit das egalitäre Experiment zu Ende geht. Nur die älteren Kibbuzbewohner weinen dem nach. Die Jungen wollen alle privatisieren, erklärt Mario.

Noch gelten in Mabarot die alten Regeln: Ihre Einkünfte liefern die 900 Mitglieder an den Kibbuz ab. Vom Generaldirektor bis zur Putzfrau erhalten alle 5000 Schekel, etwa 900 Euro. Dafür zahlen sie keine Fixkosten, keine Sozialabgaben, keine Versicherungen. Die trägt das Kollektiv. Es besitzt sogar einen gemeinsam verwalteten Autopark. Auf fünf Personen kommt ein Wagen. Mario wohnt in einem idyllischen Haus inmitten von Palmen und exotischen Pflanzen. Noch gehört es dem Kibbuz. In zehn Jahren wird alles privatisiert, glaubt er. Mario ist in den Achtzigerjahren mit der ganzen Familie vor der Militärdiktatur aus Argentinien geflohen. Lange Jahre war er führender Funktionär der linkssozialistischen Mapam-Partei. Jetzt müssen wir ihn dazu drängen, über israelische Politik zu diskutieren. Sogar im Kibbuz gab es bei den letzten Wahlen eine Stimme für die rechtsradikale Partei von Avigdor Lieberman. Mario hingegen empfahl seinen Freunden, für den damaligen Kandidaten der Arbeiterpartei Amir Peretz zu stimmen. Das ärgert ihn jetzt noch: Peretz wurde als Verteidigungsminister zu einem der Hauptverantwortlichen des Libanonkrieges 2006.

Der Versuch des Osloer Friedensabkommens 1993, zu einem historischen Kompromiss zwischen Israelis und Palästinensern zu kommen, ist gescheitert. Selbstmordanschläge sind selten geworden. Das drakonische Besatzungsregime ist geblieben. In Israel und den besetzten Gebieten leben knapp sechs Millionen israelische Juden und sechs Millionen palästinensischer und israelischer Araber, wobei sich Letztere zum Teil ebenfalls als Palästinenser fühlen. Der Zaun zwischen Israelis und Palästinensern rettet Leben. Aber der Konflikt wird dadurch weiter verschärft. Von Jerusalem durch die besetzten Gebiete und zurück nach Yad Vashem.

Die Sicherheitslage in Israel hat sich in den vergangenen Jahren deutlich verbessert. Die Serien vergangener Selbstmordanschläge sind nicht vergessen, aber der Geheimdienst Shin Bet meldet zum Jahreswechsel, dass 2007 nur ein einziger Attentäter durchgekommen sei. Die Fußgängerzone in der Ben Yehuda Street in Jerusalem ist voller unbekümmerter Jugendlicher aus allen Teilen der Welt. Falafel, das nahöstliche Fastfood, behauptet sich nur mühsam gegen amerikanische Hamburger. 2001 war ich das letzte Mal hier gewesen, wenige Tage nach einem mörderischen doppelten Selbstmordanschlag auf die Cafés des Viertels. Verstörte Angehörige hatten zwischen zerstörten Auslagen und viel Polizei von den letzten Augenblicken der Opfer berichtet. Wenige Kilometer entfernt wartete damals im palästinensischen Bezirk Abu Dis die Familie der Attentäter in verzweifelter Ergebenheit auf die sichere Rache der israelischen Armee: die Zerstörung des Hauses der Familie.

Die zweite Intifada, der Palästinenseraufstand gegen die israelische Besatzung, ist inzwischen Geschichte. Am Eingang jedes Supermarkts oder Restaurants sitzt noch immer ein Wächter, der Taschen und Rucksäcke kontrolliert. Die Sicherheitsleute auf den Bussen der Firma Egged, die über Land fahren, werden dieses Jahr eingespart. Die Regierung führt die neue Sicherheit auf ihre Befestigungsanlage zurück, die Israelis und Palästinenser voneinander trennt. Freunde aus der israelischen Friedensbewegung sind überzeugt, dass die vergangene Zurückhaltung der fundamentalistischen Hamas genauso wichtig war.

Keine zwei Autostunden von Tel Aviv entfernt liegt Gaza, ein großes Freiluftgefängnis für eineinhalb Millionen Palästinenser. Die aus Israel kommende Stromversorgung wird immer wieder unterbrochen. Die Blockade der Israelis und Raketenangriffe von Kämpfern der Hamas schaukeln die Spannungen auf. Gaza ist sowohl zu Israel als auch zu Ägypten blockiert. Anfang 2008 sprengen Aktivisten der Hamas die Grenzmauer zu Ägypten. Die Palästinenser jubeln, Hunderttausende überqueren die Grenze. Der Doyen der Friedensbewegung, Uri Avnery, vergleicht die Szenen mit dem Fall der Berliner Mauer. Mit seiner markanten grauen Mähne hatten wir Avnery bei der 25-Jahres-Demonstration der „Frauen in Schwarz" unweit des Sitzes von Premierminister Olmert ausgemacht. Er glaubt, dass es jederzeit israelische Militärangriffe auf Gaza geben kann. Die israelische Armee behauptet, das Ziel ihrer Angriffe wären die Militärs von Hamas und die Aktivisten des Islamischen Dschihad, jener Organisation, die mit ihren Kassam-Raketen in der an Gaza grenzenden Stadt Sderot seit Jahren Angst und Schrecken verbreitet. Mit den militärisch unwirksamen, aber psychologisch verheerenden Raketen haben die Palästinenser in Gaza eine Waffe gefunden, die demonstriert, dass es auch für die Israelis keine Sicherheit gibt, solange der Konflikt andauert. Die Relation der Opfer hält die israelische Menschenrechtsorganisation B'Tselem fest: 24 israelische Zivilisten und 13 Soldaten wurden in den vergangenen zwei Jahren in der Westbank und Gaza getötet, gleichzeitig gab es dort 816 palästinensische Tote, darunter viele Zivilisten. Doch auch auf palästinensischer Seite geht die Zahl der Opfer mittlerweile deutlich zurück.

Bombardiert wurde Gaza schon Jahre vor Erfindung der Kassam-Geschosse. 2001 wurde ich bei einer Reportage für die „ZiB 2" des ORF in Gaza-Stadt von einem israelischen Bombenangriff überrascht. Anders als ich das von der Generation meiner Eltern gehört hatte, die bei Bombenangriffen während des Zweiten Weltkrieges in den Keller geflüchtet waren, begaben sich die Palästinenser auf die Dächer, um die Attacke fast wie ein Schauspiel zu verfolgen. Keller bieten sowieso keinen Schutz, und jeder wusste, dass der israelische Pilot ganz genaue Vorstellungen hat, was er zerstören will. Wir Reporter machten es den Bewohnern nach und verbrachten eine schlaflose Nacht auf den Dächern des Ramattan-Studios in Gaza. Beruhigend wirkten die Live-Einstiege der Kollegin von CNN. Immerhin konnte man hoffen, dass dadurch auch der israelische Generalstab über die Anwesenheit westlicher Journalisten auf einem der größten Hochhäuser der Stadt informiert war.

Der Preis, den die Bewohner des eingekesselten Gazastreifens mit ihren toten Familien zahlen, interessiert die Israelis genauso wenig wie die Palästinenser die Ängste der Kinder auf den Straßen Sderots. Ignoranz gegenüber dem menschlichen Leid der anderen Seite ist Teil eines solchen Konflikts.

Eine zuversichtlichere Sicht als die meisten hat Evi Guggenheim-Shbeta, Mitbegründerin des israelisch-arabischen Friedensdorfes Neve Shalom/Wahat al Salam. Vor Jahren habe ich die auf halbem Weg zwischen Tel Aviv und Jerusalem gelegene Siedlung unweit des Latrun-Klosters das erste Mal besucht. Damals tobte die erste Intifada zwischen israelischer Armee und den Steine werfenden palästinensischen Jugendlichen. Es war eine harte Bewährungsprobe für das streng paritätisch aus israelischen und arabischen Familien zusammengesetzte Dorf. Meine Tochter Neva wollte dieses Gegenmodell zum Gift des Hasses zwischen den Völkern immer schon mit eigenen Augen sehen. Inzwischen kann sich das Aufnahmekomitee des Friedensdorfes der Zuzugsanträge kaum mehr erwehren, erzählt Evi. Das mag auch mit den steigenden Grundstückspreisen in direkter Umgebung der großen Städte zu tun haben. Pioniere wie die aus der Schweiz stammende Evi und ihr Mann Eyas Shbeta haben aus dem einstigen Stück ungerodeten Landes in 35 Jahren eine wunderschöne Gartenlandschaft gemacht, das zieht die Leute an. Aber Evi meint, dass sie sich auch für das inzwischen in ganz Israel bekannte Modell einer jüdisch-arabischen Partnerschaft interessieren würden.

Michael Warshawsky, der langjährige Spiritus Rector des Alternativen Informationszentrums und ein Veteran des israelisch-palästinensischen Dialogs, führt uns im abgenutzten Familienauto durch die jüdischen Siedlungen rund um Jerusalem. Warshawsky stieß als junger Jeschiwa-Schüler zur neuen Linken, er war Aktivist in der legendären israelischen 68er-Organisation Matzpen gewesen.

Jerusalem liegt hinter uns, es geht über die Anhöhe von Pisgat Zeev in die Siedlung Geva Benjamin. So weit das Auge reicht, gehört der Boden israelischen Siedlern. Die in den Tälern liegenden arabischen Dörfer sieht man nicht. Diese Besiedlung ist ein Mittel der systematischen Landnahme, sagt Warshawsky. Was man sieht, ist ein kaum unterbrochener israelischer Kolonisierungsprozess auf palästinensischem Boden. Straßen, Tankstellen und Geschäfte werden zu Symbolen für den von Israel beanspruchten Raum. Fast alle Hügel rund um Jerusalem bis knapp an die Grenze zu Jordanien sind mit den an ihren roten Dächern leicht erkennbaren modernen Burgen bebaut. Da zum Gemeindegebiet einer Siedlung ein viel größeres Territorium gehört als ihre bebauten Straßenzüge, besitzen die Siedler heute nach Berechnungen des Politikwissenschaftlers Meron Benvenisti zwischen 45 und 55 Prozent vom Grund der Westbank.

Die Trennmauer zwischen Israel und der Westbank, die außerhalb des Stadtgebietes zur Befestigungsanlage wird, windet sich über Hänge und durch Täler. Michael Warshawsky manövriert das Auto durch die Straßen von Abu Dis, einem außerhalb der Mauer gelegenen arabischen Stadtteil Jerusalems. Kilometerlang geht es an der hier überlebensgroß wirkenden Befestigungsanlage vorbei. Sie hat mitgeholfen, Leben in Israel zu retten, daran ist nicht zu rütteln. Aber die Vorstellung, dass so ein monströses Konstrukt den Konflikt auf Dauer entschärfen kann, ist absurd. Ganz wie einst die Berliner Mauer ist die Konstruktion an manchen Stellen mit Graffiti übersät. „Peace, not Apartheid" steht da geschrieben. „Fuck the Wall", „Fuck Israel".

Die Fundis sind angeblich unbestechlich

Am nächsten Tag bringt uns ein Palästinensertaxi von Jerusalem nach Dheishe, einem Flüchtlingslager unweit von Bethlehem, und dann weiter nach Hebron, der umkämpften Stadt im Süden der Westbank. Erstmals sind auch Arafat-Poster zu sehen, der tote Palästinenserpräsident scheint sonst aber so gut wie vergessen zu sein. Wegen Korruption und Misswirtschaft war Al Fatah auch hier abgewählt worden. Selbst viele palästinensische Christen haben in Bethlehem aus Protest die Hamas gewählt.

Achmed arbeitet von einem Büro in Bethlehem aus mit dem Alternativen Informationszentrum in Jerusalem zusammen. Er

liefert Material für das international verbreitete Informations-
magazin *News from within*. Der ununterbrochene Ausbau der
Siedlungen ist das beherrschende Thema. Die Hamas verliert
seiner Meinung nach nicht an Einfluss, der Nimbus der Unbe-
stechlichkeit hilft den Fundamentalisten. Schlussendlich werden auch Hamas und Israel verhandeln, glauben alle in seinem
Büro. Aber bis dahin wird noch viel Blut fließen.

Dieses Argument hören wir immer wieder, auch wenn es
um die Kassam-Angriffe aus Gaza geht. Der Beschuss würde
innerhalb von 24 Stunden aufhören, wenn Israel mit der Hamas-
Führung Verhandlungen aufnähme, sagt ein palästinensischer
Journalist. Israel müsse der Hamas etwas anbieten, zum Beispiel ein Ende der gezielten Ermordungen von Führungsper-
sönlichkeiten. Auf dem Weg nach Hebron legen alle Passagiere
im palästinensischen Sammeltaxi wie auf Kommando einmal
die Sicherheitsgurte an, dann wieder ab. Wir verstehen nicht
warum, unser Begleiter lacht und erklärt: Von jetzt an seien wir
im Palästinensergebiet, da gebe es kein Gesetz, da könne man
die Sicherheitsgurte ruhig abschnallen. Vor ein paar Tagen sind
hier zwei israelische Soldaten in Zivil erschossen worden, die
Anspannung ist an jeder Kreuzung spürbar.

Die Lage in Hebron hat sich in den vergangenen Jahrzehnten kontinuierlich verschlechtert. In den Achtzigerjahren
besuchte ich die nahegelegene jüdische Siedlung Kyriat Arba,
die wegen ihrer politischen Militanz bekannt war. Einwände
gegen die Siedlertätigkeit hatte der wortgewaltige Sprecher
der Lobbygruppe Gush Emunim, Eliakim Haetzni, damals mit
dem Argument weggewischt, judenfreie Gebiete werde es in
Judäa und Samaria nie mehr geben. Kyriat Arba liegt außerhalb
der Stadtgrenzen von Hebron. In der Stadt selbst gab es in den
Achtzigern nur wenige jüdische Stützpunkte, streng bewacht
vom israelischen Militär. Inzwischen haben sich immer mehr
Siedler in mit Stacheldraht und Überwachungskameras umge-
benen Häusern eingebunkert.

700 rechtsradikale Siedler inmitten von 160.000 palästinensischen Moslems – ein Pulverfass. Nirgendwo sonst bewegen sich israelische Militärs so angespannt wie hier. Als wir an

einer Kreuzung plötzlich einer Handvoll Soldaten gegenüberstehen, die mit der MP im Anschlag in alle Richtungen zielen, haben wir genug und nehmen das Taxi zurück.

Sind die antijüdischen Vorurteile gegen Israel bei den Palästinensern für den Konflikt verantwortlich, wollen wir von unseren Gesprächspartnern wissen. Bei der Kundgebung der „Frauen in Schwarz" in Jerusalem erklärt uns Ronni Hammermann den wechselseitigen Aufbau von Feindbildern. An den Wochenenden geht sie zum „Checkpoint Watch", um den israelischen Soldaten auf die Finger zu schauen. Araber werden hier von vielen Besatzungssoldaten nicht als menschliche Wesen angesehen, sagt Hammermann, sie sind in ihren Augen nicht besser als Tiere. Quälereien und Erniedrigung sind alltäglich. Eine Haltung, die sich im antijüdischen Hass vieler Palästinenser widerspiegelt, für die die Soldaten am Checkpoint „die Juden" sind. Von „Israelis" und „Palästinensern" spricht vor allem die Linke, sagt Michael Warshawsky. Bei einfachen Leuten dominieren ethnische Bezeichnungen, Juden und Araber.

In Beirut: Hitler und Che

Vor der Reise nach Beirut besuchen wir Yad Vashem, die renovierte und neu ausgebaute Gedenkstätte für die Shoa. Die israelische Institution steht dem Holocaust-Museum in Washington in nichts mehr nach, so aufwendig ist die Darstellung der Stationen des Völkermords der Nazis. Es gibt Führungen in hebräischer, englischer, französischer und russischer Sprache. Nach den letzten Stationen der Gedenkstätte steht man schließlich auf einem Balkon mit einem weiten Ausblick über die Täler um Jerusalem. Die Landschaft wirkt erlösend nach dem Horror der europäischen Vergangenheit.

Über Amman fliegen wir in die eineinhalb Jahre nach der letzten israelischen Invasion vom Bürgerkrieg bedrohte libanesische Hauptstadt Beirut. Wir fragen Hazim Saghie, einen befreundeten Kolumnisten der Tageszeitung *Al Hayat,* nach der Rolle des Antisemitismus im Nahostkonflikt. Er sagt, der europäische Antisemitismus hätte auf den Wahnvorstellungen von vergifteten Brunnen und Kindesmord beruht, im Nahen Osten

gebe es dagegen seit Jahrzehnten einen realen Interessenkonflikt im Kampf zweier Völker um die gleiche Heimat. Dabei wird
häufig auf die alten antisemitischen Mythen aus Europa zurückgegriffen – ihr Stellenwert sei aber ein anderer.

Für ideologische Verwirrungen scheint das geplagte Beirut
ein fruchtbarer Boden. Eine Buchhandlung im Stadtteil Hamra
wirbt mit Hitler- und Che-Guevara-Plakaten. Die „Protokolle
der Weisen von Zion", die hundert Jahre alte erfundene Hetzschrift über jüdische Weltherrschaftspläne, kann man nahezu
überall als Sachbuch kaufen. Im Babel Theater hören wir Norman Finkelstein, einen umstrittenen amerikanischen Politologen. Er hat sich in den USA wiederholt gegen die Pro-Israel-
Lobby gestellt. In Beirut spricht er seinem antiisraelischen
Publikum nach dem Mund. Zur Begeisterung der Zuhörer
findet Finkelstein sogar lobende Worte für Hisbollah-Scheich
Nasrallah, den er als den einzigen arabischen Politiker bezeichnet, der von Israel respektiert würde.

Richtig ist: Die schiitische Hisbollah wurde von Israel nicht
besiegt. Das unterscheidet Nasrallah vom jordanischen König
oder dem ägyptischen Präsidenten. Aber jetzt hält er den ganzen Libanon als Geisel seiner Sucht nach Konfrontation mit
dem Nachbarn im Süden. Am Stadteingang von Baalbek, der
Stadt mit der ausgedehntesten antiken Tempelanlage der Erde,
hat die Hisbollah einen erbeuteten israelischen Panzer zum
Siegesdenkmal erhoben.

Die Hisbollah führt einen Stellvertreterkampf für den Iran
und Syrien. Im Westen gelten die schiitischen Gotteskrieger als
Terroristen, in Beirut sind sie Teil des politischen Systems. Der
prowestliche Teil des Libanon wird nicht müde, die Abhängigkeit der Hisbollah von Syrien und vom Iran anzuprangern. Um
im Gegenzug von der mit der Hisbollah verbündeten „Linken"
zu hören, die Regierung in Beirut erfülle nur die Geschäfte der
USA, der Saudis und Israels. Wie der Konflikt ausgeht, hängt
von der geopolitischen Konstellation zwischen Washington
und Teheran, Damaskus und Jerusalem ab.

Dieses Gefühl der Hilflosigkeit ist bei den Menschen auf
allen Seiten der Front zu spüren. Das haben wir auf unserer

Reise in den Lagern von Sabra und Schatila und in Baalbek ebenso festgestellt wie in Jerusalem, Bethlehem und Hebron. In Tel Aviv, dem vom Konflikt mental so weit entfernten, boomenden Zentrum Israels, kommt noch Verdrängung der Realität der Besetzung dazu. Die israelisch-palästinensische Auseinandersetzung, obwohl immer wieder blutig und heiß, wird gleichzeitig zu einem der gefrorenen Konflikte dieser Erde. Obwohl auf beiden Seiten eine deutliche Mehrheit zu schmerzlichen Kompromissen bereit wäre. Der Zwang müsste wahrscheinlich von außen kommen. Noch können die USA im Nahostkonflikt beide Seiten bewegen Maximalpositionen aufzugeben. An den von George W. Bush gestarteten Verhandlungsprozess glaubt jedoch niemand.

Auf der Politreise haben wir erlebt, wie trügerisch einfache Wahrheiten sind, wenn starke Legitimationen verschiedener Völker aufeinanderprallen.

Die Grundfrage nach einem Kompromiss zwischen den beiden Völkern, den Israelis und den Palästinensern, bleibt ungelöst. Die Friedensbewegung in Israel ist ermattet. Die Besetzung der Westbank, der Ausbau der Siedlungen und die alle paar Jahre aufflammenden Gazakriege sind zur Normalität geworden. Die Bürgerrechtsorganisation B'Tselem beklagt 2021 die Entwicklung Israels zu einem Apartheidstaat. Unter den Palästinensern setzt sich die Islamistische Hamas als dominante Strömung durch. Gleichzeitig glauben die Strategen in den USA und in Europa, dass die Bedeutung des israelisch-palästinensischen Konflikts für die Weltpolitik angesichts der Zerfallserscheinungen in der arabischen Welt zurückgeht. Es handelt sich um Wunschdenken. Ohne die Hoffnung auf eine Lösung kann sich der unterdrückte Konflikt in der Nachbarschaft Europas jederzeit neu entzünden.

Flug mit El Kaida von Brüssel nach Casablanca (2012)

Seit den Anschlägen des 11. September 2001 in New York und Washington ist es in Europa zu verheerenden Attentaten gekommen. In U-Bahnen, Konzertsälen, Cafés und auf offener Straße. In Madrid, London, Paris, Brüssel, Wien und anderen Städten gab es hunderte Opfer. Die Dschihadisten können sich auf die Verbindungen quer über die Kontinente stützen. Wie wenig die Behörden mit den Gefahren umgehen können, bekomme ich bei einem Flug mit meiner Frau von Brüssel nach Marokko zu spüren.

Oktober 2012

Der hoffnungslos überfüllte Bus 12 zum Brüsseler Flughafen nimmt auf jeder zweiten Kreuzung ein paar Randsteine mit. Die Brüsseler Verkehrsbetriebe fahren täglich Rallye. Am Lenkrad eine freundliche belgische Chauffeuse. Sie ist sichtlich bemüht, das Vorurteil zu widerlegen, wonach das Höllentempo von Bussen und Straßenbahnen damit zu tun hat, dass häufig junge Männer marokkanischen Ursprungs am Steuer sitzen. Eine junge Frau liest konzentriert Robert Menasses „Der Europäische Landbote", das neue Buch des österreichischen Schriftstellers. Es ist der Beginn der traditionellen herbstlichen Urlaubswoche in Belgien.

Wir sind auf dem Weg zu einem der merkwürdigsten Flüge unseres Lebens.

Pünktlich um 16 Uhr 45 hebt der Flug JAF 5467 der Fluglinie Jet4you vom internationalen Flughafen Brüssel-Zaventem am 26. Oktober in Richtung Casablanca ab.

Eineinhalb Stunden später besuche ich von meinem Sitzplatz C 7 aus im Vorderteil der Boeing 737-800 die Toilette. Einige Augenblicke muss ich warten, dann verschwindet das rote Besetztzeichen. Die Frau vor mir gibt mir die Klinke in die Hand. Auf den Toilettenspiegel hat jemand mit Seife eine Parole geschrieben: „El Kaida an Bord". In französischer Sprache: „Al

Qaida se trouve dans l'avion", habe ich später der Polizei in Casablanca zu Protokoll gegeben.

Wahrscheinlich ein schlechter Scherz. Aber wer denkt nicht sofort an die Anschläge und Entführungsversuche seit dem 11. September 2001? Es wird kein normaler Urlaubsflug werden, so viel ist klar.

Ich versuche den Text mit meinem iPhone zu fotografieren, was allerdings schlecht gelingt. Ich weise eine Stewardess auf die „merkwürdige Aufschrift" hin. Tatsächlich merkwürdig, meint sie, das muss sie dem Kapitän erzählen. Zurück auf meinem Platz schaue ich auf die Uhr: 18 Uhr 24 Brüsseler Zeit.

Ein Lausbubenstreich, angelegt als Provokation? Das ist die wahrscheinlichste Variante. Terroristen werden kaum Toilettenbotschaften anbringen. Aber vielleicht will jemand Panik erzeugen? Es hat schließlich nicht nur die wohlvorbereiteten Angriffe des 11. September gegeben. Es gab den Terroristen, der als Schuhbomber bekannt wurde, weil er in seinen Schuhen Sprengstoff versteckt hielt, um einen Atlantikflug zum Absturz zu bringen. Ein anderer Möchtegern-Attentäter hatte Sprengstoff in der Unterwäsche. Psychisch destabilisierte Personen sind zu den absurdesten Verrücktheiten fähig.

Tatsächlich gehört Marokko zu den heißen Gebieten des islamistischen Terrors. Die Attentäter von Madrid hatten ihre Wurzeln in Marokko. Der letzte Anschlag gegen das von König Mohammed VI. autoritär geführte Königreich liegt nur ein Jahr zurück. Alle paar Jahre verhaftet die belgische Polizei angebliche oder reale Terrorzellen.

Mit dem entspannten Urlaubsflug ist es vorbei. Meine Frau legt ihren Krimi zur Seite. In 30.000 Fuß Flughöhe beobachten wir angespannt unsere Mitreisenden.

Die Stewardess öffnet die Tür zum Cockpit und spricht mit den Piloten. Längeres Palaver. Wenige Minuten später kommt der Kopilot heraus, öffnet die Toilettentüre und sieht sich den beschriebenen Spiegel an. Passagiere werden abgewiesen.

Ich bin ganz Reporter, mache mir Notizen und fotografiere mit dem Handy. Die Fotos werde ich nach der Landung löschen. Ich machte mir Sorgen, die marokkanische Polizei könnte aus den Fotos schließen, als Journalist hätte ich die Episode selbst inszeniert.

Zehn bis 15 Minuten später „versperrt" die Mannschaft den Zugang zum Bereich vor dem Cockpit mit dem kleinen Wagen für Bordgetränke. Zehn Minuten danach notiere ich, dass auch der Kapitän aus dem Cockpit kommt, um die Toilette zu inspizieren.

Zwei Stewards aus dem hinteren Bereich des Flugzeugs eilen nach vorne. Unser Eindruck ist, dass sich ein Teil der Crew gezielt vor der Tür zum Cockpit aufbaut.

Wir haben niemanden informiert. Also wissen nur der Schreiber der Warnung, meine Frau und ich sowie die Crew etwas von der El-Kaida-Aufschrift. Vielleicht auch noch die Passagiere, die nichts gesagt haben, obwohl sie ebenfalls die Nachricht gesehen haben.

Um 18 Uhr 52 werden die Videoscreens, auf denen die Flugroute sichtbar ist, eingefahren. Will der Kapitän vielleicht eine vorzeitige Landung in Spanien vornehmen und die Passagiere im Unklaren lassen? Später erfahren wir, ja, eine Notlandung sei überlegt worden.

Es sind viele marokkanischen Familien an Bord, mit Kindern und alten Leuten. Es ist der erste Tag des Opferfestes Eid al-Adha. Das ist so wie Weihnachten, erklärt mir der ahnungslose Mann mit Frau und Baby am Nebensitz. Jeder fährt zur Familie. Die rituelle Schlachtung des Hammels ist der Höhepunkt.

19 Uhr 20: Vor der Toilette im hinteren Teil des Flugzeuges bildet sich eine Schlange. Nach jedem Besucher kontrolliert eine Stewardess, ob alles in Ordnung ist. Die zweite Toilette ist gesperrt.

Die Erklärung erfahre ich später: Auf der geschlossenen hinteren Toilette hat man eine zweite El-Kaida-Aufschrift gefunden.

Passagiere stehen auf, stöbern in den Gepäckfächern. Wir wundern uns. In den USA war es noch Jahre nach 9/11 auf Flügen zwischen Washington und New York grundsätzlich verboten, sich von den Sitzen zu erheben. Ganz ohne Alarmsituation.

Um 19 Uhr 58 Brüsseler Zeit ertönt das „Prepare for landing"-Signal aus der Lautsprecheranlage. Der „Barrikade"-Getränkewagen wird zur Seite geschoben. Im Anflug ist deutlich die große Moschee von Casablanca zu sehen. Wir erreichen Marokko also tatsächlich wie geplant.

20 Uhr 13: Touch down.

Rund um den Standplatz der Boeing 737-800 auf dem Mohammed V. Flughafen von Casablanca tauchen Polizeiwagen mit Blaulicht auf. Dutzende marokkanische Sicherheitskräfte dringen in die Maschine ein, in der gerade der Sturm auf das Handgepäck begonnen hat. Der Kapitän teilt mit, dass die marokkanischen Behörden jetzt die Kontrolle übernehmen, aus Sicherheitsgründen.

Die Polizeibeamten inspizieren die Toiletten und fotografieren. Es handle sich um einen Routinevorgang der marokkanischen Sicherheitskräfte, verkündet ein Polizeibeamter.

Nach einer knappen halben Stunde beginnt das Aussteigen. Bunt gemischt strömen Passagiere und hektische Sicherheitsbeamte zu den Bussen. Eine Stewardess stellt mich einem der Beamten als jene Person vor, die die Aufschrift entdeckt hat.

Die Polizei nimmt mir sofort den Pass ab. Man weist mich an zu warten. Der Kapitän erzählt, er sei die gesamte Zeit mit den Sicherheitsexperten der Airline in Kontakt gewesen, habe sich aber schließlich entschieden weiterzufliegen. „Wenn es sich um eine Bombendrohung gehandelt hätte, wären wir jetzt in Malaga."

Während die anderen Passagiere ihr Gepäck abholen, werde ich mit meiner Frau in einem Polizeiauto quer über den Flughafen gefahren. Wir landen in der schmuddeligen Kommandantur der Gendarmerie Royale, Brigade de l'air.

Der Chef scheint ein drahtiger Polizist mit Bürstenschnitt zu sein, der hektisch telefoniert und das Lokal dann immer wieder in großer Eile verlässt. „Adjudant Chef Haddou Aoudi" steht auf einem Schild auf dem Schreibtisch. Ich werde als Zeuge gebraucht, sagt der Mann, der möglicherweise der Adjudant Chef ist.

Ein Colonel, der sich auf meine Nachfrage als „Heimi" vorstellt, versucht mich ebenfalls zu befragen, springt aber gleich wieder auf und läuft weg.

An den Wänden große Porträts von König Mohammed VI. sowie Fotos seines Vaters Hassan II. Es wird noch ein weiterer Passagier gebracht, dann noch einer. Einer der beiden Männer legt nach seinem belgischen Pass zögernd seinen marokkanischen Personalausweis dazu. Er habe gehört, dass sich auf der hinteren Toilette der Hinweis befunden habe, El Kaida sei auf einem Sitz in der 31. Reihe zu finden. Es sei sein Sitz gewesen.

Von meinem Pass ist nichts zu sehen. Nein, den bekomme ich jetzt nicht zurück, lautet die Antwort auf meine diesbezügliche Frage.

Marokko ist einer der Brennpunkte des islamistischen Terrorismus. Der von vielen sehnsüchtig erwartete Arabische Frühling ist hier ausgeblieben. Das schafft Spielraum für Extremisten. Dementsprechend brutal agieren die Sicherheitskräfte. Im Bericht eines Uno-Folterbeauftragten ist von systematischer Folter in marokkanischen Gefängnissen die Rede. Die beiden mit uns festgehaltenen marokkanisch-belgischen Passagiere sind sichtlich beunruhigt.

„Wir befinden uns im Alarmzustand", bellt mich der Gendarmerieoffizier mit Bürstenschnitt an, den ich für den Kommandanten halte.

Nach mehr als einer Stunde werde ich unruhig. Die Wahrscheinlichkeit, dass etwas schiefgeht, ist begrenzt. Aber ich will selbst das kleinste Risiko ausschließen, einige Tage in einem marokkanischen Verlies zu verbringen. El Kaida, das ist ein Thema, bei dem Polizeibehörden unberechenbar werden.

Als langjähriger ORF-Korrespondent habe ich viele Handynummern gespeichert. Schließlich schicke ich dem österreichischen Botschafter in Belgien und dem Pressesprecher des Außenministers SMS-Nachrichten über meine missliche Lage.

Innerhalb weniger Minuten melden sich die beiden Herren. Wenig später ist auch ein Vertreter der österreichischen Botschaft in Rabat am Handy. Der Journaldienst des Außenministeriums funktioniert perfekt. Dass jetzt alle paar Minuten ein Vertreter der Ambassade d'Autriche den verantwortlichen Offizier sprechen will, verändert die Atmosphäre deutlich. Ich inspiziere inzwischen die Kommandantur der Flughafengendarmerie. Bemerkenswert nur die Anweisung, dass israelische Touristengruppen in der internen Kommunikation als „(norwegische) Touristen" zu bezeichnen sind.

Endlich kann ich niederschreiben, was ich gesehen habe. Eine Unterschrift, und ich sehe meinen Pass wieder. Die Gendarmen setzen uns in ein Taxi ins Hotel Les Saisons in Casablanca. Ich gebe nach alle Seiten Entwarnung.

Ich verwerfe die Idee, die Episode gleich auf Twitter zu verbreiten. Schließlich wollen wir eine Woche in Marokko ruhig Urlaub machen. Am nächsten Tag streifen wir zwischen Schlangenbeschwörern und Wahrsagern über den berühmten Hauptplatz von Marrakesch, wo touristische Geschäftigkeit und nordafrikanische Traditionen aufeinanderprallen. In einer Nebenstraße die Aufschrift „Vive la révolution!". Welche gemeint ist, ist unklar.

Der Flug mit El Kaida ist gut ausgegangen. Viele Fragen bleiben offen. Wenn es El-Kaida-Parolen sowohl auf der vorderen als auch der hinteren Toilette gegeben hat, dann waren wohl zwei Personen involviert. Möglicherweise hatten sich mehrere durchgeknallte Passagiere im Flieger befunden, die zu unberechenbaren Aktionen fähig waren.

Die gespielte Lässigkeit der Crew wirkt im Rückblick wie pure Hilflosigkeit. Der Getränkewagen als Bollwerk gegen einen El-Kaida-Angriff wäre beschränkt wirksam gewesen. Ob die marokkanische Polizei mit ihrer hektischen Aktivität überhaupt ein konkretes Ziel verfolgt hat? Dass nach dem oder den Autoren der El-Kaida-Parolen überhaupt gesucht wurde, war für uns nicht auszumachen.

Im März 2016 greifen in Brüssel belgische Selbstmordattentäter den Flughafen Zaventem und die U-Bahnstation Maalbeek an. 32 Menschen kommen ums Leben, hunderte werden verletzt. Mitglieder der Brüsseler Terrorzelle sind auch in die Pariser Attentate verwickelt. Die dschihadistische Gefahr bleibt bestehen.

Nordkorea: Psychosen einer isolierten Atommacht (2017)

Die Teilung Koreas ist ein Erbe des Kalten Krieges. Der Koreakrieg
zwischen dem mit China verbündeten Nordkorea und den USA
hatte 1950 bis 1953 die Halbinsel in Schutt und Asche gelegt.
Heute boomt das kapitalistische und demokratische Südkorea.
Im verarmten Norden hält die von Staatsgründer Kim Il-sung
begründete Dynastie die Welt mit nuklearer Rüstung in Atem.
2017 war ein Jahr der extremen Anspannung auf der koreanischen
Halbinsel. Von Peking, wo ich Korrespondent bin, reise ich mit dem
ORF-Team nach Nordkorea.

Falter Nr. 19/17 vom 10.5.2017

Die Vorbereitung dieser Reise nimmt mehrere Monate in
Anspruch. Im Herbst 2016 führe ich das erste Gespräch mit
zwei Diplomaten der nordkoreanischen Botschaft im Wiener
Café Landtmann. Ich lerne, dass ein nordkoreanisches Treffen
immer bedeutet, dass man zwei Gegenüber hat. Ein System der
internen Kontrolle, das individuelle Ausritte verhindern soll. Es
gibt grundsätzlich grünes Licht für einen Besuch des ORF im
isoliertesten Land der Welt. Aber der Weg dorthin ist noch weit.

Ich schicke eine Liste von Orten, die ich besuchen möchte.
Eine Kaserne ist darunter, auf einem privaten Markt will ich
erleben, wie die zaghaften Wirtschaftsreformen unter Kim
Jong-un aussehen. Auch der in ganz Asien bekannten nordkoreanischen Girlsband Moranbong hätte ich gerne bei Proben
zugesehen.

Zweimal bin ich in den nächsten Monaten bei Kurzbesu-
chen in Wien in die nordkoreanische Botschaft geladen. Es
ist die größte Botschaft Nordkoreas in Europa. Botschafter
Kim Kwang-sop ist seit vielen Jahren in verschiedenen Staaten Europas im Einsatz. Wir erinnern uns, dass einst Bruno
Kreisky Staatsgründer Kim Il-sung besucht hat und von den
Leistungen Nordkoreas beeindruckt zurückgekommen ist. Das
war vor der Demokratisierung und dem Aufschwung Südko-

reas. Der kapitalistische Süden hat den stalinistischen Norden seit langem abgehängt.

Der Botschafter verweist auf die schlechten Erfahrungen, die sein Land mit westlichen Reportern gemacht hat. Propaganda werde von mir nicht erwartet. Aber die ausschließlich negative Sicht auf Nordkorea im Westen sei einseitig. Ich sichere zu, dass ich berichten werde, was ich erlebe.

Ein Zwischenfall in Wien gefährdet dann beinahe die Nordkoreareise. Ende Februar hat ORF 2 die Hollywoodkomödie „Das Interview" im Programm, bei der es um die Ermordung Kim Jong-uns durch zwei von der CIA angeheuerte Schauspieler geht. Pjöngjang hatte bei der Präsentation des Films in den USA wütend reagiert. Die Produktionsfirma Sony wurde durch Cyberattacken lahmgelegt, die laut CIA in Pjöngjang ihren Ursprung hatten. Die Botschaft in Wien verlangt, dass der ORF den Film absetzt. Der Botschafter besucht Generaldirektor Alexander Wrabetz, der Erste Botschaftssekretär spricht bei Fernsehdirektorin Kathrin Zechner vor. Wenn der ORF „Das Interview" nicht absetze, werde meine Reise abgesagt, so die Drohung. „Das Interview" läuft wie geplant.

Drei Tage vor dem Abreisetermin kommt das entscheidende Mail: Die Visa sind abholbereit. Das kleine ORF-Peking-Team mit dem Producer Alessandro Detoni, dem Kameramann Lionel Brugeaud und mir besteigt Flug JS152 der Air Koryo von Peking nach Pjöngjang. Die Fluglinie fliegt mit einer russischen Tupolew An 148-100. Die nordkoreanische Airline hat nur in China und Russland Landerechte, sie erfüllt nicht alle internationalen Sicherheitsvorschriften. Im Duty-free-Laden des Flughafens in Peking sorgen nordkoreanische Offizielle, die durch ihre Anstecker an den dunkelblauen Anzügen mit den Konterfeis von Kim Il-sung und Kim Jong-il, den beiden Vorfahren des gegenwärtigen Herrschers, leicht erkennbar sind, mit dem Großeinkauf von französischem Cognac und chinesischen Zigaretten einen Stau. Wir begnügen uns mit einigen wenigen Einkäufen, die sich später als völlig unnötig herausstellen. Im Devisenladen des Potonggang Hotels, in dem wir in Pjöngjang untergebracht sind, gibt es für US-Dollar, Euro oder chinesische RMB erlesene französische Weine und Alkoholika jeder Art.

Auf dem zweistündigen Flug sehen wir eine ausladende Show der schmissigen Musikerinnen von Moranbong, die immer wieder den strahlenden jungen Führer Kim Jong-un im Gegenwind zeigt. An Bord sind deutsche Mitarbeiter einer NGO. Ein Reisender sagt, er war schon elf Mal in Nordkorea, es ist alles so wie damals in der DDR, nur eben zur zehnten Potenz. Mein Handy habe ich zu Hause gelassen. Der ORF stellt mir für die Nordkoreareise ein separates Diensthandy zur Verfügung. Der Laptop ist von den meisten Daten gesäubert. Die Musik von Moranbong wird immer stärker. Eine Rakete steigt auf, rhythmisches Klatschen am Bildschirm. Wir landen in Pjöngjang.

Die Zollkontrolle wird streng, haben uns die Betreuer per E-Mail gewarnt. Tatsächlich werden alle elektronischen Geräte gestartet. Die Beamten sind freundlich. Im Eilzugstempo werden die Bilderdateien der Handys und des Laptops durchsucht. Der nordkoreanische Betreuer muss garantieren, dass nichts Verbotenes geplant ist. Ohne Betreuer kommt niemand ins Land. Als Delegation und nicht mehr als Fernsehteam betreten wir den Flughafen in Pjöngjang. Die Empfangshalle ist modern und sehr leer. Ganze drei Ankünfte zeigt die Anzeigetafel für den ganzen Tag an, aus China und aus dem russischen Wladiwostok. Kein anderer Staat hat so wenig Kontakt zur Außenwelt wie Nordkorea.

Die Betreuer, die uns abholen, werden uns in den nächsten sieben Tagen begleiten. Wir diskutieren viel und haben meist grundverschiedene Ansichten. Aber es entsteht so etwas wie Respekt. Wir erfahren, was wir filmen dürfen und was nicht. Der Einfachheit halber sind sie im gleichen Hotel wie wir einquartiert. Sie schauen dem Kameramann über die Schulter, wenn er filmt. Sie haben ein wachsames Auge darauf, wenn ich das iPhone zücke. Bei der Aufzeichnung für ein „ZiB 2"-Gespräch mit Armin Wolf rund um Mitternacht organisiert der Betreuer ein Taxi und fährt mit. Sein Handy nimmt auf, was ich sage.

Das Potonggang Hotel begrüßt uns mit riesigen Bildern der verstorbenen Führer Kim Il-sung und Kim Jong-il. Nordkoreanische und ausländische Gäste nehmen streng getrennt ihre Mahlzeiten ein. Sim-Karten für mitgebrachte Handys kann man mieten, aber Anrufe ins Ausland sind nicht möglich. Wir verzichten dankend. Auslandstelefonate von unseren Zimmern sind zwar teuer, aber sie sind möglich. Modems für das Internet kosten fünf US-Dollar für 30 Minuten Betrieb. Die Verbindung bricht immer wieder ab, aber mit Geduld schaffen wir es, in den folgenden Tagen mehrere Fernsehbeiträge nach Wien zu überspielen. Das nordkoreanische TV-Programm beginnt um 15 Uhr und endet vor Mitternacht. Dafür empfangen wir in unseren Zimmern Russia Today, mehrere chinesische CCTV-Kanäle, Al Jazeera und die Deutsche Welle.

Ausländer in den Straßen Nordkoreas sind exotische Erscheinungen. Wer noch dazu filmt, wie wir, kann für einen Spion gehalten werden, mit unangenehmen Folgen, sagt man uns. Vor kurzem sei das einem britischen Korrespondenten passiert, der schließlich des Landes verwiesen wurde. Auf der Internetseite der deutschen Botschaft in Pjöngjang wird von tätlichen Angriffen auf Ausländer berichtet. Unsicher habe ich mich nie gefühlt, aber ich war auch nie ohne Begleitung unterwegs. Die Menschen treten einem Westler neugierig, aber freundlich entgegen. In der U-Bahn springen mehrere Passagiere auf und bestehen darauf, dass wir uns setzen.

Auf dem Programm steht ein Besuch des Tong-Il-Marktes, der als größter privater Markt der Stadt gilt. In der Sowjetunion waren die privaten Kolchosmärkte auch in Zeiten reich bestückt, in denen staatliche Geschäfte leer waren. Auch auf dem Tong-Il-Markt in Pjöngjang gibt es tatsächlich alles, was das Herz begehrt. Dicht gedrängt stehen die Verkäuferinnen an 1700 Ständen. Die Farbe der Uniform zeigt an, welche Art von Waren angeboten wird. Bei den blau gekleideten Frauen finden wir Lebensmittel und Gemüse, pinke Uniformen stehen für Kleider und Baumaterial. Es gibt Zubehör für Handys, Schläuche und getrockneten Fisch. 17 solche Märkte gibt es in

Pjöngjang, zum Teil seit mehreren Jahren. Offiziell heißt es, alle Waren, die hier angeboten werden, seien von den Familien selbst produziert worden. Das Angebot ist vielfältig und umfangreich. Einige Importe aus China sind dabei. Es muss in Nordkorea aber auch ein Netz privater Produzenten geben, die diese Märkte beliefern. Falls die Führung einmal Marktwirtschaft zulässt, wie in China unter Deng Xiaoping, werden die privaten Produzenten von heute die Millionäre der Zukunft sein. Filmen und fotografieren ist auf den privaten Märkten Nordkoreas streng verboten. Zu unserem Leidwesen schaffen es auch unsere Betreuer nicht, das Verbot zu lockern. Sie sei nicht stolz darauf, dass es ihren Markt überhaupt gibt, erklärt die resolute Marktleiterin. Schließlich gehe es hier um Profit und nicht um das Wohl des Volkes.

Gerne gezeigt werden uns in Pjöngjang menschenleere Denkmalanlagen und Paradeunternehmen, wo immer eine Führerin auf uns wartet, die uns auseinandersetzt, wie gut alles funktioniert im Land.

Beim Passieren der Stadtgrenze präsentieren unsere Betreuer dem militärischen Checkpoint unseren Passierschein. Auf der Landstraße außerhalb von Pjöngjang sehen wir plötzlich hunderte Menschen, die mit Hacke und Schaufel Schlaglöcher ausfüllen, um die Fahrbahn zu reparieren. Sie werden in Bussen hingebracht, Lastwägen schütten Sand und Steine auf. Ob das Bürger sind, die der Staat zum Straßenbau abkommandiert, will ich wissen. Mein Betreuer meint, das seien normale Bauarbeiter. So sehen sie aber ganz und gar nicht aus. Unser Wagen, das einzige Auto weit und breit, muss zwischen den auf der Fahrbahn hockenden, arbeitenden Menschen richtiggehend Slalom fahren. Aber stehen bleiben dürfen wir nicht, das ist eine Autobahn. Fast kommt es zu einem Streit, wer jetzt bestimmen kann, was passiert. Schließlich akzeptieren wir, dass wir zumindest aus dem Auto filmen dürfen.

Eine Autostunde vom Stadtzentrum entfernt liegt die landwirtschaftliche Kooperative Chongsanri. Wir haben sie auf Empfehlung des Wiener Nordkoreaexperten Rüdiger Frank auf die Wunschliste gesetzt. Kim Il-sung, der Staatsgründer, war

85 Mal hier, Kim Jong-il 25 Mal, es ist ein Vorzeigebetrieb, den auch Ausländer sehen dürfen. Je 100 Landarbeiter sind zu Divisionen zusammengefasst, so bezeichnet der Übersetzer die Arbeitseinheiten. Nach einem zentralen Plan sind sie im Einsatz. 1000 Personen leben auf der Farm und bauen Reis, Gemüse, Mais und Kartoffeln an. Genverändertes Saatgut sei in Nordkorea nicht erlaubt, betont man. 30 Quadratmeter rund um ihr Wohnhaus können die Familien selbst bebauen. Vor drei Jahren gab es eine Reform. Die Divisionen können jetzt alles, was sie über das Plansoll hinaus produzieren, auf privaten Märkten selbst verkaufen. Die neue Regel hat die Versorgungslage deutlich verbessert, obwohl laut Uno nach wie vor Millionen Nordkoreaner an Mangelernährung leiden.

Auf dem Hauptplatz von Chongsanri übertragen die Lautsprecher das Radioprogramm. Ein Sprecher erläutert die aggressiven Pläne der Amerikaner. Ob die Reformen dazu führen, dass es jetzt reiche und arme Bauern geben wird, will ich von der Stellvertretenden Leiterin der Kooperative Ri Song Ok wissen. Sie verneint entschieden. Die junge Frau hat ihr ganzes Leben auf der Staatsfarm verbracht. An die Zeit der Hungersnot, die sie „Zeit des schwierigen Marsches" nennt, als um die Jahrtausendwende Hunderttausende gestorben sind, kann sie sich gut erinnern. Aber Opfer gab es in Chongsanri damals keine. Ri Song Ok hofft, dass ihre Tochter einmal an der Universität in Pjöngjang studiert, um das erworbene Wissen in die Kooperative zurückzubringen. Die Tochter ist zwölf Jahre alt. Jetzt kommt das schwierige Alter, sage ich, Teenager rebellieren gerne. Erstauntes Schweigen. Ja, stoße ich nach, meine Tochter hat sich sogar Ratten angeschafft, um ihre Eltern zu schockieren. Fassungslose Gesichter. Staunen. Keiner hat von der westlichen Besonderheit aufmüpfiger Teenager je etwas gehört.

Bei der Rückfahrt von der Farm nach Pjöngjang dürfen wir endlich Feldarbeit filmen. Die Landarbeiter hocken auf den Äckern und bearbeiten die Erde mit Hacken und Schaufeln. Daneben Ochsen, die den Pflug ziehen. Manchmal fährt ein altertümlicher Traktor durch. Den bewaffneten Uniformierten am Hügel dürfen wir nicht fotografieren.

Das Verbot, Soldaten zu filmen, ist nicht leicht zu befolgen, denn die Straßen sind voller Uniformierter. Der reguläre Militärdienst dauert fünf Jahre. Soldaten klopfen Steine beim Straßenbau und bauen neue Häuser. Sie sorgen deutlich sichtbar für Ordnung im Fußballstadion und bewachen Arbeitseinsätze in den Feldern. Ausdrücklich verboten ist es auch, Eisenbahnlinien zu filmen, es handelt sich um strategisch relevante Einrichtungen. In der U-Bahn darf der Tunnel nicht aufs Bild, weil die U-Bahn-Schächte im Kriegsfall als Luftschutzkeller fungieren sollen. Die goldenen Riesenstatuen von Kim Il-sung und Kim Jong-il, die die Skyline von Pjöngjang dominieren, dürfen wir nur in der Totale fotografieren. Detailaufnahmen von Händen oder Gesichtern sind nicht erlaubt.

Ein kurioses Fotografierverbot erleben wir in einem Schwimmzentrum in Pjöngjang. Die Führerin, die uns die moderne Monsu Badeanlage zeigt, klärt uns noch vor Betreten des Gebäudes auf: Die Statue Kim Jong-ils gleich nach der Eingangstür darf nicht aufgenommen werden. Unsere erstaunte Frage nach dem Warum löst mitleidiges Lächeln aus: Regel ist eben Regel, heißt es. Wahrscheinlich ist Fotografieren schädlich für das Material, bemüht sich sichtlich peinlich berührt einer der Tour Guides. Ich frage nicht nach, verstehe aber beim ersten Blick auf den Führer die Sorge: Kim Jong-il steht in Lebensgröße am Sandstrand, sichtlich entspannt und neben den für das Strandleben typischen Sonnenschirmen. In seiner Regentschaft sind Hunderttausende verhungert. Der Gedanke, das Volk leidet, während es sich der Führer gutgehen lässt, ist offensichtlich so naheliegend, dass Kim Jong-il am Strand nicht fotografiert werden darf.

Von der Spitze des Juche Turms, der im Stadtzentrum zu Ehren der Selbstversorgerideologie des Staatsgründers errichtet wurde, hat man einen perfekten Blick über die Stadt. Wie in vielen Städten Ostasiens gibt es so gut wie keine alten Gebäude. Die Stadt sei von den Amerikanern im Koreakrieg zerstört worden, sagt die Führerin. Nordkorea ist das radikalste Gegenmodell zur Globalisierung. Nicht internationale Kontakte und Verbindungen brächten das Land weiter, lehrte Kim Il-sung, sondern möglichst totale Autarkie. Im Buchgeschäft des Juche Turms, wo man Bücher zu dem Thema erwerben kann, ist es mir aber, in krassem Widerspruch zur Theorie, nur möglich, mit amerikanischem Dollar oder chinesischem Yuan zu zahlen. Ich lehne dankend ab.

Beim Eingang finden sich Plaketten mit Bewunderern aus allen Teilen der Welt. Eine „Gruppe zum Studium der Dschutsche Idee des Genossen Kim Il sung aus Wien" hat sich am 18. Dezember 1978 verewigt. Dschtusche oder je nach Transkription Juche ist die Ideologie des Staatsgründers. Eine andere Gruppe am 8. Februar 1980. Es ist noch gar nicht so lange her, da fühlten sich linke Intellektuelle von der Ideologie eines totalitären Egalitarismus, kombiniert mit Autarkie, angezogen. Kim Il-sung war in der linken Studentenbewegung der 1970er-Jahre in Wien ein Begriff. Die nordkoreanische Botschaft schickte Broschüren. Populärer war der Schnaps mit eingelegter Ginsengwurzel, dem potenzfördernde Wunder zugeschrieben werden.

Die Schriftstellerin Luise Rinser und der ostdeutsche Ex-Dissident Rudolf Bahro waren von Nordkorea begeistert. Tatsächlich fiel der Vergleich zwischen den beiden Koreas lange Zeit für den Norden gar nicht so schlecht aus. In Seoul regierten Diktatoren und das Militär. Die kommunistische Kommandowirtschaft hatte nach der Befreiung von den japanischen Kolonisatoren den Norden industrialisiert, während Südkorea unterentwickelt und arm blieb. In den 1980er-Jahren änderte sich das radikal. Der Süden demokratisierte sich und schaffte den wirtschaftlichen Anschluss an die entwickelte Welt. In Nordkorea wütete während des Aufbruchs im Süden eine verheerende Hungersnot.

In der westlichen Berichterstattung wird Nordkorea oft als kommunistische Dynastie der Kims bezeichnet. Familiendiktatur stimmt zweifelsohne. Marx oder Lenin wird man aber vergeblich suchen. Bei jedem öffentlichen Gebäude und an jedem zweiten Platz finden sich die Denkmäler Kim Il-sungs und seines Sohnes Kim Jong-il, Großvater und Vater des aktuellen Herrschers Kim Jong-un. Auch ausländische Besucher sind angehalten, sich vor den Symbolen der Staatsmacht zu verneigen. Praktischerweise haben die Betreuer immer Blumen bei der Hand, wenn den toten Diktatoren ein Strauß vor die Füße gelegt werden muss. Auf dem Paradeplatz, wo Kim Jong-un am Geburtstag des Großvaters Panzer und Raketen auffahren lässt, sehen wir, wie die Menschen die Straße mit Reibfetzen und Kübel waschen.

Titel sind wichtig in Nordkorea. Kim Il-sung wird als ewiger Präsident tituliert. Kim Jong-il, der zweite in der Herrscherabfolge, ist je nach Stimmung geliebter oder hochverehrter Vorsitzender. Kim Jong-un, der heute regiert, kümmert sich offensichtlich um alles. Die Verkaufsleiterin des Potonggang Supermarktes erzählt enthusiastisch, wie der brillante Führer angeschafft habe, die Lebensmittelabteilung vom ersten Stock ins Parterre zu verlegen. Eine geniale Idee, die Kunden seien begeistert.

Das moderne Monsu Schwimmzentrum in Pjöngjang habe er ebenfalls besucht und verlangt, ein Volleyballfeld zu errichten, der ganze Stolz des Etablissements. Ein Grundschüler, den wir im Technikzentrum fragen, was er tut, springt auf und spult einen Spruch über den Führer Kim Jong-un ab, der es ihm ermöglicht, einen Computer zu benützen. Die Liste ließe sich beliebig fortsetzen.

Autarkie ist das nationalistische Ziel einer radikalen Antiglobalisierungsideologie. Die Machtstrukturen sind völlig dem von Kim Il-sung begründeten Familienclan untergeordnet. Der in Südkorea lehrende Politikwissenschaftler Andrej Lankow, einer der besten Kenner Nordkoreas, sagt, 100 mächtige Familien herrschen über das Land. Sie leben nicht wie Ölscheichs, aber sie haben ein Auto und eine Wohnung. Es gibt Stromausfälle und manchmal bleibt das Fließwasser aus. Sie habe Computer ohne Zugang zum Internet. Aber sie können so viel Fleisch essen, wie sie wollen, sagt Lankow. Die Hälfte der Nordkoreaner kann sich Fleisch oder Fisch einmal im Monat leisten. Beim ärmeren Viertel kommen Fisch oder Fleisch nur einmal im Jahr auf den Tisch.

Bereitwillig zeigt man uns die Privilegien der Elite. In meinem Ansuchen hatte ich den Besuch einer Universität sowie Gespräche mit Studenten und Professoren angeführt. Dazu wird es nicht kommen. Auf dem Programm steht „Visit living appartement of university student". In Wirklichkeit besuchen wir die Dienstwohnung eines Professors der Kimchak Technologie Universität, die zivile und militärische Forschung betreibt. Der Professor ist aber gar nicht zu Hause. Der Pressebetreuer führt uns durch eine Wohnung von sage und schreibe 210 Quadratmetern. Vom Herd, der alle Stücke spielt, bis zu den Arbeitszimmern für alle Familienmitglieder, einem Klavier und der gut gefüllten Bar ist schlicht alles vorhanden. Im Fernsehen läuft ein Video mit Kim Jong-un. An den Wänden: Fotos von Kim Jong-un.

Die Frau und die Tochter des Professors erwarten uns. Die Wohnung wirkt bewohnt. Vielleicht lebt hier wirklich eine Professorenfamilie, aber möglicherweise ist auch alles gestellt. Bei keinem anderen Besuchstermin sind wir uns so unsicher.

Die Forscher haben Zugang zu einem nordkoreanischen Intranet, das innerhalb der Grenzen des Landes funktioniert. Die Intranetverbindung zwischen den Forschungsstellen und die Handys für die Bürger sind die größten Veränderungen der letzten Jahre.

Die Diskrepanz zwischen historischer Wirklichkeit und der herrschenden Ideologie macht in Nordkorea jede Abweichung von der offiziellen Weltsicht zur Gefahr für den Staat. Die Realitätsverweigerung ist beim Siegesmuseum in Pjöngjang besonders deutlich. Riesige Kriegerdenkmäler säumen den Eingang. Vor dem Platz ankert die Pueblo, ein amerikanisches Spionageschiff, das von den Nordkoreanern 1968 aufgebracht wurde. Ich nerve unsere Führerin mit der Frage, warum denn der Koreakrieg 1953 mit einem Sieg für den Norden geendet haben soll. Zuerst haben die Nordkoreaner fast ganz Südkorea überrannt. Dann eroberten die Amerikaner ganz Korea, wurden jedoch von Maos Soldaten zurückgeschlagen. Nach vier Millionen Toten blieb der 38. Breitengrad die Trennlinie, so wie das Jahre zuvor in Jalta festgelegt worden war. Heißt das nicht, dass keine Seite gesiegt hat? Warum also ein Siegesmuseum? Entsetztes Kopfschütteln. Wir haben die Weltherrschaft der Amerikaner verhindert, erklärt man mir.

Am Abend funktioniert das Internet. Ich kann meine historischen Kenntnisse auffrischen. Kim Il-sung war als antijapanischer Guerillaführer 1945 mit den siegreichen sowjetischen Truppen aus dem Exil nach Nordkorea gekommen. Für die Invasion des Südens 1950 hatte er persönlich grünes Licht bei Stalin eingeholt. Das belegen die Archive in Moskau. Rückblickend erscheint der Koreakrieg wie der Vorläufer des Vietnamkrieges. Dass Nordkorea in den Teufelskreis von Isolation und Totalitarismus geraten ist, ist eine düstere Folge des langen Patts im Kalten Krieg.

Der Hass auf die Amerikaner ist Staatsideologie. Vier Stunden von Pjöngjang entfernt liegt das Museum amerikanischer Kriegsverbrechen in Sinchon. Wir fahren durch viele ärmliche Dörfer. Am Straßenrand marschieren Dutzende Menschen hinter einer roten Fahne. Sie gehen zur Feldarbeit.

Der Busparkplatz vor dem antiamerikanischen Museum ist voll. Aus dem ganzen Land werden Delegationen hergebracht. Vor zwei Jahren hat Kim Jong-un selbst die Gedenkstätte besucht. Die Führerin zeigt uns zwei nachgebaute Lagerhallen. Die Amerikaner hätten 1950 an diesem Ort 400 Mütter und 102 Kinder in Hallen gesperrt, mit Benzin überschüttet und bei lebendigem Leib verbrannt. Soldaten, Schüler, Männer und Frauen gehen schweigend durch die Ausstellungsräume. Aus den Lautsprechern kommen die Anklagen gegen Amerika.

Fotos und Dokumente berichten von grauenhaften Verbrechen der Amerikaner. Es ist eine Horrorreise mit sich in ihrer bestialischen Grausamkeit ständig steigernden Details. Da vergewaltigen amerikanische Soldaten hunderte Koreanerinnen und ertränken die Opfer in einem Fluss.

Einer jungen Frau am Marterpfahl schneiden zwei Soldaten die Brüste ab. Einer anderen Gefangenen stemmen sie bei lebendem Leib den Schädel auf, um die Ideen Kim Il-sungs zu zerstören. Ein kommunistischer Schuldirektor wird zwischen zwei Ochsenkarren gespannt, die ihn in der Mitte zerreißen.

Die Amerikaner sind keine Menschen, sie sind Tiere, wiederholt die Museumsführerin immer wieder. Ob sie glaubt, dass das auch heute noch gilt? Selbstverständlich, antwortet sie, sonst würden sie Nordkorea nicht bedrohen. Nach der Museumstour werden alle Besucher in das „Atrium des Racheschwures" gebracht. Es gibt martialische Reden gegen Amerika.

Kriegsverbrechen hat es während des Koreakrieges in großer Zahl von beiden Seiten gegeben. Napalm und Flächenbombardements der US Airforce forderten viele Opfer. Aber dafür, dass US-Soldaten das Massaker in Sinchon verursacht haben, haben Historiker keine Beweise gefunden. 1987 recherchierte der linke US-Historiker Bruce Cumings vor Ort und fand die nordkoreanischen Angaben nicht überzeugend. Einige Autoren sehen rechtsradikale koreanische Milizen als mögliche Täter.

An der Waffenstillstandslinie in Panmunjeom halten nordkoreanische und südkoreanische Soldaten nur wenige Meter voneinander entfernt Wache. In beiden Koreas ist der Ort, an dem 1953 der Waffenstillstand unterzeichnet wurde, ein Touristenziel. Ein Offizier hält uns Vorträge, wie durchtrieben, hinterhältig und böse die Amerikaner sind. Er will auch einiges wissen. Etwa, was ich vom letzten Raketentest halte? Wie sich Nordkorea von anderen Ländern, aus denen ich berichtete, unterscheidet?

Bei meiner Anfrage zu einem Interview mit einem Regierungsvertreter habe ich die Menschenrechtsverletzungen angeführt, die die Uno Nordkorea vorwirft. Neben der Innenpolitik interessiert mich die außenpolitische Einschätzung: Unter welchen Bedingungen würde die Regierung von ihrer Verteidigungsdoktrin abgehen, dass Pjöngjang zu einem atomaren Erstschlag bereit sei, sollten die Spannungen eskalieren? Ein Vertreter des Außenministeriums stellt sich dem Interview.

Ju Wang Hwan ist Senior Researcher im Institut für Frieden und Abrüstung des Außenministeriums. Er antwortet geduldig auf meine Fragen. Zum atomaren Präventivschlag würden die Streitkräfte ausholen, sollten die Amerikaner einen Enthauptungsschlag gegen die Führung beginnen, also wenn sie versuchen, Kim Jong-un zu ermorden. Oder wenn begonnen wird, die Raketenstellungen zu zerstören. Solange diese Gefahren bestünden, werde Nordkorea auf einen nuklearen Erstschlag nicht verzichten.

In der Stadt laufen die Vorbereitungen zur großen Parade am Geburtstag von Staatsgründer Kim Il-sung. Unterhalb der Tribüne, auf der Kim Jong-un erwartet wird, wäscht ein Putztrupp kniend jeden einzelnen Stein mit Reibfetzen und Kübel. Wenig später bringt uns die Air China wieder nach Peking. Einige Leute klatschen bei der Landung.

Unter der Präsidentschaft Donald Trumps gibt es eine abrupte Kehrtwende in der amerikanischen Politik. Zuerst droht der Präsident als Reaktion auf Atomtests mit der Vernichtung Nordkoreas. Dann stimmt er einem persönlichen Treffen mit dem nordkoreanischen Führer zu. Bis heute ist Trump auf seine persönliche Beziehung zu Kim Jong-un stolz. Die Gipfeltreffen 2018 und 2019 haben die unmittelbare Gefahr eines Atomkrieges gebannt. Die Welt akzeptiert de facto, dass Nordkorea über Nuklearwaffen verfügt, auch wenn die internationalen Forderungen nach Abrüstung bestehen bleiben. Der autoritäre Demagoge Donald Trump und der nordkoreanische Diktator Kim Jong-un haben die Probleme nicht gelöst, aber die explosive Situation entschärft. Ein Zeichen für Pragmatismus in der Weltpolitik, selbst bei Politikern, von denen man Vernunft nicht erwartet hätte. Die Menschen waren in den USA und Asien nicht gewillt einen Krieg zu riskieren. Dass Staatslenker, auch wenn sie häufig unverantwortlich agieren, dazu gebracht werden können, Katastrophen zu vermeiden, ist eine tröstliche Erfahrung.

Danksagung

Der *Falter* hat jeden Montag Redaktionsschluss. Die Kolumnen für den *Falter* wurden daher immer am Wochenende geschrieben, nach einer zumeist hektischen Woche der Tagesaktualität, die von Krisen, Kriegen, Livesendungen und aktuellen Berichten geprägt war.

Meine Familie war schon daran gewohnt, dass an vielen Samstagen und Sonntagen zwar die „Zeit im Bild"-Redaktion des ORF weniger oft am Telefon war als während der Woche, dass ich aber dafür vor dem Laptop saß und versuchte, für den *Falter* das Wesentliche auf den Begriff zu bringen. Danke meiner Familie, mit der die realen und mentalen Reisen durch die Welt immer Teamarbeit war.

Den ORF-Chefs, die es mir ermöglicht haben, als Auslandskorrespondent für den Hörfunk in Moskau und in Washington, D. C., danach für die „ZiB2"-Redaktion, dann wieder in Washington, D. C. sowie in Brüssel und Peking Weltpolitik zu erleben, bin ich zu Dank verpflichtet. Es waren die inzwischen leider verstorbenen Generalintendanten Gerd Bacher und Gerhard Weis sowie Teddy Podgorski, Gerhard Zeiler, Monika Lindner und Alexander Wrabetz. Das Okay zum Engagement im *Falter* hat es stets gegeben.

Über die Frage, ob gerade in Amerika, Europa, Russland, dem Nahen Osten oder Asien das Wichtigste passiert, habe ich mich mit meinen Gesprächspartnern regelmäßig auseinandergesetzt, insbesondere mit meiner Frau Kerstin Witt-Löw, meinen Freunden, Kolleginnen und Kollegen Georg Hoffmann-Ostenhof, Franz Kössler, Tessa Szyszkowitz und natürlich mit *Falter*-Herausgeber Armin Thurnher und Chefredakteur Florian Klenk. Danke für Nachsicht und Geduld!

Siegmar Schlager hat mich zur Zusammenstellung dieses Büchleins ermutigt. Der Falter Verlag ist dank seines umsichtigen und aufmerksamen Umgangs mit den wirtschaftlichen

Realitäten über all die Jahre eine laute Stimme von Vernunft und Zuversicht. Dass ich seit 2017 neben den Kolumnen im Heft auch den Podcast, das Falter-Radio, gestalten darf, freut mich besonders.

Regina Danek war eine aufmerksame Lektorin. Fehler auf Sendung, in Print und beim gesprochenen Wort sind natürlich immer meine ganz eigene Verantwortung.

April 2022

Raimund Löw